Claudia S. C. Schwartz

MESCHUGGE SIND WIR BEIDE

Unsere deutsch-israelische Liebesgeschichte

Eden BOOKS

Für meinen Sohn

Inhaltsverzeichnis

Drei Hallelujas

Irgendetwas läuft hier schief. Pfarrer Manske schwankt hinter seinem Rednerpult beunruhigend hin und her. Gefährlich sieht das aus. Währenddessen singt der Chor das Halleluja nun schon zum zweiten Mal. Unter meinem weißen Hochzeitskleid zieht sich mein Magen spürbar zusammen. Warum leuchtet die Nase des Pfarrers so verdächtig dunkelrot? Hat er etwa vorab schon mal vom Kirchenwein probiert? Einen Grund, das Glas zu heben, hätte er. Schließlich ist heute sein letzter Arbeitstag, mit unserer Trauung geht er quasi in Rente.

Kurz bevor Pfarrer Manske ganz sein Gleichgewicht verliert, hält er sich gerade noch rechtzeitig am Rednerpult fest. Dabei lächelt er uns freundlich zu und lehnt sich nach vorn Richtung Mikrofon. Dieses gibt ein krächzendes Geräusch von sich. Alle Gäste in der Kirche zucken zusammen.

»Liebes Brautpaar, Claudia und ... Raoul!«

Meine Trauzeugin Julia fängt hinter vorgehaltener Hand an zu glucksen.

»Ick freu mir, dass ick bei euch heute bin mit all euren lieben Jästen, von nah und fern. Dit is ja dit erste Mal, dit ick so ne bunte Müschung von Leuten aus der janzen Welt hier sehe.«

Mein Bräutigam dreht sich um und strahlt seine Familie an. Sechzig Hände winken begeistert zurück. Meine Verwandten halten hingegen brav und fromm die Hände im Schoß gefaltet. Bei unseren Gästen trifft Schwäbische Alb auf Wüste. Spätzle auf Hummus. »Schaffe, schaffe, Häusle baue!« auf »Alles langsam, alles gut!«.

»Wo wir Menschen merken«, berlinert Pfarrer Manske weiter, »wir alle sind gleich, ejal ob wa ne andre Sprache sprechen, ne andre soziale Bindung haben. Wir ham alle nur eene Nase, die gleiche Nase. Eenen Mund, Ohrn ...«

Ich stöhne innerlich auf. Worauf will er mit seiner Hochzeitsrede hinaus?

»... und – so hoffe ick – een warmet, mitfühlendet Herz. Für euren jemeinsamen Lebensweech, liebet Brautpaar, Claudia und ... Paoul!«

Jetzt kann Julia sich nicht mehr zurückhalten, ihr Lachen ist deutlich zu hören. Wäre ich nicht die Braut, würde ich mitgackern, doch noch versuche ich, irgendwie Contenance zu bewahren. Man könnte meinen, ich heirate heute drei unterschiedliche Männer, dabei hatte ich mich doch eigentlich nur für den einen entschieden. Nämlich für meinen Shaul. Dieser Name scheint dem Pfarrer allerdings völlig entglitten zu sein.

»... isses wichtig, tolerant zu sein. Den anderen anzunehmen, och mit seinem Anderssein. Vielleicht och mit seinen Macken.«

Mein Bräutigam Shaul zwinkert mir zu, dreht sich zu unseren Hochzeitsgästen und macht eine demonstrative Kopfbewegung in meine Richtung. Ein Lachen geht durch die

Kirchenbänke. Ich verziehe das Gesicht. Was soll das denn? Ich habe keine Macken, bitte schön. Im Gegenteil, ich bin ganz pflegeleicht. Und überhaupt sind wir hier nicht beim Komödiantenstadl, sondern auf einer Hochzeit. Bin ich die einzige hier, die diese Zeremonie ernst nimmt?

»Aber zur echten Liebe jehört eben dieses Anderssein. Und wir alle, die wa hier leben, wissen, wat Intoleranz bedeutet. Wo man in Deutschland jesacht hat, es jibt Menschen, die nichts wert sind.«

Die Stirnfalte zwischen meinen Augenbrauen wird dicker und dicker. Ich werde auf den Hochzeitsfotos bestimmt ganz entzückend aussehen.

»Russen, Juden, Afrikaner – Juden ... ja, Juden ... Nur die Deutschen sind wat wert! Eene furchtbare Ideologie und die Intoleranz ham dazu jeführt, dass Millionen Menschen ermordet wurden und ihr Leben lassen mussten.«

Mein Herz schlägt mir bis zum Hals. Was hat der Holocaust an unserem Hochzeitstag zu suchen? Heute ist definitiv nicht der passende Moment, um unsere Familien daran zu erinnern!

Es ist auf einmal beunruhigend still in der Kirche. Pfarrer Manske scheint den Faden verloren zu haben. Ich drehe mich um. Merken die Hochzeitsgäste auch, was hier gerade vor sich geht? Ich schaue zu meinen Trauzeuginnen, sieben an der Zahl – meine engsten Freundinnen. Wunderschön sehen sie aus. Meine Schwägerin Merav wirft mir eine Kusshand zu. Auf der anderen Seite sind Shauls Trauzeugen – auch seine besten Freunde, auch sieben ... Halt! Da sitzen nur sechs! Ich schaue noch mal hin. Das kann nicht sein, wer fehlt denn? Ron. Mein Magen zieht sich noch mehr zusammen. Er ist tatsächlich nicht da. Er ist den ganzen Weg aus Israel angereist, um letzten Endes doch nicht zu unserer Hochzeit zu kommen.

»Ja, jenau ...« Pfarrer Manske streicht sich über seine Glatze. Da scheint ihm wieder einzufallen, worauf er hinauswollte: »Jenau! Wir aber sprechen jetze nicht von Intoleranz, sondern über Toleranz und über menschliche Wärme und mir alle wünschen euch von janzem Herzen, dass ihr beede glücklich werdet. So sejne euch Gott, der eene Gott, nicht der Gott de Christen, sondern unser jemeinsamer Gott – der über uns allen steht.«

Ich atme erleichtert auf. Der Pfarrer hat noch mal die Kurve gekriegt, oder? Ich streichle über Shauls Hand. Er drückt meine ganz fest. Wir lächeln uns verliebt an.

Langsam und vorsichtig, einen Fuß vor den anderen setzend, geht Pfarrer Manske nun von seinem Rednerpult hinüber Richtung Altar. Dort angekommen, breitet er bedächtig seine Arme weit aus und schließt dabei die Augen. Der Pfarrer holt tief Luft und ruft mit bedeutungsvoller Stimme: »Wir beten für dit Brautpaar, dass se och in schweren Zeiten füreinander da sind. Wir beten, dass se viele Kinder kriejen und jute Eltern sein werden. Wir beten für Frieden inner Welt, Frieden unter den Menschen, unter den Völkern. Und wir beten für all die im Holocaust ermordeten Familienmitglieder von ... Raoul!«

Das Lächeln auf meinem Gesicht friert ein. Das darf nicht wahr sein! Wir haben den Holocaust nicht zu unserer Hochzeit eingeladen – und der Pfarrer hält ihm schön weit die Tür auf. Ich möchte am liebsten vor Scham im Kirchenboden versinken ...

Shaul scheint jedoch von all dem nichts mitzubekommen. Er dreht sich noch einmal zu seiner Familie um und winkt ihnen freudig entgegen. Wieder winken sechzig Hände ganz lebhaft zurück.

Ich bin heilfroh, dass Shauls Familie kein Deutsch versteht, um den Worten des Pfarrers folgen zu können. Das alles hier ist für sie sowieso schon aufregend genug. Bei dem Gedanken, dass Shaul als jüdischer Israeli in einer katholischen Kirche und dazu noch in Deutschland heiratet, mussten einige Familienmitglieder und Freunde schon schwer schlucken. Und um heute hier dabeizusein, traten viele von ihnen sogar die erste Reise nach Deutschland überhaupt an. Dass sie das für uns getan haben, macht uns beide sehr glücklich.

Pfarrer Manske scheint derweil als einziger tief im Gebet versunken zu sein. Die Arme hält er immer noch weit von sich gestreckt. Irgendwie hatte ich mir diese Trauung anders vorgestellt. Doch die Unruhe in der Kirche spiegelt ein Stück weit auch das wider, was in diesen Wochen jenseits des katholischen Gemäuers geschieht. Wir schreiben den Sommer 2014 und im Nahen Osten tobt der Gaza-Krieg. Auch Europa tobt: Wuppertal, Paris, Bremen, Bischofshofen. In Berlin wird siebzig Jahre nach dem Holocaust besonders heftig gegen Juden gehetzt. Bei einer pro-palästinensischen Demonstration skandiert ein Mob: »Jude, Jude, feiges Schwein! Komm heraus und kämpf allein!« Es kommt zu Ausschreitungen, Juden werden angegriffen und beleidigt.

Inmitten dessen feiern wir eine deutsch-israelische Hochzeit. Katholisch und jüdisch am gleichen Tag. Und das im Wedding – einem Berliner Kiez mit einem hohen Anteil an palästinensischen und arabischen Mitbürgern. Es sind in diesem Sommer ein paar neue Graffiti auf den Häusern dazugekommen: »Free Gaza« und »Fuck Israel«. Ich hoffe, Shauls Familie wird auf dem Weg von der Kirche im Prenzlauer Berg zu der Location, in der wir feiern, nicht so genau die Weddinger Mauerwände betrachten …

Plötzlich öffnet Pfarrer Manske die Augen, lässt seine Arme fallen und torkelt dann in einem irren Tempo nach vorn direkt auf uns zu. Im letzten Moment, einen Schritt vor der

Stufenkante, bleibt er abrupt stehen und flüstert so laut, dass es auch in der letzten Kirchenbank zu hören ist: »Frau Schwartz, jetzt müssen Se uffstehen.« Ich hieve mich in meinem pompösen Brautkleid nach oben. Meine Schwägerin und Julia springen an meine Seite, um die Schleppe zu richten. Der Pfarrer fasst sich an den Kopf: »Ähm, nee … noch nich. Bitte, setzen Se sich noch mal hin.« Ich gebe mein Bestes, um nicht die Augen zu verdrehen. An meinem Hochzeitstag wird meine Geduld auf die größte Probe gestellt. Testet mich da Gott höchstpersönlich?

Julia und meine Schwägerin lassen sich auch nichts anmerken, als sie mir mit dem Kleid noch mal beim Hinsetzen helfen. Graziös schweben sie zurück zu ihren Plätzen in der ersten Reihe – als wäre nichts geschehen. Da schaut Pfarrer Manske mich mit entsetzten Augen an: »Dit Halleluja! Jetzt kommt dit Halleluja! Frau Schwartz, Se müssen uffstehen!«

»Ich bleibe sitzen«, knurre ich durch geschlossene Zähne. Hatten wir nicht gestern erst den ganzen Ablauf geprobt? Der Pfarrer bringt hier tatsächlich die ganze Trauung durcheinander.

Er fuchtelt mit seinen Armen dem Chor zu: »Bitte! Dit Halleluja.«

Der Chorleiter steht irritiert von seinem Platz auf. Einer der Sänger flüstert hörbar verzweifelt: »Aber wir haben doch schon zweimal das Halleluja gesungen …«

Pfarrer Manske ist nicht aufzuhalten. Dem Chor bleibt nichts anderes übrig und er stimmt mit kräftigen Stimmen das Halleluja an. Zum dritten Mal.

Aber vielleicht braucht so eine Beziehung wie die unsere drei Hallelujas?

Wenn das nicht Flirten ist …

»Hast du noch ein Taschentuch?«, frage ich schluchzend meine israelische Freundin Sharon. Ich sitze heulend an ihrem Küchentisch. Sharon holt eine neue Kleenex-Box, die alte ist leer. So leer, wie es in mir drin aussieht, denke ich. Die Tränen laufen weiter über mein Gesicht. Ich versinke in Selbstmitleid.

»Claudia, du brauchst einen Mann. Einen guten Mann«, ruft Sharon aus dem Flur. »Und ich habe genau den richtigen Mann für dich!«

»Von Männern habe ich jetzt erst mal die Nase gestrichen voll«, rufe ich mit jammeriger Stimme zurück. Dabei ziehe ich wütend ein weiteres Tuch aus der Box.

Heute morgen wurde ich von einer SMS meines englischen Lovers geweckt. Mit knappen Worten beendete er unsere scheinbar vielversprechende Romanze: Ich als Berlinerin sei einfach zu weit weg und seine hübsche Exfreundin viel zu nah.

Seit ein paar Jahren schon scheinen das männliche Geschlecht und ich kein Glück miteinander zu haben. Einen Trottel nach dem anderen habe ich an Land gezogen.

Am Ende blieb nur mein zerbrochenes Herz übrig. Und eine große Einsamkeit.

Ich schnäuze mir die Nase. Vor meinem inneren Auge sehe ich mich als alte Jungfer in die ewigen Jagdgründe eingehen. Doch lieber das, als meine Lebenszeit mit irgendwelchen Idioten zu vergeuden! Ja, genau, von Männern werde ich erst mal die Finger lassen! Ich werfe resigniert einen ganzen Berg verrotzter Taschentücher in den Abfalleimer.

Mit entschlossenen Schritten kommt Sharon zurück in die Küche und baut ihren Laptop vor meinem verheulten Gesicht auf. Durch den Tränennebel sehe ich alles ganz verschwommen. Sharon öffnet eine Facebook-Seite und klickt auf ein Bild.

»Claudia, schau mal, hier!« Ich wische mir über die Augen. Sharon zeigt auf das Foto eines dunkelhaarigen Mannes, der einen Taktstock in der Hand hält. »Das ist Shaul. Ein toller Typ!«

»Hmm ...«, murmle ich.

»Wie gefällt er dir?«, fragt Sharon ermutigend.

»Ganz nett«, gebe ich zu.

»Guck ruhig genauer hin.« Sharon stemmt die Hände in die Hüften. »Claudia, du sollst genauer hingucken!«

»Tue ich doch!«

»Tust du nicht!« Sharon klickt noch mal auf dem Touchpad rum. »Jetzt, dieses Bild zum Beispiel, schau!«

Ich sehe einen Mann, der bei einem Konzert auf dem Kontrabass spielt. Neugierig lehne ich mich nach vorn, um den

Bildschirm besser sehen zu können. Schöne Augen hat er. Tiefe, warme Augen.

»Und?« Sharon fixiert mich.

»Ja, der sieht ganz nett aus ...«, brumme ich und lehne mich dann mit verschränkten Armen zurück.

»Und weiter?« Sharon bleibt hartnäckig.

»Was, und weiter? Ja. Nee. Du willst doch nur dieses Schi... Schi... Schibuch ...«

»Schi-duch. Es heißt Schi-duch«, korrigiert mich Sharon.

»Ja, genau: Schiduch machen. Das kannst du gleich vergessen. Kommt nicht infrage! Verkuppeln, so ein Quatsch!« Ich tippe mir entrüstet gegen die Stirn.

Sharon lächelt mich nachsichtig an. Ich schaue noch mal schnell auf das Bild. Diese Augen ...

Mit einer zackigen Bewegung klappe ich den Laptop zu. »Ja, ganz nett. Aber nein, danke! Ich habe kein Interesse!«

Sharon zieht eine Schnute und trägt enttäuscht ihren Computer aus dem Zimmer.

Ein halbes Jahr später produzieren Sharon und ich eine One-Woman-Show für ein Theater in Berlin. Sharon führt Regie und ich spiele. Wir sind auf der Suche nach einem Komponisten, der mich auch auf der Bühne musikalisch begleiten kann. Gemeinsam sitzen wir in einem Café in Neukölln und besprechen, wer infrage käme. Sharon macht einen neuen Vorschlag: »Ich kenne da jemanden aus Israel«, sagt sie. »Ein toller Komponist und Musiker, spielt Mandoline und Kontrabass – er heißt Shaul.«

Ich runzle die Stirn. Den Namen habe ich doch irgendwo schon mal gehört. So langsam dämmert's mir. »Shaul? Aaah, der schon wieder«, stöhne ich auf. »Sharon, bitte! Kannst du das mal mit dem Schi... Schi... – wie heißt das noch mal?«

»Schi-duch. Es heißt Schi-duch«, sagt Sharon und unterstreicht mit ihren Händen die Betonung.

»Genau. Schiduch. Kannst du das bitte sein lassen? Es nervt wirklich! Und Mandoline und Kontrabass, was sind das bitte schön für Instrumente! Die passen doch überhaupt nicht zum Stück! Komm, nehmen wir Wolfgang: Der spielt Klavier. Und er ist schwul«, erwidere ich sichtlich gereizt.

Sharon holt ihr Handy aus der Tasche, tippt darauf herum und hält es sich gegen das Ohr. Wen ruft sie da jetzt an? Wolfgang etwa? »Claudia, Shaul ist ein großartiger Künstler. Er ist der beste Mann für den Job. Wenn er zusagt, dann ist das ein großer Glücksfall für uns.«

Sie ist die Regisseurin und hat das letzte Wort.

Zwei Monate später stehe ich tatsächlich vor Shauls Haustür in Berlin-Mitte und klingle.

Mit einer schnellen Bewegung öffnet ein dunkelhaariger Mann die Tür. Er lächelt mich freundlich an. »Hallo, Claudia, komm doch herein.«

Etwas schüchtern folge ich ihm ins Wohnzimmer und nehme auf seinem blauen Sofa Platz. Wir begegnen uns heute zum ersten Mal, um über die Inszenierung zu sprechen. Ein Arbeitstreffen. Ohne große Umschweife kommen wir auch gleich zur Sache: In dem Stück geht es um eine junge Frau, die durch das Singen einer Arie Selbstmord begehen möchte. Die Arie ist bekannt dafür, dass sie so geballt mit Liebe ist, dass sie das Herz der Person, die sie singt, zum Stillstand bringen kann. Doch statt sie in den Tod zu treiben, schenkt die Arie der jungen Frau ein neues Leben. Shaul und ich haben nun die Aufgabe, diese kraftvolle und gleichzeitig tödliche Arie der Liebe zu kreieren. Ich soll den Liedtext schreiben und Shaul die Musik dazu – und er soll sie gemeinsam mit mir einstudieren.

Shauls Stimme ist ganz sanft, sein Akzent ist ungewöhnlich – irgendetwas zwischen Französisch, Italienisch und Deutsch. Er macht sofort den Eindruck, ein angenehmer Zeitgenosse zu sein. Ein sehr angenehmer Zeitgenosse.

Bei der Besprechung lernen wir uns näher kennen. Shauls Verhalten erinnert mich irgendwie an mich selbst. Bei allem, was ich sage, hakt er immer wieder nach, weil er alles bis ins kleinste Detail wissen möchte. Dabei wirkt er sehr ernst und gewissenhaft und dennoch hat er etwas Komisches an sich, das mich immer wieder zum Schmunzeln bringt. Diese Ähnlichkeit zu mir irritiert mich. Ich habe fast das Gefühl, ich rede mit meinem Spiegelbild.

Irgendwann ertappe ich mich dabei, dass ich Shaul nur noch anschaue und ihm zuhöre, ohne den Inhalt zu verstehen – wie ich seinen Gesten und Bewegungen folge und mein Kopf sich dabei ausschaltet. Hallo, was passiert hier mit mir?

»Ich kann dir einen Cappuccino machen«, unterbricht er sich selbst in seinem Redefluss. »Und möchtest du ein Stück von meinem selbst gebackenen Käsekuchen probieren?« Da bin ich doch gleich wieder ganz da und sage nicht Nein. Der Kuchen schmeckt wirklich lecker und der Cappuccino ist der beste, den ich jemals getrunken habe. Ein musikalischer Leiter, der auch noch leckeres Essen komponieren kann. Das gefällt mir.

»Wow, was hast du denn für eine Kaffeemaschine?«, frage ich Shaul beeindruckt. »Der Kaffee ist köstlich!« Ich schaue ihn etwas länger an als gewöhnlich. Mit diesem Mann werde ich gut zusammenarbeiten, denke ich. Und als hätte er das gehört, lächelt er mich auf einmal von der Seite an. In meinem Bauch wird es ganz heiß. Unangenehm heiß. Ich zapple nervös auf dem blauen Sofa hin und her. Ein kleiner Schwall Cappuccino tropft auf meine Hose. Shauls Lächeln wird breiter. »Ich glaube, das war's«, sage ich und stelle abrupt die Tasse ab. »Oder gibt es noch mehr zu besprechen?« Ich schaue auf die Uhr. »O Mann, so spät ist es schon. Ich muss jetzt ganz dringend los!« Wie stelle ich mich denn hier gerade an? Es ist höchste Zeit für mich zu gehen, bevor ich mich noch total zum Affen mache. Arbeitsbesprechung hin oder her. Die Augen dieses Mannes bringen mich einfach total aus der Fassung.

»Über eine Sache müssen wir noch reden«, sagt Shaul da und setzt sich neben mich auf die Couch.

»J-j-ja? Über w-w-was denn?« Jetzt fange ich auch noch an zu stottern. Wie peinlich.

Shaul grinst mich an. »Warum bist du so nervös?«

Kaum bin ich aus der Tür raus und auf dem Weg zur U8 an der Bernauer Straße, rufe ich Sharon an und jammere wie ein aufgescheuchtes Huhn: »Sharon, das geht nicht mit diesem Shaul! Wir brauchen Wolfgang. Bitte!«

»Jetzt mal ganz mit der Ruhe, Claudia. Was ist denn los?«

»Das geht nicht mit dem. Das spüre ich jetzt schon. Wirklich, bitte!« Ich höre mich an wie ein kleines, nörgelndes Kind.

»Was ist denn passiert?«

Ich muss schlucken. »Ich glaube, der flirtet mit mir.«

Sharon bekommt am anderen Ende der Leitung einen lauten Lachanfall. Ich halte mein Handy einen halben Meter von meinem Ohr weg. »Claudia, er ist Israeli! Wir sind einfach lockerer als ihr Deutschen. Nimm's nicht so ernst! Warum bringt er dich so aus dem Konzept?«

Ja, wenn ich das nur selbst wüsste.

Eine Woche später ist unsere erste Musikprobe. Diesmal sitze ich nicht auf Shauls blauem Sofa, sondern stehe neben seinem Klavier. Ich bin von Kopf bis Fuß angespannt. Schuld sind die Arie und Shauls schöne, dunkle Augen. Ich gebe mein Bestes, um die hohen Töne zu treffen. Doch es hört sich eher so an, als würde man Singvögel abknallen, die dann vom Himmel stürzen. Ich schüttle frustriert den Kopf. Shaul ist sehr geduldig. Dennoch bleiben mir die Töne im Hals stecken. Schließlich steht Shaul von seinem Klavierstuhl auf, holt einen weiteren Hocker und stellt ihn neben seinen. O Gott, jetzt nimmt er auch noch meine Hand!

»Komm, Claudia, setz dich für einen Moment neben mich«, sagt er.

Ich hocke neben ihm wie ein Häufchen Elend. Nur nicht in seine Augen gucken, denke ich – dann ist alles okay. Warum hält er meine Hand immer noch fest? Ich fange an zu schwitzen. Hoffentlich lässt er meine Hand gleich los.

»Claudia, es ist alles in Ordnung«, sagt er. »Du hast eine schöne Stimme, ein sehr gutes Gehör und du bist ein Mezzosopran – nur glaubst du es selbst noch nicht. Deine Angst vor den hohen Tönen hält dich zurück.«

Ich schaue auf den Boden und nicke. Shaul scheint mich zu lesen wie ein offenes Buch.

»Wovor genau hast du Angst?«

»Weiß ich nicht.«

»Du bist sehr angespannt.«

»Ich weiß.«

»Zum Singen musst du locker sein.«

»Ich weiß. Bin ich aber gerade nicht.«

»Komm, dreh dich um, ich massiere dich.«

Ich bekomme einen Hustenanfall. Habe ich da richtig gehört? Er will mich massieren?

Shaul bringt mir schnell ein Glas Wasser. Ich nehme einen tiefen Schluck. Dann klopft er mir auf den Rücken.

»Danke.« Ich schaue ihn an. »Es geht schon wieder.«

Sein Klopfen wird zu einem Streichen auf meinem Rücken. »Darf ich?«, fragt er. Ich nicke. Er fängt an, meinen Nacken zu massieren. »Du bist tatsächlich sehr verspannt.«

»Ich w-w-weiß. Aua!«

»Du musst beim Atmen loslassen.«

»W-w-weiß ich doch!«

Shauls Hände massieren tiefer. Vom Nacken zu meinen Schulterblättern. Als seine Finger meinen BH-Verschluss berühren, hält er erschrocken inne. Dann prusten wir beide vor Lachen los.

»Das war sehr unprofessionell«, rügt mich Sharon. Als ich ihr später von der ersten Musikprobe erzähle, ist sie so gar nicht begeistert. »Claudia, du bist keine 13 mehr. Reiß dich zusammen. In acht Wochen haben wir Premiere!« Warum ist sie auf einmal so streng? Hat sie Angst um das Stück? Sharon, es gibt in meinem Leben doch gerade nichts Wichtigeres als die Premiere.

Ein paar Tage später spüre ich ein Kratzen im Hals und es fühlt sich an, als ob Elefanten in meinem Kopf Samba tanzen: Mein

Schädel dröhnt vor Schmerz. Ich schreibe Shaul eine SMS, um die heutige Musikprobe abzusagen. Daraufhin antwortet er: »Das tut mir leid zu hören. Soll ich bei dir vorbeikommen und eine Suppe für dich kochen?«

Das geht jetzt eindeutig zu weit. Ich rufe Sharon an. »Nun, glaubst du mir jetzt, dass er mit mir flirtet? Er hat geschrieben, dass er bei mir vorbeikommen und eine Suppe für mich kochen kann!«

Sharon stöhnt auf. »Claudia?«

»Ja?«

»Das ist bei uns so.«

»Was ist bei euch so?«

»Na, bei uns Israelis. Wenn jemand krank ist, kochen wir ihm eine Suppe.«

»Aber wir kennen uns doch noch gar nicht! Da kann er doch nicht einfach vorbeikommen und eine Suppe für mich kochen!«

»Claudia?«

»Ja?«

»Mach dich mal locker, es spielt keine Rolle, wie gut man jemanden kennt oder nicht. Wenn jemand krank ist, kümmert man sich und kocht eine Suppe. Punkt.«

Ich überlege. »Okay. Und warum hast du bisher noch nicht angeboten, bei mir vorbeizukommen und eine Suppe für mich zu kochen?«

Sharon stöhnt wieder auf. »Claudia!«

»Was denn?«

»Statt dir darüber den Kopf zu zerbrechen, ob Shaul mit dir flirtet oder nicht, werde lieber wieder gesund und noch viel wichtiger – denk an das Stück!«

»Okay.«

»Er ist Israeli und wir sind einfach direkter im Umgang! Das hat nicht unbedingt was zu bedeuten.«

»Okay!«

»Er flirtet nicht mit dir!«

»Ja, ja – ich habe es verstanden, danke!«

Eine Woche später findet unsere zweite Musikprobe statt. Dass ich allein zu Hause geübt habe, hat sich ausgezahlt.

»Sehr gut, du wirst mutiger«, lobt mich Shaul. Ich laufe rot an.

In der Pause bietet er mir wieder einen Cappuccino und ein Stück von seinem selbst gebackenen Orangenkuchen an. Oh, dieser Mann kann backen! Während wir in der Küche sitzen, unterhalten wir uns über Israel. Was mich mit dem Land verbindet, behalte ich noch für mich. Dennoch brennt mir eine Frage auf den Lippen: »Sag mal, Shaul, warst du eigentlich in der Armee?«

Er steht von seinem Stuhl auf. »Das ist eine längere Geschichte«, antwortet er, macht mir einen weiteren Cappuccino und beginnt zu erzählen:

Ich sitze im Wartezimmer des Armeepsychologen, mit meiner Mandoline im Arm. Ich bin 17 Jahre alt und soll wie alle anderen israelischen Jungen und Mädchen zum Militär. Drei Jahre dauert der Dienst an der Waffe. Alle gehen zur Armee. Deine Eltern waren in der Armee, deine Geschwister, deine Freunde – wirklich alle. Mein Onkel ist sogar ein angesehener Offizier beim Militär. Wir brauchen die Armee, damit Israel existieren kann – so wird es immer gesagt. Da fast die gesamte israelische Bevölkerung in der Armee ausgebildet wurde, lassen sich bei einem Krieg innerhalb von wenigen Stunden Abertausende Reservisten rekrutieren. Wenn man einmal Soldat in der Armee war, bleibt man bis zu seinem vierzigsten Lebensjahr Reservist und muss jedes Jahr fast einen Monat Dienst leisten. Sollte man den Wehrdienst aus politischen Gründen verweigern, landet man im Gefängnis und gilt für den Rest seines Lebens als schwarzes Schaf.

Ich will nicht zur Armee. Als ich den Brief zur Musterung erhalte, ist meine Reaktion: »Wenn ihr mich einzieht, dann bringe ich mich um.« Das ist mein Ernst. Ich bekomme sofort einen Termin beim Armeepsychologen. Dort bin ich heute schon zum vierten Mal. Stundenlang werden Tests mit mir gemacht, mir werden unendlich viele Fragen gestellt.

»Ich bin Musiker. Ich kann nur meine Mandoline in den Händen halten – keine Waffe«, sage ich.

Der Psychologe schaut mich lange schweigend an. »Warum spielst du nicht mal was auf deiner Mandoline?«, fragt er mich testend.

Ich fange an zu spielen, ganz langsam.

Nach ein paar Minuten versucht der Psychologe mich zu unterbrechen: »Das reicht jetzt, danke!«

Ich spiele weiter, immer lauter.

»Jetzt ist mal genug, danke«, sagt der Psychologe.

Ich spiele immer schneller. Er steht auf und verlässt den Raum. Ich will nicht aufhören zu spielen. Ich spiele so lange weiter, bis der Psychologe zurück in den Raum kommt und mir ein Blatt Papier unter die Nase hält. Darauf steht: »Untauglich fürs Militär.«

Ich habe mich aus der Armee herausgespielt. Mit der Partita Nummer zwei in d-Moll von Johann Sebastian Bach.

Ich halte die leere Cappuccino-Tasse in meinen Händen und versuche mir nicht anmerken zu lassen, dass ich tief

beeindruckt bin. Dass Shaul nicht beim Militär war, macht ihn für mich noch interessanter. Jetzt wäre eigentlich der passende Moment, um ihm zu erzählen, welche Erfahrungen ich mit Israel und dem israelischen Militär gemacht habe. Doch es ist schon dunkel geworden, Shaul schaut auf die Uhr: »Claudia – unsere Pause hat ganz schön lange gedauert, es ist schon so spät!«

»Ups, das dürfen wir auf keinen Fall Sharon erzählen«, antworte ich schnell. Ich komme mir vor, als würde ich nicht über die Regisseurin sprechen, sondern über einen Anstandswauwau. Shaul und ich gucken uns an und fangen im gleichen Moment an zu lachen.

»Ich kann uns Abendessen machen, wenn du magst«, schlägt er vor.

»Bloß nicht«, erwidere ich. »Ich meine: danke! Das ist sehr nett von dir. Doch ich sollte jetzt wirklich nach Hause gehen, schließlich bin ich schon seit Stunden hier.«

Shaul begleitet mich zur Tür. »Hast du morgen Abend schon was vor?«

»Ähm, nein, ich glaube nicht. Vielleicht doch. Bin mir nicht sicher ... Wieso?«

»Morgen Abend ist Rosch ha-Schana, das jüdische Neujahrsfest.«

»Neujahr mitten im September?«, frage ich erstaunt.

»Ja, im hebräischen Kalender beginnt das neue Jahr im Herbst. Ich lade ein paar Freunde zum Abendessen ein, um zu feiern. Hast du Lust, auch vorbeizukommen?«

»L-l-lust? Äh ja, schon ...«

»Gut, dann bis morgen Abend, 18 Uhr geht es los.«

Sharon erzähle ich lieber nichts von der Einladung – Shaul flirtet ja sowieso nicht mit mir ...

24 Stunden später stehe ich also schon wieder vor Shauls Haustür und klingle. Von drinnen ertönt eine gewaltige Geräuschkulisse. Ich bin gespannt. Eine mir unbekannte Person öffnet die Tür. »Hallo, ich bin Tom! Du musst Claudia sein? Komm rein!« Tom nimmt mir meine Jacke ab und bringt mich ins Wohnzimmer. Eine lange Tafel ist festlich gedeckt und es stehen Schüsseln mit diversen Salaten auf dem Tisch. Immer mehr Leute kommen in das Zimmer. Wir sind zu zehnt. Ich kenne hier niemanden außer Shaul. Doch der ist nicht zu sehen.

»Shaul ist noch in der Küche und bereitet den Hummus vor. Er hat mich gebeten, mich um dich zu kümmern.«

»Äh, das ist sehr nett, danke.«

»Komm, setz dich. Hast du schon mal Rosch ha-Schana gefeiert?«

»Nein, das ist mein erstes Mal.«

»Und das erste Mal auch allein unter Juden?«

»Ähm, bitte was?«

»Also ich an deiner Stelle hätte Angst, die einzige Deutsche unter zehn Juden zu sein! Wer weiß, was wir mit dir machen!« Tom schaut mich sehr ernst an. Ich muss schlucken. Da haut er mir kräftig auf die Schulter und lacht laut auf. »Du solltest jetzt mal deinen Gesichtsausdruck sehen! Entspann dich, ich mache nur Spaß mit dir!«

Ich muss auch lachen. »Dann ist gut, für Spaß bin ich natürlich immer zu haben.«

Tom legt seine Hand auf meine Schulter. »Aber tatsächlich bist du die einzige Goja hier.«

»Und das ist ganz wunderbar! Schalom, Claudia«, ruft Shaul, der gerade ins Zimmer gekommen ist, und stellt den Hummus auf dem Tisch ab. »Nimm Platz, ich hole noch das restliche Essen. Du siehst übrigens sehr hübsch aus!«

»D-d-danke«, stottere ich.

»Das heutige Abendessen wird uns beiden sehr gut tun.« Was meint er denn bitte schön damit?

Inzwischen sitzen auch alle anderen Gäste am Tisch. Es wird viel gelacht und geht sehr herzlich zu. Tom erklärt mir die Bedeutung des jüdischen Neujahrsfestes und zeigt auf den Teller mit den Apfelstücken und dem Honig. Das isst man in der Hoffnung, dass das neue Jahr süß wird. Gemeinsam tauchen wir die Obststückchen in den Honig.

Jeder, der mag, sagt nun reihum, was er sich für das neue Jahr wünscht. Einige sprechen ihren Wunsch laut aus, andere behalten ihn für sich. Als Shaul an der Reihe ist, sagt er: »Mein Wunsch ist ein sehr persönlicher. Den halte ich geheim.« Hat der Rotwein meine Wahrnehmung getrübt oder schaut Shaul tatsächlich mich dabei an? Halluziniere ich schon? Nein. Shaul hebt sein Glas und zwinkert mir zu.

Die Runde am Tisch hat sich mittlerweile aufgelöst und sich auf die restliche Wohnung verteilt, in die Küche und auf den Balkon. Tom ist losgezogen, um noch mehr Rotwein zu kaufen. Ich stehe am Fenster und rauche mit einer Frau namens Noam eine Zigarette. Shaul gesellt sich dazu. »Woher kennt ihr euch eigentlich?«, fragt mich Noam mit Blick auf Shaul.

»Ähm ... wir arbeiten nur zusammen und ...«

»Und jetzt lernen wir uns immer besser kennen«, antwortet Shaul. »Und das ist sehr schön.« Dabei lächelt er mich so intensiv an, dass es mir eiskalt den Rücken runterläuft. Wenn das nicht Flirten ist, dann weiß ich auch nicht mehr!

Der Rotwein ist alle, die Flaschen sind ausgetrunken und alle anderen Gäste sind nach Hause gegangen. Nur ich bin noch da. Ich helfe Shaul, die Teller und Gläser wegzuräumen, als mein Blick auf ein Foto an der Wand fällt. Shaul bemerkt, wo ich hinschaue. »Das sind mein Opa und ich.«

»Das ist ein schönes Bild.«

»Ja, ich mag es auch sehr.«

»Ist dein Opa in Israel geboren?«, frage ich.

»Nein, in Rumänien. Im Jahr 1929 oder 1930 – das weiß man leider nicht so genau.«

»Dann hat dein Opa also ... also er hat den ...«

»Ja, mein Opa hat den Holocaust überlebt.«

Ich schaue noch mal genau auf das Bild und frage mich, was seine Großeltern damals wohl erlebt haben.

Sabba Perez und Safta Sara – Shauls Großeltern

»Al Capone«, Etty, Perez, Itzhak und Eatan

Es gibt ein altes Foto von meinem Sabba Perez, meinem Opa, und mir, das ich sehr mag: Mein Sabba hält mich - einen zweijährigen Knirps - mit einem Arm eng umschlungen, mit der Hand seines anderen Arms streichelt er ein Pferd. Eine Zigarette hängt ihm aus dem Mund und er grinst breit in die Kamera. Das ist mein Sabba - ein starker Mann, denn er hält mich. Ein positiver Mensch, denn er zeigt ein großes Lächeln. Ein Mann, der das Leben genießt - davon zeugt die Zigarette.

Er wurde am 29. oder 30. Dezember 1929 oder 1930 als Paul in Buhuşi, einer kleinen Stadt in Rumänien, in eine moderat-religiöse jüdische Familie hineingeboren. Neben ihm, dem Ältesten, gab es noch drei Geschwister: Hanna, Reuven und Simon, der von allen nur Lulu genannt wurde. Sein Vater hatte eine Bäckerei. Außerdem pflanzte er Kürbisse an - wie es in unserer Familie über viele Generationen hinweg gemacht wurde. »Deswegen lautete unserer Familienname Bostan - Kürbis«, erzählte mein Opa.

Als mein Opa nach dem Holocaust nach Israel kam, begann für ihn nicht nur ein neues Leben, er bekam auch einen neuen Namen. Aus Paul wurde Perez, aus Bostan wurde Bustan - das bedeutet im Hebräischen und Arabischen »schöner Garten«. Und so heißen wir heute.

In Rumänien ging mein Opa zuerst in eine christliche Schule. Als er in der zweiten Klasse war, sagte eines der Kinder zu ihm: »Wenn du es wagst, morgen wieder zur Schule zu kommen, lege ich deinen Kopf unter den Wagen des Schulleiters!« Mein Opa erzählte dies zu Hause sofort seinem Vater Saul. Am nächsten Tag ging Saul in die Schule, um mit dem Schulleiter zu sprechen. Der antwortete: »Vielleicht ist es besser, wenn Sie Ihr Kind zu Hause behalten.« Mein Uropa Saul verstand sogleich und veranlasste, dass alle seine vier Kinder auf eine jüdische Schule wechselten. Mein Opa ging dort bis zur fünften Klasse zum Unterricht. Dann war die Schulzeit für ihn schon vorbei. Er war ungefähr zehn Jahre alt, als der Krieg nach Rumänien kam und die Juden systematisch verfolgt und ermordet wurden.

»Mein Vater Saul wurde 1941 zur Zwangsarbeit verpflichtet und war drei Jahre lang von zu Hause weg. In dieser Zeit haben wir ihn kein einziges Mal gesehen«, erinnerte sich mein Opa. »Wir waren in diesen drei Jahren mit unserer Mutter allein zu Hause. Dann wurde meine Mutter ins Krankenhaus eingeliefert, weil ihre Milz geplatzt war. Von da an waren wir vier Kinder auf uns selbst gestellt. Als der Größte unter ihnen musste ich mich um das Essen und alles andere kümmern. Wir hatten Glück, dass mein Vater einen christlichen Mitarbeiter hatte, der seine Bäckerei übernahm. Er lebte im Hinterhaus und brachte uns jede Nacht einen Laib Brot. So brauchte ich mich wenigstens nicht darum zu sorgen, dass wir Brot zu essen hatten. Doch der Mitarbeiter in der Bäckerei hatte Angst, dass ihn jemand sehen und verraten würde. Denn Juden zu helfen, war verboten und wurde mit dem Tode gestraft. Und so gab es Tage, wo er nichts lieferte. ›Heute gibt es kein Brot‹, sagte er dann.«

Um seine jüngeren Geschwister und sich zu versorgen, musste mein Sabba Geld verdienen. Und so fing er an, für fremde Menschen Holz zu schneiden. »Ich habe das Holz so klein geschnitten, dass man es ganz einfach in den Ofen schieben konnte. Es war eine sehr harte Arbeit und ich war erst zehn Jahre alt - aber ich hatte Arbeit.«

Wenn ich mit Freunden zu Besuch bei meinen Großeltern bin und wir am Essenstisch in der Küche sitzen, gebe ich ihnen voller Stolz den berühmten Gemüsesalat meines Opas zum Probieren. Er wird auch Israelischer oder Arabischer Salat genannt. Mein Sabba hat ein Geheimrezept mit Zitrone und viel Zwiebel, aber das wirklich Besondere an dem Salat ist, wie mein Opa den Salat schneidet - nämlich sehr, sehr klein.

Auch das Holzschneiden war für meinen Opa leider bald zu Ende. Mit zwölf Jahren wurden alle Kinder zur Zwangsarbeit verpflichtet. So musste er mit vielen Gleichaltrigen eine Straße von der Stadt zum Bahnhof bauen. »Und dann kam mein Vater auf einmal nach Hause und sagte, dass sie alle Juden umbringen und wir aus Rumänien wegmüssen«, erzählte mein Opa. Sie machten sich als Familie auf den Weg - durch Transsylvanien zur Grenze nach Ungarn.

»Wir wurden begleitet von einem Mann, dem mein Vater viel Geld gezahlt hatte, um uns zu helfen. An der Grenze eröffneten Beamte das Feuer auf uns. Der ›Helfer‹ lief sofort weg. Und wir flohen auch. Dabei wurde die Familie zerrissen: Vater und Mutter, mein kleiner Bruder Lulu und meine Schwester Hanna rannten zurück nach Rumänien. Mein Bruder Reuven, ein anderer Junge namens Menachem und ich liefen Richtung Ungarn.«

Mein Sabba erzählte, was dann passierte: »Wir waren drei kleine Kinder zwischen sieben und zwölf Jahren, wir hatten nichts zu essen bei uns und sind ganz allein durch die Maisfelder und Wälder gelaufen. Vor Hunger konnten wir kaum gehen. Auf dem Feld aßen wir Mais und Kartoffeln, im Wald die Beeren. Dann versteckten wir uns in einem Maisfeld. Wir blieben dort vielleicht ein oder zwei Tage. Aber es kam uns vor, als wäre es ein ganzer Monat. Wir wussten vor Angst nicht, ob wir nach rechts oder links schauen sollten.«

Als mein Opa mir davon zum ersten Mal erzählte, war er sehr emotional. Ich hatte ihn so noch nie gesehen. Es ist sehr schwierig nachzuvollziehen, was nach diesem Tag passiert ist. In seiner Erinnerung gibt es hier eine große Lücke. Es muss etwas so Traumatisches geschehen sein, dass er sich nicht daran erinnern will oder kann, denn jedes Mal erzählt er etwas anderes. Was ist tatsächlich passiert? Was in seiner Erzählung über die Jahre immer gleich blieb, war die Geschichte aus der Zeit davor - der Beschuss an der Grenze Ungarns - und der Zeit danach - dass er in DP-Lagern in Bayern war. Aber wie kam er in die DP-Lager? Kann sich ein zwölfjähriger Junge zum Kriegsende von Ungarn bis nach Bayern durchschlagen, ohne aufgegriffen zu werden?

Er erzählte, dass er später von einer Ordensschwester namens Maria in einem Kloster versorgt wurde. Das war das Kloster Indersdorf, 16 Kilometer von Dachau entfernt. Er hat auch einmal davon gesprochen, dass er eine sehr kurze Zeit im KZ in Dachau war und von dort mit anderen Kindern geflohen ist. Vom Kloster Indersdorf kam er dann über Rosenheim nach Frankreich und von dort zusammen mit seinem Bruder Reuven nach Israel. Das war nach der Staatsgründung 1948.

Bis in die Sechzigerjahre hinein wurden im israelischen Radio tagtäglich stundenlang Namen verlesen. Auch mein Opa hat seine Familie gesucht: »Paul und Reuven Bostan suchen Saul, Fanny, Hanna und Simon Bostan ...« Doch die Suche blieb erfolglos. Mein Opa glaubte dann, seine Eltern und Geschwister seien tot.

25 Jahre später, im Jahr 1973, hatte sich eine kleine rumänische Gemeinde im Süden Israels gebildet - in Be'er Scheva in der Negevwüste, 120 Kilometer südwestlich von Jerusalem. Mein Opa Perez war schon längst erwachsen und sein Sohn Eatan, mein Vater, bereits 19 Jahre alt. In einem rumänischen Gemeindehaus sollte es an einem Sommerabend eine Veranstaltung geben und mein Opa machte sich auf den Weg dorthin. Als er bei dem Gemeindehaus ankam, sah er einen Mann auf einer Bank sitzen. Meinem Opa wurden auf einmal die Knie weich. Er fragte einen Bekannten: »Kennst du den Mann, der da sitzt?« Der antwortete: »Ja, der ist zugezogen, Rumäne natürlich. Saul heißt er.« Mein Opa ging langsam auf den Mann auf der Bank zu und sagte: »Tati. Vater. Ich bin es, Paul.« So fand mein Opa nach 25 Jahren seine Familie wieder. »Das war der schönste Moment in meinem Leben«, sagte er. Alle hatten überlebt. Ein Wunder.

»Sabba. Opa. Wenn du zurück an deine Kindheit in Europa denkst: Was fällt dir dann ein?«

»Die Luft«, antwortete er. »Die Luft war so gut. Wenn ich etwas vermisse, dann ist es die europäische Luft.«

Mein Opa hat nie wirklich über seine Kindheit in Rumänien und die Zeit im Krieg gesprochen. Eigentlich gibt es das Wort »Krieg« für den Zeitraum 1933 bis 1945 in Israel nicht. Bei uns heißt das »Schoa« - der Holocaust. Für uns Juden war diese Zeit kein Krieg, sondern ein Massaker. Du wirst damit schon konfrontiert, wenn du im Kindergarten bist.

Der Holocaust-Tag heißt »Tag des Gedenkens an die Schoa und Heldentum«. Die schrecklich laute Sirene, die dann zu hören ist, erschreckte mich schon als kleiner Junge im Kindergarten. Um zehn Uhr morgens heulen dann in ganz Israel die Sirenen - volle zwei Minuten lang. Die Menschen lassen alles stehen und liegen. Die Autos auf den Straßen stehen still, die Busse und Züge halten an - rund sechs Millionen jüdische Israelis bleiben schweigend und wie eingefroren stehen. Die Fahnen wehen auf Halbmast und im Radio gibt es nur traurige Musik zu hören, im Fernsehen nur Dokumentationen und Filme über den Holocaust zu sehen.

Schon als vierjähriges Kind hörte ich die grauenvollen Geschichten des Holocausts - dass andere uns so gehasst haben, dass sie versucht haben, uns auszulöschen, und sie Millionen von uns ermordet haben. Ich erinnere mich, dass ich wie alle anderen Kinder in meiner Schulklasse von unserer Lehrerin gefragt wurde, ob wir jemanden in der Familie haben, der ein Holocaustüberlebender ist. Ich wusste schon irgendwie, dass meine rumänischen Großeltern während des Holocausts Kinder waren, aber die genaue Geschichte hatte ich noch nicht gehört. Mein Vater und seine Geschwister haben ihre Eltern nie gefragt, was genau im Holocaust passiert ist. Es war wie ein Tabu. Man hat einfach nicht danach gefragt. Nur als die Enkelkinder zur Welt kamen, erst mein Bruder und dann ich, redeten zuerst mein Sabba und dann auch meine Safta Sara - meine Oma - ein wenig darüber.

*

Es war das Jahr 1941. Meine Oma Sara war sieben Jahre alt. Sie lag mit ihren drei Geschwistern Schmuel, Chari und René unter dem Bett. Ihre Mutter hatte sie dort versteckt. Die Mutter lag über ihnen im Bett. Sie war tot. Ein deutscher Soldat hatte sie erschossen.

Meine Oma und ihre Geschwister hatten große Angst. Sie blieben unter dem Bett versteckt. Wie lange, können sie später nicht mehr sagen. Es fühlte sich an wie Tage, vielleicht waren es nur Minuten. Auf einmal hörten sie, wie sich die Tür öffnete und Schritte sich dem Bett näherten. Plötzlich schaute ein Gesicht unter das Bett und sah sie an. Es war ihre Tante.

Es war zu gefährlich, die Mutter und die Kinder aus dem Haus zu schaffen.

Eine Woche lang lag der tote Körper auf dem Bett.

In der Stadt Iaşi (deutsch: Jassy) in Rumänien hieß es am 27. Juni 1941: »Toţi jidanii afară!« »Alle Juden raus!« Ein Mob aus rumänischen Bürgern und Polizisten und deutschen Wehrmachtssoldaten zog durch die Stadt. Aus Angst beschrifteten Bewohner ihre Häuser: »Hier wohnen Christen, keine Juden.« Ein paar Bürger warnten ihre jüdischen Mitmenschen, andere ließen ihrem Hass freien Lauf. Sie verrieten ihre jüdischen Nachbarn, stahlen vor deren Augen ihren Schmuck, Kleidung, Möbel – und schlugen und mordeten gemeinsam mit der Polizei und den Soldaten.

»Da!« Der Rumäne zeigte auf ein Haus. »Da wohnen Juden!« Zwei deutsche Wehrmachtssoldaten und mehrere rumänische Polizisten gingen mit schnellen Schritten auf das Haus zu. Der Rumäne hieß Constantin. Er zeigte auf das Haus der Familie Rabinowitz. Es war das Haus meiner Urgroßeltern. Er war ihr Nachbar. »Holt sie heraus«, rief ein Polizist. Constantin brach die Tür auf. Er und die Polizisten stürmten hinein. Sie zerrten meinen Urgroßvater Benjamin und seinen Schwager Leon auf die Straße. Mit Holzlatten prügelten sie auf die beiden Männer ein. Meine Urgroßmutter Etty kam aus dem Haus gerannt. Zuvor hatte sie ihre Kinder unter dem Bett im Vorzimmer versteckt. Die Polizisten griffen sie und schlugen ihr immer wieder auf den Kopf.

Blutüberströmt brach sie zusammen. Sie schaute auf. Neben ihr lag ihr Schwager Leon auf dem Boden. Er lebte nicht mehr. Die Polizisten hatten ihn totgeprügelt. Sie sah, wie die Polizisten ihrem Mann, meinem Uropa Benjamin, unter die Arme griffen und ihn schwer verletzt wegschleiften. Jetzt zeigte der Wehrmachtssoldat auf sie. Dann zündete er sich eine Zigarette an. Der Nachbar Constantin packte meine

Urgroßmutter, zog sie ins Haus und schmiss sie auf das Bett. Darunter lagen meine Oma und ihre Geschwister. Der deutsche Soldat stand an der Haustür und rauchte seine Zigarette zu Ende. Dann ging er hinein. Er zog seine Waffe und erschoss meine Urgroßmutter Etty.

Die Polizisten schleiften meinen Urgroßvater Benjamin zur Polizeistation. Wohin er auch blickte, sah er tote Körper auf der Straße.

Beim Hauptsitz der Polizei wurden die Juden der Stadt gesammelt. Es wurden mehr und mehr. Es waren Hunderte, Tausende. Dann ging es los. Über Stunden hörte man das Knattern der Maschinengewehre der rumänischen Soldaten. Sie erschossen die jüdischen Bürger massenweise im Hinterhof.

An einem einzigen Tag wurden in Iaşi 13.000 Juden ermordet. Es war eines der gewalttätigsten Pogrome in der jüdischen Geschichte Rumäniens. Die Überlebenden des Massakers wurden mit Gewehren und Bajonetten zu den Zügen getrieben. Über hundert Menschen wurden in einen einzelnen Waggon gepfercht. »Es war so eng, dass du die anderen Menschen nicht sehen konntest«, erzählte später mein Uropa Benjamin. Er war in einem der Waggons.

Die Wagen wurden verriegelt. Benjamin hörte das Hämmern. Sämtliche Luftschlitze wurden von außen zugenagelt. Sie, die Eingeschlossenen, sollten keine Luft bekommen. Schließlich fuhr der Zug los. Es war Hochsommer. Der Zug fuhr und fuhr und hielt nicht an. Die Eingepferchten hatten nichts zu essen, nichts zu trinken. Sie drehten durch, verloren den Verstand. Mein Uropa trank seinen eigenen Urin. Ganze sieben Tage fuhr der Zug zwischen drei Ortschaften hin und her. Hin und her. Immer wieder hin und her, hin und her. Die Menschen starben – einer nach dem anderen. An Durst, Hunger oder sie erstickten. Es war der »Todeszug von Iaşi«.

Als die Waggons am siebten Tag geöffnet wurden, fielen massenweise tote Körper heraus. Von fünftausend Menschen hatten am Ende nur 1100 überlebt. Mein Urgroßvater war einer von ihnen. Am Leben blieb er durch Zufall. Im Waggon gegen die Wand gepresst, sah er einen Nagel im Holz. Indem er ihn und damit ein Stückchen Holz mit hinauszog, kam ein bisschen Luft herein. Mein Uropa drückte seine Nase gegen das Loch. Das rettete ihm das Leben.

Mit anderen Überlebenden kam er in ein Arbeitslager. In einer Fabrik wurde er zur Zwangsarbeit eingesetzt. Dort verlor er ein Auge und das Gehör auf dem linken Ohr. Außerdem die Hälfte seiner Kopfhaut. Die war verbrannt. Wie es dazu kam, erzählte er nicht. Ob er sich bei der Arbeit verletzte hatte? Oder ihm das zugefügt wurde?

Zum Arbeitseinsatz in der Fabrik wurden die Gefangenen täglich mit Zügen gebracht. Da bot sich eines Tages die Gelegenheit: Mein Uropa schaffte es, von dem fahrenden Zug zu springen. Er verletzte sich dabei schwer, doch er konnte fliehen. Kurz danach, im August 1944, wechselte Rumänien die Seiten und trennte die Allianz mit Nazideutschland. Der Krieg war vorbei.

Mein Uropa Benjamin hatte überlebt. Doch als er nach Iaşi zurückkam, erfuhr er, was mit seiner kleinen Familie passiert war: seine Frau ermordet und seine Kinder verschwunden. Es sollte noch eine Weile dauern, bis er seine vier Kinder wiederfand. Seine Schwägerin Rosa, die Schwester seiner ermordeten Frau, die die Kinder unter dem Bett gefunden hatte, hatte sie in ein Waisenhaus gebracht. Das kleinste - René, drei Jahre alt - war von einer kinderlosen rumänischen Familie adoptiert worden. Benjamin sah sie erst 1973 als erwachsene Frau wieder - in Israel. Da war sie schon verheiratet und hatte eigene Kinder.

Meine Oma Sara war mit ihren Brüdern Chari und Schmuel noch in dem Waisenhaus, doch war Benjamin zu schwach, um seine Kinder zu sich zu nehmen. Er besaß ja auch nichts mehr - kein Haus, kein Geschäft, nichts. Er besuchte sie regelmäßig im Waisenhaus und nach einem Jahr holte er die Kinder ganz zu sich. Außerdem heiratete er wieder - seine Schwägerin Rosa, die selbst ihren Mann Leon verloren hatte. Das Leben musste schließlich weitergehen.

Ja, das Leben ging weiter. Sie hatten den Holocaust überlebt. Mit ihrem älteren Bruder Schmuel ging meine Oma Sara im Alter von 14 Jahren nach Holland. Dort lernten sie Hebräisch und bereiteten sich auf das Leben in Israel vor. Die zionistische Jugendorganisation »Dror« (Deutsch: Freiheit) brachte sie nach der Staatsgründung im Jahr 1948 nach Israel. In den 1950er-Jahren folgte ihnen Uropa Benjamin. Er trug immer einen langen schwarzen Mantel und einen großen schwarzen Hut sowie eine sehr dunkle Sonnenbrille - um die verbrannte Kopfhaut und sein verlorenes Auge zu bedecken. Aufgrund seiner Erscheinung nannte man meinen Uropa nur noch bei einem Namen: Al Capone.

Er war ein Mann von Statur und seine Bekleidung machte Eindruck. Wenn Al Capone die Straße entlangging, wichen die Menschen ihm häufig aus und machten ihm Platz. Sie nickten ihm anerkennend zu. Er bekam immer die besten Plätze in Restaurants, Cafés oder in der Oper zugewiesen. Mit seiner Kleidung passte er nicht recht in das staubige und heiße Bild Israels. Schon gar nicht nach Tel Aviv oder in die Wüstenstadt Be'er Scheva, wo man umgeben war von Kamelen, Beduinen und Sand, Sand, Sand ...

Auch meine Oma war immer ganz elegant und fein gekleidet. Sie ging regelmäßig in die Oper und noch heute, mit ihren 78 Jahren, sitzt sie einmal pro Woche beim Friseur, um sich die Haare frisieren zu lassen. Selbst im Haus trägt sie roten Lippenstift und ihre Sammlung an Goldringen an den Fingern.

Im Jahr 1952 lernte sie bei ihrer Cousine meinen Opa kennen. Die Cousine machte Schiduch - also verkuppelte sie quasi - und meinte: »Komm, ich will dir jemand vorstellen. Er kommt auch aus Rumänien.« Meiner Oma hat gefallen, dass mein Opa so ruhig und schüchtern war. Mein Opa hingegen meint, dass ihr sein männlich-machohaftes Auftreten und die muskulösen Arme gefallen haben.

Auf jeden Fall heirateten sie ein halbes Jahr später und bekamen insgesamt vier Kinder. Der Erstgeborene ist mein Vater Eatan. Das bedeutet im Hebräischen »stark«. Seinen Namen hat er in Anlehnung an seine ermordete Großmutter erhalten. Auch der Bruder meiner Oma, Schmuel, wollte seiner Mutter gedenken und benannte seine erste Tochter nach ihr: Etty. Doch meinte das Schicksal es nicht gut mit ihr.

Mit Mitte zwanzig ging Etty mit ihrem Mann nach Kairo, Ägypten. Er arbeitete dort in der Israelischen Botschaft. Im Jahr 1986 wurde eine internationale Fachmesse in Kairo veranstaltet und Etty war Teil des Personals, das Israel auf dieser Fachmesse repräsentieren sollte. Ein Auto der Botschaft sollte sie mit drei weiteren Kollegen zum Veranstaltungsort bringen. Als das Auto gerade das Gelände der Botschaft verließ, fielen mehrere Schüsse. Eine ägyptische Terrororganisation hatte es auf den israelischen Botschafter abgesehen. Doch der saß nicht im Auto. Die drei Angestellten wurden schwer verletzt – Etty war auf der Stelle tot.

Im Wohnzimmer meiner Großeltern hängt ein großes Bild von ihrer Nichte, daneben ein Foto meiner Uroma. Die beiden Ettys hängen nebeneinander. Heute ist meine Oma Sara an Demenz erkrankt. Einmal hat sie beim Friseur dreimal hintereinander bezahlt, weil sie glaubte, sie hätte es noch nicht getan. Sie heckt kleine Streiche aus, lacht viel und meistens ist nicht klar, worüber. Sie wird immer mehr zum Kind.

Zu meiner Oma habe ich eine besonders innige Beziehung. Sie liebt die Musik. Meine Oma kam immer zu meinen Konzerten und brachte gleich alle ihre Freundinnen mit. Und sie war auch immer darum bemüht, dass wir alle gut aussahen – stundenlang hat sie unsere Kleidung gebügelt, inklusive unserer Unterhosen. Immer wenn ich mit meiner wilden Lockenmähne bei ihr zu Besuch war, meinte sie entrüstet: »Shauli, hast du dich mit deinem Friseur gestritten, oder was?«

Wenn ich heute meine Oma nach ihrer ermordeten Mutter und dem Pogrom in Iaşi frage, weicht sie aus. »Meine Mutter ist an einer Krankheit gestorben«, sagt sie. Die traumatische Wahrheit, wie ihre Mutter wirklich ums Leben kam und was der Familie in Rumänien widerfahren ist, ist aus ihrer Erinnerung gelöscht. Oder vielleicht will sie sich auch nicht mehr daran erinnern?

Ich bin geschockt und fasziniert zugleich von dem, was meine Großeltern und ihre Familien im Holocaust erlebt haben. Über das meiste haben sie geschwiegen. Wie auch viele andere Holocaustüberlebende haben sie sich geschämt. Nun lebe ich in Deutschland. Hier kann ich erst richtig verstehen, was im Krieg passiert ist, und setze mich damit zum ersten Mal intensiv auseinander.

Erst jetzt - nach vielen Jahren und als Erwachsener - habe ich für mich die richtigen Fragen gefunden: »Wie hast du dich gefühlt damals?« oder »Hattest du Hoffnung?«. Und obwohl mein Opa mit seinen 82 Jahren eher dazu bereit ist, offen über alles zu sprechen, sind siebzig Jahre einfach eine zu lange Zeit. Vieles ist aus der Erinnerung verschwunden. Ich werde niemals genau wissen, was mit meinem Opa geschehen ist.

Der Holocaust ist immer irgendwie da. Es ist, als ob er in uns drinsteckt, in unseren Körpern. Der Holocaust ist ein Teil von uns - ob wir es wollen oder nicht. Durch das israelische Bildungssystem wurde ich, was den Holocaust und Deutschland betrifft, schon als Kind beeinflusst - wie alle anderen Israelis auch. Es wird uns zwar nicht direkt eingeflößt, dass wir die Deutschen hassen sollen, doch es bleibt ein kollektives ungutes Gefühl gegenüber Deutschland. Was ist das für ein Volk, von dem solch ein Horror ausging? Was sind das für Menschen?

Heute ist eine andere Zeit. Und trotzdem gibt es Israelis, die eine Abneigung gegenüber Deutschland und den Deutschen verspüren - wie meine Tante Ariela zum Beispiel. Sie ist die einzige Tochter meiner

Großeltern. Als sie mich in Berlin besucht hat, hat sie es kaum ausgehalten. Von meinen Großeltern wiederum, die diese Zeit ja selbst erlebt haben, habe ich nie ein schlechtes Wort über Deutschland oder die Deutschen gehört. Im Gegenteil, sie waren nach dem Krieg sogar mehrmals in Deutschland zu Besuch. Der Schwarzwald hat ihnen besonders gut gefallen.

Und mich hat es auch nicht davon abgehalten, hierherzuziehen. Ich wollte eigentlich schon immer nach Deutschland. Als Kind war ich zum ersten Mal hier - in München kauften mir meine Eltern meine erste Mandoline. Im Jahr 2011 traf ich dann eine Entscheidung: Ich wollte auswandern - nach Deutschland. Ich kündigte drei sehr gute Engagements als Komponist und Dirigent in Israel und löste in Jerusalem meine Dreizimmerwohnung mit Balkon auf. Ich verkaufte mein Auto. Ich verkaufte mein Klavier, meine zwei Mandolinen, meine drei Gitarren und meine Laute. Ich verkaufte meine große Plattensammlung für einen Spottpreis. Ich trennte mich von allem, so als ob ich wüsste, dass ich nicht zurückkommen würde. Von einer Sache konnte ich mich dann aber doch nicht trennen - von meiner La Pavoni: eine italienische Espressomaschine. Ich packte sie sicher in einen Karton und schickte sie per Luftpost nach Berlin.

Mein Sabba Perez und meine Safta Sara beglückwünschten mich zu meiner Entscheidung: »Ja, geh nach Deutschland! Lebe die Kultur, mach deine Musik«, sagten sie. Andere fragten, warum es denn bitte schön ausgerechnet Deutschland sein müsse. Und wieso überhaupt Israel verlassen? »Du hast hier doch alles: eine tolle Karriere, deine Wohnung, deine Familie.« Ja, warum genau, das wusste ich auch nicht. Ich hatte einfach ganz stark das Gefühl, dass ich nach Deutschland muss.

Vielleicht würde ich in ein paar Jahren wissen, warum ich hierherkommen sollte?

Der Kuss des Jahrhunderts

Shaul und Bruder Benny

»Krass«, höre ich mich sagen. Etwas Intelligenteres kommt in diesem Moment leider nicht aus meinem Mund heraus. Ich schaue noch mal auf das Bild von Shauls Opa Perez. Wie der Holocaust so weit weg und doch wieder so nah sein kann. Zwei Generationen. Zum ersten Mal begegne ich einem Enkel von Holocaustüberlebenden, der mir deren Geschichte erzählt, und ich kriege den Mund nicht auf. Gibt es denn etwas zu sagen?

Schuld und Scham fühle ich nicht, nein, doch ich fühle mich sonderbar leer und schwer. Unendlich viele Fragen und Gedanken schießen mir in den Kopf. Wie würde ich Deutschland und die Deutschen durch die Brille eines Enkels von Holocaustüberlebenden sehen? Und was wäre, wenn Shaul und ich vor siebzig Jahren gelebt hätten – wie hätte dann unsere Begegnung ausgesehen?

Gerade fühlt es sich so an, als könnte ich ewig auf Shauls blauem Sofa sitzen bleiben. Ich würde ihm gern noch viele

Fragen zu ihm und seiner Familie stellen, doch es ist inzwischen drei Uhr nachts und auf mich wartet noch eine abenteuerliche Heimreise von Mitte nach Neukölln mit den Berliner Verkehrsbetrieben. Mir ist nicht nur schwindlig vom Rotwein, sondern auch von Rosch ha-Schana, Shauls geheimem Wunsch fürs neue Jahr, von Al Capone und der Vorstellung, wie sich seine Oma unter dem Bett versteckt hielt.

Als wir uns an der Tür verabschieden, torkele ich Shaul entgegen. Wir umarmen uns. Ich habe heute viel Persönliches über ihn erfahren und fühle mich ihm sehr nah. Schnell hauche ich ein »Auf bald!« und schwanke dann die Treppe hinunter. Shaul hatte recht – der Abend hat uns sehr gut getan.

Ich weiß, dass es passiert. Aber wenn es dann so weit ist, leide ich trotzdem jedes Mal wieder wie ein Hund: Heute findet der erste Durchlauf des Stücks statt. Der künstlerische Leiter des Theaters, die Regisseurin, die Dramaturgin, der Bühnenbildner und die Kostümdesignerin sitzen aufgereiht vor mir. Ich fühle mich wie vor dem Schießgericht. Shaul lächelt mir ermutigend zu. Doch der erste Durchlauf tut immer weh. Er wird relativ früh gemacht, damit der Regisseur und das gesamte künstlerische Team ein Bild vom Gesamtkonzept bekommen. Für mich als Schauspielerin ist das immer eine Qual.

Nach der Besprechung krieche ich ganz geknickt zur Tür heraus. Es ist schon spät geworden, als sich das ganze Team draußen voneinander verabschiedet und in die unterschiedlichsten Richtungen von dannen zieht. Ich bin mies gelaunt, schließe mein Fahrradschloss auf und sage laut zu mir selbst: »Mann, war das scheiße. Ich brauche ein Bier!« Neben mir ist ein Knacken zu hören und ich drehe mich blitzschnell um.

Shaul steht im Dunkeln mit seinem Rad vor mir und sagt: »Ich geh ein Bier mit dir trinken.«

Na gut, dann habe ich eben einen Zeugen, wenn ich gemeinsam mit meinem Frust im Bierkrug versinke. Wir radeln los und halten nach ein paar Kurven an einer spanischen Tapasbar an. An einem kleinen Tisch mit gemütlichem Kerzenlicht lassen wir uns nieder. Ich bestelle gleich ein Bier und lasse meinem Missmut freien Lauf: Die Arie ist zu hoch, die Requisiten sind zu simpel, das Kostüm ist zu eng, die Regisseurin zu streng und ich bin zu schlecht. Ich schaue den Kellner an und zeige auf mein leeres Glas: »Noch ein Pils, bitte!« Shaul hört mir geduldig zu. Er hat auch keine andere Wahl. Ich rede ohne Punkt und Komma. Irgendwann hole ich gezwungenermaßen Luft und lege meine Stirn flach auf dem Tisch ab: »Och, ich habe eigentlich gar keine Kraft mehr, über das Stück zu reden.«

Shaul lehnt sich nach vorn: »Claudia, hakol je beseder. In Israel ist das die Antwort auf jede zweite Frage: Alles wird gut.«

Ich hebe meinen Kopf von der Tischplatte. »Ha-kol je be-seder.« Langsam lasse ich mir den hebräischen Satz auf der Zunge zergehen. So fühlt sich also »Alles wird gut« an. Ich schaue Shaul in die Augen und flüstere verzweifelt: »Ich hoffe es.«

Er lächelt mich an: »Hab Vertrauen!«

Einen Moment lang sagen wir beide gar nichts. Dann schlage ich vor: »Komm, lass uns das Thema wechseln!« Shaul bestellt noch eine Runde Bier für uns und der Kellner bringt dazu einen Korb Brot mit Oliven. Wir unterhalten uns über Gott und die Welt und verlieren jegliches Zeitgefühl. Die Kerze auf unserem Tisch ist schon abgebrannt und die Tapasbar leert sich stetig. Was um uns herum geschieht, nehmen wir gar nicht mehr so genau war. So als säßen wir in einer Blase, haben wir nur Augen und Ohren füreinander. Shaul und ich lachen, als würden wir uns schon ewig kennen. Bis wir wieder auf Shauls Familiengeschichte zu sprechen kommen.

»Was ist mit den Großeltern mütterlicherseits?«, frage ich. »Was haben sie im Holocaust erlebt?«

Shaul schüttelt den Kopf. »Die Familie meiner Mutter kommt aus dem Iran.«

»Aus dem Iran?«, frage ich verwundert.

Shaul lächelt mich an, lehnt sich zurück und erzählt.

Meine Oma Leah lebte mit ihren Eltern und sieben Geschwistern in Teheran. Ihr Vater, mein Uropa Yosef Israel, war Musiker. Er spielte die traditionelle iranische Trommel und hatte eine Band zusammen mit seinen Cousins. Mit dieser Band reiste er durch das Land, um für die Menschen zu spielen – sie traten sogar am Hofe des Schahs auf. Yosef war die meiste Zeit unterwegs, sodass meine Urgroßmutter die acht Kinder allein großziehen musste.

Mein Opa Nissim ist in Kermanscha aufgewachsen. Das ist eine Region im Nordwesten des Iran, an der Grenze zum Irak. Sein Vater, mein zweiter Uropa Faradsch Chaim Tabibi, besaß dort viel Land, einige Häuser und sogar eine Synagoge. Er war ein sehr religiöser Mann und hat mit Hingabe die Kabbala studiert. Als Arzt für Naturheilkunde war er sehr bekannt und gelangte dadurch auch zu einem gewissen Wohlstand. Und er hatte insgesamt drei Frauen und 15 Kinder. Vielleicht hatte er die drei Frauen gleichzeitig oder eine nach der anderen – das weiß ich nicht. Aber das war im Iran zu der Zeit auf jeden Fall nicht unüblich.

Es soll ihn lange jung gehalten haben: Als er starb, war er über hundert Jahre alt.

Mein Opa war das siebte der 15 Kinder. Schon als Zwölfjähriger sagte mein Opa den zwanzig Arbeitern seines Vaters, was auf den Feldern zu tun sei - selbst auf dem Feld arbeiten musste er nicht.

Die Brüder meines Opas Nissim kamen kurz vor der Staatsgründung nach Israel. Die Familie war sehr zionistisch und es war klar, dass auch der Rest der Familie nach Israel nachkommen wollte - besonders Nissim. Doch die ersten Jahre des Staates Israel waren hart, es gab dort absolut nichts. Das Land musste erst fruchtbar gemacht und aufgebaut werden. Die Juden kamen aus den unterschiedlichsten Ländern, sodass vom Staat die Anweisung kam: »Sprecht nur Hebräisch!«

Die Brüder meines Opas lebten in Zelten und hatten nichts. Sie kämpften jeden Tag ums Überleben. Sie hätten zu gern ihrer Familie im Iran geschrieben, wie es ihnen ging und wie es wirklich in Israel war, nämlich schlimm und schrecklich, und dass niemand nachkommen sollte. Doch als Zionisten wollten sie nichts Schlechtes über das gelobte Land sagen. Trotzdem wollten sie ihren kleinen Bruder, meinen Opa Nissim, unbedingt davon abhalten, nach Israel zu kommen. Sein Bruder Ascher dachte, besonders schlau zu sein, und schrieb an Nissim: »Nach Israel solltest du nur kommen, wenn du verheiratet bist, damit du in diesem fremden Land nicht ganz allein bist.« Opa Nissim war zu dem Zeitpunkt noch sehr jung und sein Bruder dachte, dass Nissim niemals so schnell und jung heiraten würde.

Doch er hatte sich getäuscht. Meinem Opa Nissim war es sehr ernst, mit seinen 16 Jahren möglichst bald nach Israel zu kommen. Er beauftragte einen Heiratsvermittler, der Schiduch machen und für ihn eine jüdische Frau suchen sollte. Auf diesem Wege fanden also mein Opa Nissim und meine Oma Leah zueinander. Sie heirateten mit 17 Jahren in Teheran und warteten sehnsüchtig auf das Visum, um nach Israel zu kommen. 1950 war es so weit.

Doch Nissims Brüder sollten leider recht behalten. Als Opa Nissim in Israel ankam, war er erschüttert. Alle mussten bei der Bearbeitung des Landes mit anpacken – das war harte Arbeit. Und definitiv nichts für meinen Opa Nissim, der etwas verwöhnt war und seit seinem zwölften Lebensjahr stets nur anderen gesagt hatte, was sie zu tun hatten. Er blieb heulend im Zelt sitzen, während meine Oma Leah loszog, um zu arbeiten. Mein Opa brauchte einige Monate, um sich zu überwinden. Als er sich dann aus dem Zelt hinausbewegte und sich der neuen Situation stellte, wurde er bald beauftragt, eine Straße zu bauen. Bei der Arbeit merkte er, dass ihm die Tätigkeit lag und Spaß machte. So arbeitete er bis zu seiner Rente als Direktor des Straßenbaus der Stadt Be'er Scheva.

Mein Opa Nissim und meine Oma Leah bekamen insgesamt sechs Kinder. 1955 kam meine Mutter Dalia auf die Welt. Sie lebten in einer kleinen, einfachen Dreizimmerwohnung in der Nähe der Altstadt. In ihrem Garten stand ein Granatapfelbaum. Der war wunderschön und so groß, dass er den halben Garten einnahm. Ich erinnere mich, wie ich als Kind mit meinem Opa Nissim unter dem Baum saß und auf Töpfen getrommelt und gesungen habe. Meine Oma Leah liebte den Baum so sehr, dass sie über jeden Granatapfel, der daran wuchs, eine Papiertüte legte, um ihn zu schützen. Als meine Oma starb, hörte der Baum auf zu blühen.

Meine Mutter Dalia und mein Vater Eatan lernten sich im Alter von 18 Jahren auf einer Party kennen. Meine Mutter war meinem Vater sofort aufgefallen und er sprach sie an. Sie unterhielten sich angeregt, bis mein Vater irgendwann meinte: »Darf ich dich mit meinem Auto nach Hause fahren?« Es war zu der Zeit ungewöhnlich, dass man ein Auto besaß. Es gehörte seinem Vater Perez, aber Eatan hatte die Chance genutzt, seine Angebetete damit zu beeindrucken. Meine Mutter Dalia sagte: »Gern kannst du mich mit dem Auto nach Hause fahren. Aber meine drei Freundinnen kommen auch mit, sie müssen ebenfalls nach Hause.«

Meinem Vater blieb nichts weiter übrig. Eine Stunde lang fuhr er durch die ganze Stadt, um die drei Freundinnen nach Hause zu bringen. Als dann nur noch er und meine Mutter im Auto saßen, fragte er sie: »Und wo soll ich jetzt hinfahren, um dich abzusetzen?« Meine Mutter grinste ihn an: »Zurück zur Party.« Tatsächlich wohnte meine Mutter nur zwei Häuser von dem Haus entfernt, in dem die Party stattfand.

Zwischen meinen Eltern war es Liebe auf den ersten Blick. Aber meine Mutter ließ meinen Vater einige Monate zappeln. In dieser Zeit fuhr er jedes Wochenende am Haus der Familie Tabibi vorbei - ganz langsam, in der Hoffnung, dass sie herauskommen würde. Meiner Mutter war das nicht entgangen, doch sie ließ sich Zeit, bis sie schließlich eines Tages aus dem Haus trat und auf ihn zuging.

Es war für beide gleich die große Liebe. Doch die kulturellen Unterschiede zwischen ihnen machten ihre Beziehung nicht ganz leicht. Mein Vater kam aus einer nicht-religiösen, aschkenasischen Familie von Holocaustüberlebenden. Opa Perez hielt nicht hinterm Zaun damit, dass er es liebte, Schwein zu essen. Meine Mutter wiederum kam aus einer religiös-orientalischen Familie. Liebesbeziehungen zwischen aschkenasischen und sephardischen Juden waren in den Siebzigern ein absolutes Tabu. In dem noch sehr jungen Staat Israel wollten die unterschiedlichen ethnischen Gruppen trotz des gemeinsamen jüdischen Glaubens immer unter sich bleiben, um die Kultur und die Traditionen des jeweiligen Herkunftslands zu bewahren.

Aus dem Verwandten- und Freundeskreis gab es viele kritische Stimmen. Der ältere Bruder meiner Safta Sara, Schmuel, sprach sich am vehementesten gegen die Beziehung meiner Eltern aus. »Die Sepharden sind einfach nicht auf dem gleichen Niveau wie wir

Aschkenasim«, so Schmuel. Ein Freund meines Vaters sagte: »Mach keinen Fehler. Du bist jung und es gibt noch so viele andere Frauen auf der Welt.« Doch gegen alle Widerstände kam es im Jahr 1976 zur Hochzeit meiner Eltern.

Sie führten eine sehr glückliche Ehe. Kurz nach der Geburt meines älteren Bruders Benny entschieden sie sich dazu, in einen Kibbuz zu ziehen. In dem Kibbuz »Nahal Oz«, direkt an der Grenze zum Gazastreifen und nur fünf Kilometer von Gaza Stadt entfernt, kam ich 1983 zur Welt. Vier Jahre später folgte meine Schwester Merav. Meine Eltern arbeiteten als Lehrer und so zogen wir, als ich sechs Jahre alt war, zurück in die Stadt nach Be'er Scheva.

Kaum waren wir in die Stadt gezogen, wurde bei meiner Mutter Brustkrebs diagnostiziert. Das war für uns alle ein schlimmer Schlag. Meine Mutter war die Seele unserer Familie. Nicht nur für uns vier, sondern auch für alle Verwandten und Bekannten. Für mich war meine Mutter der nächste und wichtigste Mensch. Sie hatte viel Energie, lachte gern und war überhaupt eine sehr warme Person. Sie war es, die meine Liebe zur Kunst und besonders zur Musik früh erkannte und förderte. Nach der Schule malte sie mit mir zusammen und wir komponierten Lieder. Jeden Tag ermutigte meine Mutter mich liebevoll zum Üben. Wenn ich ein Lied komponierte, war meine Mutter die Erste, der ich es zeigte. Sie war mein Licht.

Als es ein paar Jahre später hieß, dass meine Mutter vom Brustkrebs geheilt sei, bekam sie kurze Zeit später Leukämie. Und wieder gerade davon geheilt, kam der Krebs noch ein drittes Mal zurück. Die Ärzte teilten meiner Mutter nun mit, dass ihr in Israel nicht mehr zu helfen sei. Meine Eltern gaben nicht auf, sie recherchierten verschiedene Therapiemöglichkeiten und entschieden sich, in die USA zu fliegen. In Colorado fanden sie eine Klinik – dort sollte meine Mutter operiert und behandelt werden.

Die Dauer der Therapie war für ein halbes Jahr geplant. Um sie zu finanzieren, brauchten meine Eltern eine Million Schekel - so viel kosten zwei große Villen in Be'er Scheva. Die ganze Familie und alle Freunde und Bekannten taten ihr Bestes, um das Geld zusammenzubekommen. Wir schrieben an sämtliche Firmen und Fabriken in ganz Israel Briefe mit der Bitte um Spenden. Nach der Schule war es meine Aufgabe, die Briefe mit der Zunge zuzukleben. Ich erinnere mich, wie ich von der Schule kam und immer als Erstes zum Briefkasten gerannt bin. Wenn ein Brief drin war, habe ich ihn gleich aufgerissen und bin freudig ins Haus gerannt: »Wir haben noch zwanzig Schekel (etwa vier Euro) bekommen!«

Am Ende haben wir wie durch ein Wunder den Betrag zusammenbekommen und meine Eltern konnten für die Behandlung in die USA fliegen. Mein Bruder Benny, meine Schwester Merav und ich blieben in Israel zurück und meine Oma Sara wohnte in dieser Zeit bei uns, um sich um uns zu kümmern. Diese sechs Monate waren für mich die schlimmste Zeit in meinem Leben. Wir konnten nur alle zwei Wochen mit meinem Vater telefonieren und mit meiner Mutter aufgrund der Behandlung gar nicht sprechen.

Als die sechs Monate fast vorbei waren, flogen meine Geschwister und ich in die USA. Mithilfe der jüdischen Gemeinde in Colorado konnten wir unsere Mutter besuchen und gemeinsam mit ihr nach Israel zurückfliegen. Zwar war es für mich sehr aufregend, in die USA zu reisen, doch der Besuch in der Klinik war sehr hart. Ich habe meine Mutter kaum wiedererkannt. Ihre Haut hatte sich geschält, sie war sehr schwach und so dünn, dass man ihre Knochen sehen konnte.

Obwohl die Operation zuerst erfolgreich war, bekam meine Mutter ein Jahr später wieder Krebs. Da war ich 14 Jahre alt. Es ging alles sehr schnell. Von einem Tag auf den anderen ging es meiner Mutter sehr, sehr schlecht. Es war klar, dass sie es diesmal nicht schaffen würde.

Meine ganzen Onkel, Tanten, Großeltern, Cousins und Cousinen sowie Freunde und Nachbarn kamen in unser Haus, um bei uns zu sein und sich von meiner Mutter zu verabschieden. Ich sagte zu allen immer wieder: »Mama schafft das! Ihr werdet sehen. Alles wird wieder gut.«

Als ich an einem Sonntagmorgen aufwachte, schaute ich noch vor dem Zähneputzen in das Zimmer meiner Mutter. Sie war am Leben. Ich ging ins Badezimmer. Als ich ein zweites Mal in ihr Zimmer schauen wollte, stand auf einmal mein Vater vor der Tür und sagte: »Geh nicht mehr hinein. Deine Mutter ist gestorben.«

Eine Welt brach für mich zusammen. Mein Vater, meine Schwester und ich saßen im Nebenzimmer und weinten bitterlich. Mein Bruder Benny war gerade erst aufgewacht und wiederholte immer nur: »Das kann nicht sein. Das kann nicht sein.« Bevor ich mir die Zähne geputzt hatte, hatte meine Mutter noch gelebt. Ich hätte ihr da noch ein letztes Mal sagen können, dass ich sie liebe, und sie umarmen können. Erst zehn Jahre später erfuhr ich in einem Gespräch mit meinem Vater, dass meine Mutter schon in der Nacht von Samstag auf Sonntag aufgehört hatte zu atmen.

Die Ambulanz kam, um meine Mutter abzuholen. Meine kleine Schwester und ich wurden in den Garten gebracht, denn die Erwachsenen hatten entschieden, dass wir nicht dabei sein sollten. Das war für mich unerträglich. Ich riss mich aus den Armen meiner Tante Ariela los und rannte raus auf die Straße. Genau in diesem Moment stieg mein Opa Nissim aus dem Auto. Als er den Ambulanzwagen sah, wurde ihm klar, dass seine Tochter gestorben war. Er rannte auf den Wagen zu und fing an, laut und verzweifelt zu weinen. Wie im Schock blieb ich auf dem Fußweg stehen. Als mein Opa mich entdeckte, schrie er überwältigt von Trauer: »Shauli! Deine Mama ist tot! Oh, mein Shauli! Deine Mama ist tot!« Diesen Moment werde ich nie wieder aus meinem Kopf kriegen.

Der Tod meiner Mutter veränderte mein Leben. Unter all das Vorangegangene wurde ein Strich gezogen. Nichts war wie vorher. Sieben Tage lang saßen wir Schiwa. So heißt das jüdische Trauerritual. Wir zerrissen unsere Kleidung und saßen und schliefen eine Woche lang auf dem Boden. Die Spiegel im ganzen Haus wurden verhängt. Überall waren Menschen, die trauerten. Das Haus war gefüllt mit Tränen und klagenden Schreien. Mein Vater, meine Geschwister und ich saßen dazwischen. Ich konnte nicht weinen. Die Tränen saßen in meinem Körper fest. Sie kamen nicht heraus.

Mein Vater hatte meine Mutter sehr geliebt und treu mit ihr sieben Jahre lang gegen den Krebs gekämpft. Doch vier Monate nach ihrem Tod lernte er eine neue Frau kennen: Anat. Die Beziehung zwischen den beiden war von Anfang an sehr ernst. Sie übernachtete schon bald bei uns und schlief in dem Bett, in dem meine Mutter ein paar Monate zuvor gestorben war – mit einem Bild meiner Mutter an der Wand. Anat hatte selbst zwei kleine Töchter und kurze Zeit später zogen wir alle zusammen in eine größere Wohnung. Anderthalb Jahre nachdem meine Mutter beerdigt worden war, heirateten mein Vater und Anat.

Zu Anat wollte und konnte ich keine Beziehung aufbauen. Mein Vater wurde wie ein Fremder für mich. Ich zählte die Jahre, bis ich ausziehen konnte, und nach meinem Abitur ging ich nach Jerusalem. Dort war die zweite Intifada in vollem Gange und es gab beinahe täglich Selbstmörder, die sich in Bussen oder vor Cafés in die Luft sprengten. Doch ich wollte nur eins – weg aus Be'er Scheva und mein Studium der Komposition an der Jerusalem Academy of Music and Dance beginnen. Denn seit dem Tod meiner Mutter hatte ich kein Zuhause mehr.

Es ist still geworden in der Tapasbar. Der Kellner hat angefangen, die Stühle hochzustellen.

Shaul ist den Tränen nahe. Er lehnt sich zurück, holt tief Luft und schaut an die Decke. »Uff, jetzt habe ich dir so viel Persönliches von mir erzählt. Das wollte ich eigentlich gar nicht. Ich ... ich ...« Er steht auf. »Ich muss mal kurz wohin.« Er verschwindet in Richtung Toilette.

Auch ich habe Tränen in den Augen. Am liebsten würde ich Shaul in den Arm nehmen. Als er zurückkommt und sich wieder an den Tisch setzt, sagt er: »Es geht schon wieder.« Ich schaue ihn nur an und lege meine Hand auf seine. Da ergreift Shaul gleich meinen ganzen Arm und zieht mich langsam zu sich. Er schaut mir tief in die Augen und sagt ganz leise: »Ich würde dich gern ... aber vielleicht willst du nicht. Vielleicht sollte ich nicht darüber reden, sondern es einfach tun.« Er lehnt sich zu mir herüber und küsst mich.

Es ist der Kuss des Jahrhunderts.

Gut, dass ich schon auf dem Stuhl sitze, denn sonst würden mir die Beine wegsacken. Unsere Münder und Körper versinken ineinander und wir können gar nicht mehr aufhören. Der Kellner verliert nun endgültig die Geduld und raunt uns vom Ende des Lokals zu: »So, ihr zwei, jetzt aber ab nach Hause mit euch!«

Eng umschlungen stehen wir vor der Tapasbar neben unseren Fahrrädern. Wir können nicht voneinander lassen. Der Kellner schließt die Tür der Bar ab, geht an uns vorbei und hebt den Daumen hoch. Wir fangen an zu lachen. Plötzlich verlieren wir beim Küssen das Gleichgewicht, fallen gegen die Fahrräder und zusammen mit ihnen auf den harten Boden.

Opa Fritz und Oma Käthe – Claudias Großeltern

Soldbuch von Opa Fritz

Mist, ich habe verschlafen. Jetzt komme ich auch noch zu spät zur Probe. Ich ziehe mich in Windeseile an und mache mir währenddessen noch schnell einen Kaffee. Der schmeckt zwar nicht so lecker wie Shauls, aber ... Shaul! O Gott: Ist das gestern Abend wirklich passiert? Der Beweis ist die Schramme an meinem Arm durch den Sturz auf die Fahrräder und das Neuköllner Kopfsteinpflaster.

Beim Gedanken daran muss ich grinsen. Doch wie wird es jetzt mit Shaul und mir weitergehen? Es heißt ja nicht ohne Grund, dass man Privates und Berufliches trennen soll. Gut, die Wochen bis zur Premiere werden wir schon irgendwie überstehen und danach muss ich ihn ja nicht wiedersehen. Obwohl, will ich das – ihn nicht wiedersehen?

In dem Moment vibriert mein Handy auf der Küchenablage. Eine Nachricht von Shaul: »Viel Erfolg bei der Probe heute! Darf ich dich am Abend sehen?« Mir huscht ein

Lächeln übers Gesicht. »Wie wäre es mit Maultaschen bei mir? Um 19 Uhr?« Schnell tippe ich die Nachricht und trinke den Kaffee in einem Zug aus. Ich muss sofort meine Tasche packen und dann ab zur Probe, nicht dass mir Sharon noch den Kopf abreißt. Diesmal klingelt mein Handy. Shaul ruft an: »Nur damit ich nichts falsch verstehe – wie wäre es mit was? Maultaschen? Was ist das?«

Am Abend steht er mit einer Flasche Wein vor der Tür. Wir sitzen in der Küche zusammen, während ich das schwäbische Nationalgericht vorbereite – meinen geheimen kulinarischen Trumpf. Shaul schaut mir über die Schulter. »Und wie machst du jetzt das Dressing von diesem schwedischen Kartoffelsalat?«

»Schwäbisch. Schwäbischer Kartoffelsalat«, korrigiere ich ihn schmunzelnd.

Doch Shaul bestaunt schon das Geschirr und die Weingläser im Küchenregal: »Ach, wie schön. Das sieht sehr alt und wertvoll aus.«

»Ja, das gibt's heutzutage gar nicht mehr«, entgegne ich.

»Wo hast du die denn her?«

»Die sind von meinen Urgroßeltern über meine Oma und meinen Opa zu mir gekommen.«

Shaul ruft erstaunt: »Wirklich? Wow! Du hast noch so alte Sachen von deiner Familie!«

Ich antworte: »Ja, warum? Hast du so etwas nicht?«

Shaul guckt mich direkt an. »Nein, bei uns ist alles im Holocaust geblieben.« Er zwinkert mir zu: »Aber vielleicht gehören diese Weingläser eigentlich meiner Familie?« Er fällt vor Lachen fast vom Stuhl. Ich sage nichts, mir bleibt das Lachen im Hals stecken.

*

Ich erinnere mich an den achtzigsten Geburtstag meines Opas Fritz: Die gesamte Familie Maurer war von weit her ins tiefe Schwabenland angereist und saß versammelt an einer langen weißen Tafel im Gasthaus Hirsch. Der katholische Dorfpfarrer Mugambu hatte den Ehrenplatz am Tisch. Nicht nur sein Schwäbisch verriet, dass er »ein Rei'gschmeckter« – »ein Zugezogener« – war. Meine Oma Käthe flüsterte mir hinter vorgehaltener Hand zu: »Er isch ja scho g'erig schwarz ...« – »Er ist ja schon sehr schwarz ...« Ich verschluckte mich an meinem Stück Schwarzwälder Kirschtorte und bekam einen Hustenanfall. Meine 79-jährige Oma holte weit aus und schlug mit großer Wucht mehrmals zwischen meine Schulterblätter.

»Es gibt nichts Schöneres, als wenn die ganze Familie beisammen ist«, sagte Opa Fritz und erhob sich von seinem Platz. Seine Augen hatten einen wässrigen Glanz und er faltete das Blatt Papier mit der Rede ganz langsam auseinander. Zuerst sprach er über seine Brüder: Hans, der älteste, der als Wehrmachtssoldat am Gellertberg in Budapest den heftigen Kämpfen mit den sowjetischen Truppen ausgesetzt war. Und der keine Chance aufs Überleben hatte, als die Sowjets aus der Luft den Berg umkreisten und aus den Flugzeugen Benzin auf den Wald hinabschütteten. Hans verbrannte zusammen mit seinen Kameraden und den Bäumen. Der andere Bruder: Georg. Er starb als 13-Jähriger an Diphterie.

Die Kellnerin brachte eine neue Schwarzwälder Kirschtorte herein und stellte sie mitten auf den Tisch. »Der Hitler und die Nazis haben mir meine Jugend und meine Unschuld genommen. Jahrelang wurden wir durch die Nazipropaganda vergiftet – ich hatte keine Jugend«, sagte Opa Fritz.

1922 wurde er geboren. Als 14-Jähriger kam er in die Hitlerjugend. Dort wurde man vom NS-Regime zum treuen Diener und zukünftigen Soldaten gemacht. Auf dem Stundenplan standen die Fächer »Gesundes Volk«, »Erbkranker Nachwuchs«, »Germanentum«, »Versailles und seine Überwindung« sowie »Von der alten zur neuen Armee«. Die Nazi-Ideologie wurde ihnen durch Spiel, Spaß und Musik eingebläut. Sie sangen:

»Und sollten wir nicht siegreich sein,
so lebt denn wohl ihr deutschen Eichen.
Vom Feind, da wollen wir nicht weichen.
Um deutsch Ehren kämpfen wir,
für Adolf Hitler sterben wir.«

Und für Hitler sein Leben zu geben, dazu war mein Opa dann später tatsächlich bereit.

Bei den wöchentlichen Heimabenden und Sportnachmittagen wurden ihm Disziplin, Kameradschaft, Gehorsam und Selbstaufopferung indoktriniert. Und die bedingungslose Loyalität dem Regime gegenüber, die so weit ging, dass man Menschen denunziert, auch wenn das für sie den Tod bedeuten kann.

Das zeigte sich schon bald: Während seiner Lehre zum Werkzeugmacher hatte Opa einen jähzornigen Ausbilder namens Häberle – ein überzeugter Gegner des Regimes und auch einer, der regelmäßig zu tief ins Glas schaute. Er war bekannt für die Schläge und Hiebe, die er gern austeilte. Auch Fritz bekam jeden Tag seine Gewalt zu spüren. Eines Tages lief er wutentbrannt nach Hause und sagte zu seinem Vater: »Der

Häberle hat mir heute wieder eine g'schmiert und hat g'sagt, dass man d'r Hitler und des ganze G'socks an d'Hoden aufhänge sollt. Des werd i weitererzähle, dann bin i des Arschloch los!« Sein Vater, der Sozialdemokrat war, sagte: »Wenn du das tust, brauchst du deine Füße nie mehr unter meinen Tisch zu setzen.« Seinem Vater zuliebe denunzierte mein Opa den Häberle nicht. Doch er war kurz davor. Hätte er es getan, wäre der Häberle höchstwahrscheinlich im KZ gelandet.

Der Leitsatz der Hitlerjugend – »Was sind wir? Pimpfe! Was wollen wir werden? Soldaten!« – wirkte bei ihm. Er arbeitete noch im Lehrbetrieb bis 1941, dann mit 19 Jahren meldete sich Fritz freiwillig als Soldat, um der Wehrmacht zu dienen. In der HJ wurde er schon mit Schießtraining darauf vorbereitet. Mein Opa passte perfekt ins arische Bild mit seinen blauen Augen und dem blonden Haar. Er liebte die Gemeinschaft und war ein sehr athletischer Typ. Das System hatte funktioniert. Für Führer, Volk und Vaterland: Fritz war damals absolut überzeugt, dass er das Richtige tat.

In Konstanz am Bodensee wurde er dann ein Dreivierteljahr lang zum Waffenmeister ausgebildet. Er war dort stationiert, bis er für den Kriegseinsatz nach Südfrankreich kam – in eine Gegend bei den Pyrenäen. Von dort erfolgte auch ein vierwöchiger Kurzeinsatz in Nordafrika, in Tunis. Mit seiner Panzerdivison, die dem »Wüstenfuchs« General Rommel angehörte, wurde er schließlich 1943 nach Nordfrankreich verlegt.

Als am 6. Juni 1944 die Alliierten in der Normandie landeten, musste die Einheit schnell zur Küste, nach Caen und nach Cherbourg. »Dort war der Himmel voll mit Flugzeugen und das Meer voll mit Schiffen. Da hatte ich zum ersten Mal in meinem Leben wirklich Angst«, sagte er. Über diese Todesangst musste mein Opa gezwungenermaßen hinwegkommen. Er lag im Graben mit seinem Maschinengewehr und schoss, schoss, schoss. Als er sich nach links drehte, sah er seine Kameraden alle tot auf der Erde liegen. Zu seiner Rechten waren auch alle tot.

Die Kämpfe gegen die Invasionstruppen waren hart. Was dort stattgefunden hat, muss fürchterlich gewesen sein. Was der Anblick seiner toten Kameraden mit Opa Fritz gemacht hat, kann ich nur erahnen. Und es fällt mir gleichzeitig sehr schwer, die Tatsache zu akzeptieren, dass mein Opa, den ich so liebte, mit seinem Maschinengewehr wahrscheinlich Dutzende Menschen umgebracht hat.

Die Einheit war in sieben kleine Kessel eingeschlossen. Die Panzertruppe zog sich zum Schutz der Infanterie zurück – nach Paris und von dort über die Seine nach Luxemburg, Belgien und in das Saarland. Das war im September 1944. Beim Rückzug nach Deutschland waren die eigenen Bunker von Amerikanern besetzt. Und ihre Einheit wurde von einer amerikanischen Truppe angegriffen. »Jeder Mann für sich selbst«, hieß der Befehl des führenden Offiziers. Als sich die Gruppe nach dem Angriff wieder zusammengefunden hatte, wurde gemeldet, dass in dem umkämpften Gebiet noch ein verletzter Soldat in einem Panzer festsaß. »Wer geht zurück und holt den Kameraden?«, fragte der Offizier. Mein Opa Fritz hob die Hand und sagte: »Ich!« Er meldete sich immer freiwillig, das erzählte er mir später mit einem Kopfschütteln. Ein anderer Soldat sollte ihn begleiten, um den Kameraden rauszuholen und den Panzer zu zerstören. Kilometerweit trug mein Opa den angeschossenen Soldaten auf seinem Rücken – dessen Blut lief in Strömen an ihm herunter. Für diese Rettungsaktion wurde er später mit dem Eisernen Kreuz geehrt.

Und das Kämpfen hatte noch kein Ende. Im Oktober 1944 kam die Schlacht um Aachen und auch dort ging der unerbittliche Dienst am Maschinengewehr für meinen Opa weiter. Er erlebte sie mehrmals: Kampfsituationen, »wo das Weiße im Auge des Feindes zu sehen war«, wie er mir erzählte. Die Einheit wurde danach in die Eifel abgezogen. In Trier saß Opa dann im Dom, in eine Nische gekauert, und schoss weiter.

Am 16. Dezember 1944 startete Adolf Hitler seine finale Offensive. Mit den letzten Reserven, über die das Dritte Reich noch verfügte, stießen Wehrmacht und Waffen-SS durch die Ardennen Richtung Westen vor. Es war wohl in einem Wald in Belgien, wo sich die Einheit, der mein Opa angehörte, in kleine Sechser-Gruppen aufteilte. Hinter einer Baumgruppe hatte mein Opa mit seinen fünf Kameraden ein kleines Lager aufgeschlagen, sie wollten sich ausruhen. Die Kameraden saßen auf umgefallenen Stämmen oder lagen auf der Erde. Doch irgendetwas hielt meinen Opa vom Ausruhen ab. »Der Helm stört mich«, sagte er zu den anderen. »Mir ist zu warm.«

»Fritz, sei ruhig jetzt. Komm, hau dich aufs Ohr! Wer weiß, wann's wieder weitergeht«, erwiderten die anderen.

»Ich leg den Helm jetzt mal ab«, meinte mein Opa entschlossen.

»Sei nicht unvernünftig, das ist verboten«, war die entrüstete Antwort eines Kameraden.

Doch Fritz ließ sich von Verbotenen grundsätzlich nicht stoppen. Er zog den Helm aus und setzte ihn auf sein Gewehr, auf das er sich abstützte. »So ist's besser«, meinte er noch – da kam ein Feuerhagel aus dem Gebüsch geschossen. Mein Opa zuckte kurz zusammen. Als er aufblickte, sah er in die zerfetzten Gesichter seiner fünf toten Kameraden. Der Amerikaner hatte auf das, was sich unter dem Wehrmachtshelm befand, gezielt und geschossen. Unter dem Helm meines Opas befand sich nicht sein Gesicht – aber sein rechter Unterarm. Die Kugel hatte getroffen und war durch Haut, Knochen und Sehnen hindurchgegangen.

»Rette sich, wer kann«, hörte er es in der Ferne schreien, während weitere Schüsse fielen. Mein Opa rannte los. Schwer verletzt, mit dem Durchschuss am Arm, lief und lief er. Bis er das Bewusstsein verlor. Unvernünftig zu sein und das Verbotene zu tun, nämlich den Helm abzusetzen – das hat ihm das Leben gerettet.

Ich kann mich gut erinnern, wie mein Opa Fritz mir als kleines Mädchen oft einen »Zaubertrick« vorführte: Er streckte beide Arme aus und drehte die linke Hand um 180 Grad. Dann drehte er auch die rechte Hand – aber sie stoppte bei der Hälfte. Ich versuchte regelmäßig, die Hand weiter zu drehen, aber es gelang mir nicht. »Mehr geht nicht«, meinte Opa dann geduldig. Warum es so war und wie es dazu kam, erfuhr ich erst Jahre später.

»In meinem Leben fehlen mir zwei Tage«, erzählte er. Nachdem er so stark am Arm verwundet wurde, wachte Fritz in einem Lazarett wieder auf. »Der schlechte Traum verwandelte sich in einen Albtraum. Mir wurde bewusst, dass die Nazis die Welt ins Unglück stürzten. Als hätte ich nur Schwarz gesehen, sah ich auf einmal Weiß. Dieser Krieg war ein Verbrechen und ich war ein Teil davon.« Er wurde in mehreren Lagerlazaretten notversorgt, doch trotz einer schweren Vergiftung sollte ein Lazarettzug ihn nach Frankfurt an der Oder bringen. An die Ostfront. Dann die Überraschung: Aufgrund von Bombenangriffen wurde der Zug auf der Strecke umgeleitet – nach

Tauberbischofsheim. Nur zweihundert Kilometer von seinem Heimatdorf entfernt. Das sollte sein Glück sein. Und rettete sein Leben vielleicht ein zweites Mal.

In Tauberbischofsheim wurde er, soweit es ging, weiter medizinisch versorgt, war aber noch lange nicht gesund, als man ihn ins Büro des behandelnden Arztes rief. Der teilte ihm mit, dass er genesen sei und direkt wieder zur Front fahren könne. Dort werde jeder Soldat gebraucht. Draußen warte schon der Zug und er solle direkt einsteigen. Das sei ein Befehl. Mein Opa Fritz erzählte mir, er habe sich in brenzligen Situationen immer so benommen, als sei er nicht ganz richtig im Kopf. Er guckte also den Lazarett-Arzt mit wirrem Blick an, stand auf, ging zur Tür hinaus und stieg in den Zug ein. Und auf der anderen Seite wieder aus. Er wurde zum Deserteur und rannte in den Wald hinein.

Zu Fuß machte er sich auf den gefährlichen Weg nach Hause. Noch zweihundert Kilometer lagen vor ihm. In den Wäldern sah er Soldaten an Bäumen aufgehängt, um deren leblose Köpfe Schilder hingen: »So sterben alle Vaterlandsverräter.« Denn Hitler hatte unmissverständlich den Befehl gegeben: »Der Soldat kann sterben, der Deserteur muss sterben.« Und dennoch gaben Bauern Fritz zu essen. Sogar ein Bus nahm ihn mit. Die mitreisenden Passagiere sagten ihm, er solle sich auf den Boden legen, um nicht gesehen zu werden.

Schließlich kam er Anfang 1945 nachts in dem kleinen Dorf an, in dem seine Eltern wohnten. Sie versteckten ihn sofort auf dem Dachboden. Nur zum Waschen solle er ins Badezimmer herunterkommen. Als er sich am nächsten Morgen dort wusch, sah er aus dem Fenster und erschrak: Dort liefen Menschen in gestreiften Häftlingsanzügen vorbei, bis aufs Skelett abgemagert und die Köpfe kahl geschoren. »Mama, was sind des für Leut?«, fragte er seine Mutter. Die antwortete: »Psst, schwätz nix. Die sind vom KZ.« Es müssen Häftlinge aus dem Nachbarort gewesen sein, die im nahe gelegenen Steinbruch für harte Arbeiten eingesetzt wurden.

Das war das erste Mal, dass mein Opa bewusst mit der Judenvernichtung konfrontiert wurde. Von den Demütigungen, Verfolgungen und Massakern habe er nichts gewusst, erzählte er mir an einem Sommerabend auf der Terrasse des Hauses meiner Großeltern. Hier saßen wir oft. Mit Blick auf die wunderschöne Schwäbische Alb hockten wir zusammen und mein Opa erzählte mir von früher. Er wollte nichts von alldem gewusst haben? War das wirklich so? Wie konnte das sein? Das fiel mir schwer zu glauben. »Ja, bei uns gab es ja schließlich keine Juden ...«, meinte er. »Nein, doch! Einen habe ich mal getroffen in der Dorfschenke. Der lebte im Nachbardorf. Salomon hieß er, glaub ich. A luschtiges Kerle.« Über dessen weiteres Schicksal und das allgemeine Schicksal der Juden wusste er jedoch nicht Bescheid, sagte er. Ich wollte ihm das glauben. Er war doch mein geliebter Opa. Aber es bleiben immer Zweifel.

Es vergingen einige Monate, dann kamen die Alliierten und der Krieg war damit erst einmal zu Ende. Als die Franzosen durchs Dorf zogen, waren alle Bewohner auf den Beinen und jubelten ihnen zu. Auch mein Opa war auf der Straße und jubelte mit. Doch schon ein paar Stunden später klopfte es heftig an der Tür des Hauses der Familie Maurer: »Monsieur, ouvrez la porte! Vous êtes arrêtés!« – »Öffnen Sie die Tür! Sie sind verhaftet!« In der Küche seiner Eltern wurde mein Opa von den Franzosen gefangen genommen. Ein Nachbar hatte ihn bei den Alliierten verpfiffen – im Mai 1945.

So wurde mein Opa mit seinem Vater und vielen anderen Männern ins Gefangenenlager gebracht – in das ehemalige KZ im Nachbarort. Dort wollte man herausfinden, wer sie alle waren und welche Rolle sie in Nazideutschland gespielt hatten. Und sie wurden nicht mit Samthandschuhen angefasst.

Meinem Opa gelang die Flucht aus dem Lager, meinem Uropa nicht. Fritz erzählte, dass sein Vater gesehen habe, wie der Bürgermeister mit Nägeln gefoltert und ihm in aller Öffentlichkeit sein Penis abgeschnitten wurde. Einem anderen Dorfbewohner wurde der Finger abgehackt, um an den goldenen Ehering heranzukommen. Mein Uropa wurde Zeuge von unmenschlicher Folter und Misshandlungen, die er 1950 bei der örtlichen Polizei zu Protokoll gab.

In der amerikanischen Zone, in die mein Opa geflüchtet war, suchte er einen befreundeten Lehrer der Familie auf. Bei dem lebte er etwa fünf Monate, bis er im Herbst 1945 in sein Heimatdorf zurückkam. Dort wurde er erneut gefangen genommen und im Rathaus verhört. Daraufhin wurde er verpflichtet, Fahrräder zu flicken. Damit ging schließlich der Krieg für meinen Opa zu Ende.

»Opa, erzähl noch mal die Geschichte mit dem Pferd in Südfrankreich. Bitteee!« Vom Krieg hörte ich schon als kleines Mädchen viele Geschichten und ich hörte sie gern. Mein Opa war der geborene Erzähler. Er unterhielt mich mit lustigen und farbigen Anekdoten – die meistens aus seiner Zeit als Soldat im Krieg stammten. »Opa, bitteee! Die Geschichte mit dem Pferd«, wiederholte ich.

In Südfrankreich waren sie marschiert. Mein Opa musste das Pferd des Offiziers, eine elegante braune Stute, halten und am Schluss des ganzen Gefolges mitlaufen. Nach einigen Kilometern dachte er sich: Ja, warum soll ich denn laufen? Ich kann doch auch auf dem Pferd sitzen. Dass er gar nicht reiten konnte, spielte für ihn in diesem Moment keine Rolle. Er schwang sich also auf den Gaul des Offiziers und nahm die Zügel in die Hand. Die Stute rannte wie von der Tarantel gestochen los und an der ganzen Kompanie vorbei. Der Offizier schaute fassungslos, wie sein Pferd – mit Fritz oben drauf, die Arme fest um den Hals des Gauls umschlungen – in vollem Galopp an ihm vorbeizog, und brüllte: »Maurer, was mach'sch denn du auf meinem Pferd? Anhalten, du Waffegickel!« Und Opa brüllte zurück: »Ha ja, wenn des so einfach wär!« Mein Opa malte das Erlebnis mit so großen Gesten und blumigen Details aus, dass es zu meiner Lieblingsgeschichte wurde. Irgendwann soll das Pferd angehalten haben. Und mein Opa wurde wahrscheinlich bestraft mit Arrest. Davon erzählte er aber nichts.

Wenn Gäste da waren und man gemütlich und gesellig in großer Runde zusammensaß, erzählte er gern die folgende Geschichte: Er war mit seinen Kameraden in der Normandie. Es war mitten in der Nacht, als sie in einem dunklen Wald auf ein Haus stießen. Fritz guckte durchs Fenster hinein. In der Stube war der Kamin angezündet, die Flamme leuchtete schwach und davor saß eine runzlige, alte Frau. Mein Opa klopfte an die Fensterscheibe und gab ihr zu verstehen, dass sie ihnen doch aufmachen solle. Die alte, runzlige Französin öffnete die Tür und gab den deutschen Soldaten Brot mit Wurst zu essen und Cidre zu trinken. Davon wurden die fünf Soldaten müde und sie legten sich auf den Boden vor dem Kamin. Die alte Dame brachte ihnen Decken und deckte sie fürsorglich zu. Opa verfiel in einen angenehmen Schlaf. Doch mitten in der Nacht wachte er auf. Im Zimmer war es stockfinster. Er schaute zur Tür. Der Schlüssel bewegte sich im Schloss und die Tür ging knarrend auf. Ein Lichtschein fiel vom Flur in das Zimmer. O Schreck, es war die Alte - mit einem meterlangen Säbel in der Hand! Opa ließ einen Schrei los - »Kameraden, Gefahr naht!« - und stolperte zum Fenster. Seine Kameraden sprangen von ihrem Schlaflager auf. Opa hielt das Kammerfenster auf und feuerte seine Kameraden an, schnell rauszuspringen. Einer nach dem anderen machte einen Satz nach draußen. »Und als ich als Letzter hinausspringen wollte, kam das alte Weib fauchend auf mich zu und schwang den Säbel. Im allerletzten Moment rettete auch ich mich noch aus dem Fenster.« Opa machte eine lange Pause. Mit offenen Mündern saßen wir gespannt da. »Aber seitdem habe ich einen Schlitz in meinem Allerwertesten ...« Bei dem Satz kugelten wir uns immer vor Lachen.

Für mich als kleines Kind schien der Krieg ein ganz großes Abenteuer gewesen zu sein und ich liebte Abenteuer. Ich wurde nicht müde, den lustigen Geschichten meines Opas zu lauschen. Der Humor und der Witz waren seine besten Freunde. Und vielleicht waren sie auch die Rettung, damit er überhaupt mit dem Erlebten umgehen konnte? Als ich älter wurde, verstand ich, dass es im Krieg nicht nur witzig zugegangen war, und ich begann, öfter nachzuhaken: »Opa, hast du im Krieg jemanden umgebracht?«

»Darüber möchte ich nicht reden«, antwortete er dann.

Doch irgendwann fing er an zu erzählen und ich wollte mehr und mehr wissen. Als ich 14 Jahre alt war, bat ich ihn, mit mir nach Lautlingen zu fahren. Das dortige Schloss war der Familiensitz der Familie Stauffenberg – und an Claus Schenk Graf von Stauffenberg war ich besonders interessiert, hatte ich doch kurz zuvor Berichte über das Attentat vom 20. Juli 1944 in Hitlers Wolfschanze gelesen. Im Stauffenberger Schloss wurden wir von einer älteren Dame durch die Räume geführt. Sie erzählte uns den Werdegang von Claus von Stauffenberg mit einem besonderen Fokus auf das Attentat vom 20. Juli. Gespannt folgten mein Opa und ich ihren Erläuterungen. Zum Schluss gingen wir in die Kapelle, die sich im Garten hinter dem Haus befand. Andächtig standen wir in dem Gemäuer und schauten auf die riesigen Kränze, die von der Bundeswehr anlässlich des Jahrestages des Attentats erst kürzlich dort abgelegt worden waren. Lange sagten wir beiden nichts. Dann erklärte mein Opa stockend: »Claudia, ich möchte dir etwas sagen. Als ich im Sommer 1944 als Soldat in der Normandie kämpfte und dann hörte, dass ein Attentat auf den Führer verübt worden war, war ich entsetzt darüber. Ein Attentat auf den Führer! Wie konnten Offiziere der Wehrmacht diesen Verrat begehen! Während wir Soldaten an der Front unser Leben fürs Vaterland und den Führer geben! Auch ich fühlte mich verraten und verspürte nur Abscheu gegenüber Stauffenberg und dem Attentat. In den Nachkriegsjahren änderte sich das, doch insgeheim dachte ich immer: Der Stauffenberg – der war kein Held. Wäre er ein richtiges Mannsbild, ein richtiger Soldat gewesen, dann hätte er nicht so feige die Tasche mit der Bombe unter den Tisch geschoben. Er hätte in der Wolfsschanze direkt die Pistole gezogen und auf Hitler geschossen. Ja, genau so hätte er es tun sollen. Statt so feige zu sein. Das habe ich über viele Jahrzehnte wirklich gedacht.« Opa machte eine Pause. Sichtlich bewegt sprach er weiter: »Und heute, Claudia, mit meinen

75 Jahren, habe ich etwas erfahren, was ich zuvor nicht wusste. Der Stauffenberg war im Nordafrikafeldzug ja schwer verwundet worden. Er hat sein Auge, die rechte Hand und einen Teil seiner linken verloren. Mit nur noch ein paar Fingern an der einen Hand hätte er niemals auf Hitler schießen können. Er hätte ja nicht mal die Pistole in die Hand nehmen können!« Mein Opa sah mich direkt an. »Ich schäme mich zutiefst für meine schlechten Gedanken, die ich über den Stauffenberg hatte – dass er ein Verräter, ein Feigling, ein Schwächling gewesen sei. Und heute, in dieser Kapelle, die zu seinen Ehren errichtet worden ist – bitte ich dafür um Verzeihung.«

Es war gespenstisch ruhig in der Kapelle. Ich fasste meinen Opa an der Hand. Wir standen noch eine ganze Weile so nebeneinander. Im Stillen bewunderte ich seinen Mut. Dieser Moment der Offenbarung war eine Situation, wie ich sie öfter mit meinem Opa erlebt habe. Er verbrachte sein ganzes Leben damit, seine Geschichte aufzuarbeiten. Fritz ließ mich an seinen Gedanken teilhaben und er vermittelte mir ein tiefes Bewusstsein dafür, dass man sich seine Fehler eingestehen muss. Egal, wie schlimm sie sind. Dass man den Mut haben muss zu sagen: »Ich habe mich geirrt. Das war falsch.« Dass man andere und vor allem sich selbst nicht belügen darf. Dass man Verantwortung für seine Fehltaten übernehmen und die Konsequenzen tragen soll.

In seinen letzten Lebensjahren erzählte Opa fast nur noch vom Krieg. Es schien wie eine Lebensbeichte. Er wollte noch einmal alles loswerden. Stundenlang saß er über die Zeitung gebeugt, studierte das Weltgeschehen und regte sich leidenschaftlich über die Politik auf. Alles, was Israel betraf, interessierte ihn besonders. Wir hockten oft bis tief in die Nacht am

Küchentisch und er erzählte und erzählte. Manchmal kam meine Oma im Nachthemd mithilfe ihres Rollators um die Ecke, schüttelte nur den Kopf und grummelte: »Des Mundwerk hört net auf zum schwätze ...«

Mein Opa hatte sich nach dem Krieg geschworen, zu seinen Nachkommen niemals etwas Schlechtes über die Alliierten oder irgendein Volk zu sagen. Auch nichts über die Zeit im Gefangenenlager. Er meinte, dass Deutschland und die Deutschen das ertragen und aushalten müssten. Schließlich sei es Deutschland gewesen, das so viel unerträgliches Leid über so viele Menschen gebracht hat. Mein Opa Fritz wollte, dass seine Kinder und Enkel in Frieden mit den Nachbarvölkern aufwachsen.

»Die Nazis und der Hitler haben mir meine Jugend und meine Unschuld genommen ...«, sagte mein Opa an seinem achtzigsten Geburtstag. »Doch durch meine Nachkommen konnte ich noch mal leben und das Leben mit anderen Augen sehen.« Mein Opa war ein absoluter Lebemensch. Er gab mir mit auf den Weg, dass man sein Leben anpacken und immer in Würde handeln sollte. Dass man vor Augen haben sollte, ein Ehrenmensch zu sein. Ich habe ihn sehr geliebt.

Im Sommer 2007 verbrachte ich eine Woche bei ihm und meiner Oma. Als wir uns verabschiedeten, drückte und küsste ich meinen Opa immer wieder. Er gab mir auch einen dicken Kuss auf die Wange und umarmte mich fest. Meine Mutter holte das Auto, um mich zum Bahnhof zu fahren. Opa stand vor der Haustür. Langsam fuhren wir an ihm vorbei. Er hob die Hand. Ich winkte zurück. Das Auto fuhr die Straße hinunter. Mein Opa und ich winkten einander so lange zu, bis wir uns nicht mehr sehen konnten. Auf einmal fing ich an, bitterlich zu weinen. Meine Mutter streichelte meinen Arm: »Warum musst du so weinen?«

Ich schluchzte: »Ich glaube, das war das letzte Mal, dass ich Opa gesehen habe.«

Drei Wochen später fiel er um und war tot.

»Claudia, handele so, dass du immer in den Spiegel schauen kannst«, waren seine letzten Worte an mich gewesen.

*

Am 19. Januar 1945 kam der Russe der Front näher. Durch Lautsprecher wurde auf Deutsch dazu aufgerufen, sich auf dem Marktplatz zu sammeln, da die Stadt geräumt werde.

Also begann die Flucht in den Westen. Offene Leiterwagen mit Pferdegespann standen bereit. Es war sehr kalt am 19. Januar. Mit unserem Gepäck stiegen wir auf die Wagen. Vier Tage und vier Nächte fuhren wir mit nur kleiner Unterbrechung und kamen dann auf deutschem Boden an. Mit Glück konnte ich mit einer Frau und ihrem Kind in einem Güterwagen weiterfahren.

Diese Aufzeichnung fand ich erst, als Oma Käthe schon schwer an Demenz erkrankt war. Ich hatte so viele Fragen an sie, aber sie konnte sie nicht mehr beantworten.

In Dresden angekommen, standen wir mit dem Zug auf dem Bahnhof und die Sirene heulte – Fliegerangriff. Die schwere Flak hinter dem Bahnhof schoss auf Flugzeuge. Wir standen mitten im Feuer. Die Luftschutzkeller waren überfüllt. Wir mussten im Zug bleiben. Es waren noch zwei Wehrmachtssoldaten bei uns, die zum Heimaturlaub in Richtung Rheinland fuhren. Auf ihr Anraten hin gingen wir in Hockstellung, hielten uns die Ohren zu und machten den Mund weit auf, wegen dem Luftdruck. Die Fensterscheiben zerschmetterten über unseren Köpfen. Eine Luftmine flog in die Nähe der Gleisanlage, sodass die Wagen teilweise hochgehoben wurden. Die Nacht war wie Tag. Leuchtschirme und Phosphor kamen vom Himmel. Auf den Straßen brannte es. Es war der größte Angriff, den Deutschland während des Kriegs erlebt hatte.

Mit 18 Jahren kam meine Oma in die Hebammenschule nach Stuttgart. Mit der Ausbildung wurde ihr größter Wunsch wahr – Hebamme war ihr absoluter Traumberuf. Direkt nach dem Abschluss kam auch schon das erste Jobangebot: »D'r Hitler persönlich hat mi nach Polen g'schickt«, erzählte sie mit Stolz in der Stimme. Voller Vorfreude darauf, nun in ihrem erlernten Beruf arbeiten zu können, machte sich meine Oma 1943/44 bereit für ihren ersten Einsatz. Nach Lodz, in ein vom Krieg gebeuteltes und leidendes Polen.

Lodz war damals nach Warschau die Stadt mit der zweitgrößten jüdischen Gemeinde. Über das, was sie dort gesehen und erlebt hat, hat Oma Käthe niemals gesprochen. Auf Fragen danach zog sie nur die Schultern hoch und ließ sie mit einem leisen und zitternden »Des weiß i net meh« fallen. Und dann flossen auch schon die Tränen. Ihr Gedächtnis war durch die Krankheit bereits beeinträchtigt. Und während ich mit meinem Opa bis spät nachts am Küchentisch saß und mit ihm über »diese Zeit« sprach, hatte ich nicht den Mumm, bei meiner Oma hartnäckig nachzufragen. Sie fing immer so schnell an zu weinen und das tat einfach weh.

Der Joseph, als Wehrmachtssoldat an der Front, war ihre große Jugendliebe gewesen. Sie schrieb ihm aus Stuttgart, er antwortete aus Russland. Bis eines Tages keine Briefe mehr kamen. Er sei verschollen, hieß es. Ihr kleiner Bruder Karl blieb auch im Krieg. In Russland soll er in einem Gefangenenlager an der Ruhr gestorben sein.

Im Februar 1946 bekam meine Oma eine Stelle auf einem Schloss auf der Schwäbischen Alb. Dort lernten sich meine Großeltern kennen – beim Fasching. Opa muss großen Eindruck auf Oma gemacht haben. Er war als »Tante aus Amerika« verkleidet und hatte ein schwarzes Tuch um seinen Kopf gebunden, das nur um den Mund herum ausgeschnitten war. Es waren seine vollen Lippen, die meiner Oma als Erstes auffielen.

»Nei, über Polen weiß i nix meh«, sagte Oma immer wieder. Doch eines Tages, als ich sie fragte, was das denn für Frauen gewesen seien, die sie in Polen entbunden habe, antwortete sie: »Deutsche. Des waren deutsche Frauen.«

»Oma, was waren das für deutsche Frauen in Polen? Frauen von SS-Offizieren?«

»Nei, über Polen weiß i nix meh.« Sie weinte.

Meine Oma hat nicht über die Zeit damals gesprochen. Aber sie ist die Einzige in der Familie, die ihre Erinnerungen aufgeschrieben hat:

Ein kleiner Junge, circa acht Jahre alt, wollte und durfte mir das Fahrrad putzen. Er hieß Moritz! Er hatte Hunger und brauchte Wärme. Dieses Moritzle hatte noch elf Geschwister. Der Vater, Schuster von Beruf, war verstorben. Die Mutter war blind. Also eine arme Familie. In meinem Sprechzimmer stand eine Liege und dort durfte Moritzle schlafen. Ich hatte am Abend nochmals zu ihm ins Zimmer geschaut und da kniete er im Bett, faltete die Hände und betete. Das war für mich so ergreifend. Die Polen waren sehr religiös und gütige Menschen.

In Polen war Oma Käthe von 1943/44 bis etwa Januar 1945. Dann kamen die Russen und alle Deutschen mussten fliehen – auf Pferdefuhr-Trecks durch den Schnee. In der Ferne hörten sie Geschütz grollen und sahen Bomben, die vom Himmel fielen. Als meine Oma mir doch einmal selbst von der Flucht erzählte, schweifte ihr Blick von der Wanduhr langsam zu mir. Sie guckte mir fest in die Augen und sagte: »Da hab i Angscht g'habt wie a Jud!«

Wenn du nicht lachst, dann weinst du

Perez (vierter von links) bei München nach Kriegsende

»Und wie ist das für dich?«, frage ich Shaul vorsichtig.

»Sehr gut.«

»Sehr gut?«

»Ja, die Maultaschen schmecken sehr gut – ähnlich wie Ravioli«, antwortet er mit vollem Mund.

»Das meine ich nicht«, sage ich. »Wie ist das für dich, das über meine Großeltern zu hören?«

Shaul legt sein Besteck zur Seite und wischt sich mit der Serviette über den Mund. »Sehr interessant. Es ist das erste Mal, dass ich eine persönliche Geschichte von einem deutschen Wehrmachtssoldaten höre. Eigentlich lernen wir in Israel nichts über diese Seite des Zweiten Weltkrieges und ich würde gern mehr darüber wissen. Ich hätte deinen Opa gern kennengelernt.«

»Ist das nicht alles komisch für dich?«

»Nein.«

»Wirklich nicht?«

»Ja, wirklich nicht.«

Mehr sprechen wir nicht darüber, dafür ist in diesem Moment die Anziehungskraft zwischen uns zu stark. Wir schaffen es nicht, bis zum Nachtisch brav am Küchentisch sitzen zu bleiben. Die Mousse au Chocolat bleibt ungegessen im Kühlschrank zurück …

Ein paar Tage später schaut Sharon mich mit strengem Blick an: »Claudia, du bist immer wieder stundenlag auf der Musikprobe bei Shaul, doch dein Gesang wird und wird und wird nicht besser!«

Tatsächlich verbringe ich mehr Zeit wild knutschend mit Shaul auf seinem blauen Sofa anstatt singend neben dem Klavier. Sharon will ich aber noch nicht erzählen, was hinter den Kulissen passiert. Ich will erst für mich herausfinden, was aus Shaul und mir wird.

In der Probenpause laufe ich zum Bäcker, um mir schnell ein Brötchen zu holen. Auf dem Weg schalte ich mein Handy an. Und da klingelt es auch schon. Es ist Shaul: »Claudia, sehen wir uns heute?«

»Hm, aber wir haben uns doch gestern erst gesehen!«

»Na und, ich kann dich jeden Tag sehen.«

»Ja, aber brauchst du nicht mal eine Pause von mir?«

»Nein. Brauchst du etwa eine von mir?«

»Nein, bis jetzt noch nicht.«

»Siehst du!«

Ich stelle mich in die Schlange beim Bäcker und flüstere ins Handy: »Aber damit wir nicht bald eine Pause voneinander brauchen, wäre es vielleicht gut, uns mal einen Tag nicht zu sehen?«

Shaul lacht laut in den Hörer. »Claudia?«

»Ja?«

»Ich will dich.«

»B-b-bitte?«

»Ich will dich. Ich will mit dir zusammen sein«, sagt Shaul klar und deutlich.

So viel Direktheit lässt mich zusammenzucken. Nicht nur ist meine Art zu kommunizieren eine ganz andere. Ich bin auch eine eher langsam wachsende Blume, was so ein Kennenlernen betrifft. Meine Vorsicht hat einen guten Grund: Bevor ich Shaul traf, hatte ich mir ja geschworen, bei meiner Partnerwahl stärker den Kopf einzuschalten. Denn eigentlich war ich nach meinen letzten internationalen Bekanntschaften und gescheiterten Beziehungen eher auf der Suche nach einem Berliner mit Herz für Schwaben. Ich hoffte, dass dadurch unterschiedliche Sichtweisen und sprachliche Barrieren endlich ein Ende haben würden und auch die ewige Sorge, dass derjenige schlussendlich doch in sein Heimatland zurückzieht. Als wären meine letzten Liebschaften nicht schon kompliziert genug gewesen, will ich mir jetzt aber anscheinend den Rest geben – mit einem Israeli. Herzleid und Kopfschmerzen vorprogrammiert.

»Bist du noch da?«, fragt Shaul.

»Ähm, ja.«

»Claudia, denk einfach nicht so viel nach. Hakol je beseder. Ich muss nur eins wissen: Möchtest du mich heute Abend auch sehen?«

»Natürlich.«

»Gut, dann hole ich dich um 19 Uhr ab.«

Ich drehe mich zur Theke und sage zur Verkäuferin: »Dieser Mann macht mich fertig. Ein Käsebrötchen, bitte!«

Sharon grinst über beide Ohren. »Habe ich es doch gewusst.«

Es ist ein paar Wochen später und das Stück hat Premiere. Es ist ein voller Erfolg. Und Shaul und ich sind offiziell ein Paar. Doch die erste Differenz lauert schon um die nächste Ecke. Das Theater beginnt mit einem Theaterbesuch. Im Foyer treffe ich zufällig auf eine alte Bekannte, meine Schauspielkollegin Astrid. Wir tauschen uns aus, was wir in der letzten Zeit beruflich alles so gemacht haben. Als wir gerade auf meine One-Woman-Show zu sprechen kommen, fasst Astrid mich am Arm und zieht mich zur Seite: »Weißt du, ich arbeite jetzt ja auch mit diesem musikalischen Leiter, mit dem du ebenfalls zusammengearbeitet hast ...«

»Du meinst Shaul Bustan?«

»Genau den. Du kennst ihn doch ein bisschen, oder?«

Ich schmunzele. »Ja, so ein bisschen kenne ich ihn schon.«

»Ich muss dir was erzählen, denn ich weiß nicht so richtig, wie ich das einschätzen soll. Also, nach der Probe gestern haben Shaul und ich uns etwas länger unterhalten und ...«

»Ja?«

»Er hat mir einige Komplimente gemacht.«

Mir wird flau im Magen. »Was hat er denn gesagt?«

»Dass ich hübsch aussehe und warum ich denn keinen Freund hätte.«

»Mhh ...«

»Glaubst du, er flirtet mit mir?«

»Mit Sicherheit nicht. Dazu ist er nicht der Typ.«

»Gut. Dann bin ich erleichtert. Ich finde ihn zwar toll, doch ich bin noch nicht wirklich bereit für was Neues.«

Ich könnte um mich schlagen, doch ich trete lieber in die Pedale. Wutentbrannt radele ich von Neukölln nach Mitte. Shaul hat mich heute Abend zu sich zum Essen eingeladen. Er hat angekündigt, dass er mich mit einem italienischen Viergangmenü verwöhnen möchte. Als ich seine Wohnung betrete, brodelt nicht nur das Pastawasser auf dem Herd. Ich versuche mich zusammenzureißen – doch mein Gesicht spricht Bände. Shaul schenkt den Wein ein und stellt die Antipasti auf den Tisch. Wortkarg und mit eisiger Miene sitze ich davor. Shaul legt den Arm um mich. »Was ist los mit dir?« Ich schiebe ihn weg von mir. Er lässt nicht locker: »Claudia, nun sag schon. Habe ich was falsch gemacht?«

Ich hole tief Luft, erzähle ihm von der Begegnung mit Astrid und gebe mein Bestes, meine Gefühle zu zügeln. »... und zum Schluss meinte sie, dass sie dich auch toll findet, doch noch nicht bereit ist für eine neue Beziehung.«

Shaul fängt an zu lachen. »Sie hat geglaubt, dass ich mit ihr flirte?«

»Ja!«

»Ich habe doch nur zu ihr gesagt, dass sie hübsch ist.«

»Das reicht, oder?«

»Claudia, sie war traurig. Ich wollte sie ein bisschen aufmuntern.«

»Och, wie liebenswert von dir! Mit ihr zu flirten, um sie aufzuheitern!« Ich könnte platzen vor Wut.

»Claudia, ich habe aber nicht mir ihr geflirtet.« Shaul bleibt seelenruhig.

Das bringt mich innerlich noch mehr zum Rasen. »Doch, hast du! Du flirtest! Das ist mir auch schon aufgefallen!«

Shaul klatscht die Hände zusammen und lacht auf. »Claudia, das ist kein Flirten! Das ist einfach meine Art zu sprechen. Ich kenne das nicht anders. Bei uns spricht man nun einmal so.«

»Das versteht man hier aber als Flirten!«

Shaul nimmt meine Hand. »Beseder. In Ordnung. Dann nenne es Flirten. Aber dann flirte ich auch mit Männern, Hunden und Katzen.«

Ich trinke hastig ein Glas Wasser leer.

»Claudia, in Israel spricht man sehr locker und direkt miteinander. Und so ist eben auch meine Art zu sprechen.«

»Okay, dann bist du einfach nur sehr direkt«, antworte ich flapsig. »Aber das ist zu viel für mich. Ich kann das nicht.«

Shaul schenkt mir mehr Wasser ein. »Weil du einfach zu höflich bist. Du bist hier wie eine Atombombe kurz vor der Explosion reingekommen und hast dennoch versucht, korrekt und höflich zu sein. Stimmt's oder stimmt's nicht?«

»Ja, und?«, frage ich brummend zurück.

»Ich glaube, es ist besser für dich, wenn du einfach direkt sagst, was los ist. Es lebt sich leichter damit. Wenn du magst, fang doch bei mir an. Ich kann das aushalten. An mir kannst du üben, direkt zu sein.«

»Danke, dass du als mein Versuchskaninchen volontierst. Doch es geht jetzt nicht um mich, sondern um dich: Warum hast du zu Astrid gesagt, dass du nicht verstehen kannst, dass sie keinen Freund hat?«

Shaul holt den Teller mit der angerichteten Bruschetta und stellt ihn vor mich. »Sie ist nicht gerade hässlich und dumm ist sie auch nicht. Also was ist das Problem?«

»Bitte?«

»Ja, warum hat sie keinen Freund? Stimmt etwa was nicht mit ihr?«

Ich stöhne auf. »Shaul, was geht dich das an, warum sie keinen Freund hat?«

»Na, Tom ist doch auch Single und auf der Suche nach einer Freundin. Ich könnte Astrid Tom vorstellen, sie miteinander verkuppeln …«

Ich verliere die Geduld. »Was interessiert dich Astrid? Was geht dich ihr Liebesleben an? Warum mischst du dich in etwas ein, was dich überhaupt nichts angeht?«

Shaul schaut mich nur an und sagt erst mal nichts. Dann rückt er seinen Stuhl ganz nah an meinen heran. »Claudia, da, wo ich herkomme, ist das ganz normal, dass jede zweite Person auf der Straße gleich ein persönliches Gespräch mit dir anfängt, dir sogar Tipps gibt, dir sagt, was du tun oder was du besser nicht tun sollst, dir Komplimente macht, womöglich versucht, Schiduch zu machen, und auch gleich ›Achi‹ zu dir sagt – ›Bruder‹. Ich bin noch nicht lange in Deutschland, ich muss mich noch daran gewöhnen, dass man hier nicht so direkt miteinander spricht.«

Ich überlege. Und kühle merklich ab. Dann nehme ich Shauls Hand versöhnlich in meine. »Vielleicht brauche ich auch mehr Zeit, um das zu verstehen.« Ich schaue ihm in die Augen. »Und du sollst dich ja auch nicht verändern. Es soll dir eben nur bewusst sein, dass die Menschen deine Direktheit hier anders interpretieren können.«

Shaul nimmt mich in seine Arme. »Gut, dass wir darüber gesprochen haben. Lass uns jetzt das Essen genießen!«

Hungrig machen wir uns über den leckeren Vorspeisenteller her. Doch wir kommen nicht so richtig ins Gespräch, die Stimmung ist noch getrübt. Still essen wir beide vor uns hin. Als ich in die Bruschetta beiße, versucht Shaul, das Eis mit einem Witz zu brechen, und zeigt auf das Brot: »Wie heißt die Bäckerei im Ghetto?« Er zieht fragend die Augenbrauen hoch. Ich gucke ihn ungläubig an. »Baghetto«, ruft er mit einem breiten Grinsen. Als keine Reaktion von mir kommt, fügt er erklärend hinzu: »Also Bäckerei im Ghetto. Baghetto. ›Ba‹ bedeutet auf Hebräisch ›ins‹ – also ›ins Ghetto‹ ...«

»Shaul, ich habe es schon verstanden. Ich finde das nur nicht witzig.«

Er nickt. »Stimmt. Der ist vielleicht ein bisschen flach. Aber der ist gut: Warum hat Hitler sich umgebracht? Er hat die Gasrechnung bekommen.«

Ich schüttle den Kopf.

»Oder wie flirtet man mit einer Jüdin in Auschwitz? Darf ich deine Nummer haben?«

Ich zucke zusammen.

Shaul lacht lauthals los. Er stubst mich an: »Wie, den findest du auch nicht witzig?«

Ich nehme einen Schluck Rotwein. »Ja, Holocaustwitze sind einfach nicht lustig.«

Shaul schaut mich von der Seite an. »Ich finde, das kann man so allgemein nicht sagen. Es kommt auf den Witz an. In Israel gehört es zum gängigen Humor, Witze über den Holocaust zu machen. Manche sind echt heftig. Meine drei gerade waren ja total harmlos!«

Ich stelle mein Glas ab. »Es tut mir leid, aber ich finde solche Witze einfach geschmacklos. Wie kann man nur über den Holocaust lachen?«

Shaul zieht die Schultern hoch. »Na ja, wenn du nicht lachst, dann weinst du.«

Nach Israel? Nie, nie, nie wieder!

»O du fröhliche, o du selige, gnadenbringende Weihnachtszeit! Welt ging verloren, Christ ward geboren ...«

Shaul steht neben mir und strahlt mich an wie ein Schneekönig. Wir sind in der kleinen Kirche des Dorfes, in dem meine Mutter Karen heute wohnt. Sie ist nach der Scheidung von meinem Vater dorthin gezogen – ich kam also mit acht Jahren mit ihr in eine ganz neue Umgebung. Ein kleiner Kulturschock, aber mir gefiel das raue Nordische: Ein 150-Seelen-Dorf an der Nordsee, nur ein paar Autominuten von der dänischen Grenze entfernt. Umgeben von Bauernhöfen, Pferdekoppeln, Ackerfeldern und Windrädern. Als Shaul aus dem Auto aussteigt, ruft er ganz fasziniert: »Ich rieche nur Kuh!«

Wir sind seit ungefähr sechs Wochen offiziell ein Paar – und verbringen schon Weihnachten zusammen. Ein erster Härtetest. »Freue, freue dich, o Christenheit ...« Shaul hält das Gesangbuch in der Hand und singt lautstark mit. Es ist sein erstes Weihnachten überhaupt und seine Augen strahlen vor

Freude und Aufregung wie die der Kinder ein paar Plätze neben uns.

In den vorderen Reihen drehen sich manche Dorfbewohner um und nicken uns freundlich zu. So schön hat hier schon lange kein Mann mehr gesungen. Und dazu noch einer, der für die nordischen Verhältnisse auf dem Lande ganz ungewöhnlich aussieht: klein, dunkles Lockenhaar und ganz dunkle Augen. Shaul sticht ganz offensichtlich aus der Menge hervor. Wo kommt er wohl her?

»Claudia, was hat eigentlich der Weihnachtsmann mit der Geburt von Jesus zu tun?« Während die Weihnachtsgeschichte vorgelesen wird, brennen Shaul einige Fragen auf den Lippen und er möchte mit mir reden. »Weihnachten ist doch ein fröhliches Fest, warum gucken alle so still vor sich hin?« Ich fange an zu glucksen. Es ist eine dieser Situationen, in die wir immer wieder kommen werden: Wir merken, dass es viele Kleinigkeiten gibt, die für einen von uns völlig selbstverständlich und vertraut, für den anderen aber ganz neu und ungewohnt sind. Ich deute Shaul an, dass wir leiser sein müssen, und lege meinen Finger auf den Mund. Er lächelt mich an, nimmt meine Hand und hält sie bis zum Ende des Weihnachtsgottesdienstes fest gedrückt.

Nachdem wir sämtliche Hände geschüttelt und allen Bekannten und Nachbarn ein frohes Weihnachtsfest gewünscht haben, laufen wir die zwei Kilometer zum Haus meiner Mutter im Dunkeln zu Fuß durch den Schnee. Dort wird sehr geschäftig das Essen vorbereitet und der CD-Player beschallt uns auf voller Lautstärke mit Weihnachtsmusik. Der Duft von Zimt liegt in der Luft. Als Shaul sich ein Heftchen mit Weihnachtsliedern schnappt und anfängt, sie auf dem Klavier im Wohnzimmer zu spielen, erobert er noch ein Stück mehr das Herz meiner Mutter. Überhaupt ist Shaul mit vollem Elan dabei, er ist neugierig und möchte alles verstehen – es interessiert ihn einfach. Er hält auch aus, was Weihnachten so mit sich bringt und für viele von uns »Weihnachtsgeübten« eher Herausforderungen darstellt: die drei Gottesdienstbesuche, den Zoff unter dem Weihnachtsbaum inklusive Türenzuschlagen und die Unmengen an Essen und Trinken.

Mir tut es leid, dass es unverhofft zu einem Streit mit meiner Mutter kommt: Am dritten Tag knallt es zwischen uns. Dass das vor Shaul passiert und mich nicht so vorteilhaft darstellt, ist mir sehr unangenehm.

»Keine Sorge«, sagt er und nimmt mich tröstend in den Arm, »jetzt liebe ich dich noch mehr.«

Meine Mutter und ich umarmen uns auch und versprechen uns, nächstes Jahr alles besser zu machen.

Shaul versichert uns: »Weihnachten ist sehr schön.«

Und er lässt nichts anbrennen. Kaum sind wir wieder in Berlin, sagt er: »Jetzt war ich bei dir und habe dich mit deiner Familie kennengelernt. Jetzt sollst du auch mich mit meiner Familie in Israel kennenlernen. Ich lade dich auf eine Reise dorthin ein. Magst du?«

Ich bin bereit für den »Familientest Nummer zwei« und sage: »Natürlich will ich deine Familie kennenlernen und mit dir nach Israel reisen.« Aber es macht sich auch ein anderes, beunruhigendes Gefühl in meinem Bauch breit. »Shaul, es gibt da etwas, was ich dir sagen muss ... Ich war schon einmal in Israel. Vor sieben Jahren. Und ich hatte mir geschworen, ich würde nie wieder dorthin zurückkehren.«

*

Nach Israel kam ich über Irland. Im Jahr 2000, ich war damals 17 Jahre alt und nahm an einem Schüleraustausch teil. Für drei Monate sollte ich auf die St. Tiernan's Secondary School gehen und bei einer Gastfamilie am Rande von Dublin wohnen. Erst zehn Jahre später kehrte ich nach Deutschland zurück.

Ich war in dem Jahrgang, in dem sich die Schüler mit ihren 17 Jahren auf das »Leaving Certificate«, den Schulabschluss, vorbereiteten. Da man sich neben den obligatorischen Fächern Mathematik, Englisch und Irisch (wovon ich zum Glück befreit war) die restlichen Prüfungsfächer frei wählen konnte, kam mir die fixe Idee, doch auch gleich den irischen Schulabschluss zu machen. Ohne die für mich verhassten Fächer Physik, Biologie und Chemie hatte ich eine reelle Chance. Mit den Sprachen Latein, Französisch und Deutsch sowie meinem Lieblingsfach Geschichte als Prüfungsfächer würde ich gut abschneiden können, sogar auf Englisch. Also warum sollte ich es nicht probieren? Wenn es klappte, dann würde ich mir nicht nur die drei letzten Schuljahre bis zum Abitur sparen, sondern könnte mir den Abschluss auch in Deutschland anerkennen lassen und mich dann, wenn ich wollte, an einer deutschen Uni zum Studieren einschreiben. Oder, und das war der eigentliche Plan, ich könnte schon eher auf die Schauspielschule gehen. Denn das wusste ich schon, seitdem ich denken konnte:

Ich möchte Schauspielerin werden!

Meine Mutter unterstützte mich bei meinem Vorhaben und so konnte ich die drei Monate in Irland auf ein Jahr ausdehnen, um das »Leaving Certificate« zu machen. Aber es war hart: Was die irischen Schüler in zwei Jahren Vorbereitung schaffen sollten, dafür hatte ich nur noch neun Monate Zeit. Ich lernte wie besessen und nutzte jede Minute. Dabei wurde ich unglaublich stark von den Lehrern meiner Schule unterstützt. Es war, als ob nicht nur ich allein daran arbeitete, diesen Abschluss zu erreichen. Außerdem hatte ich mir speziellen Nachhilfeunterricht organisiert, den ich immer an den Nachmittagen besuchte.

Nach drei Monaten gönnte ich mir einen Tag Pause vom Lernen, denn ich wollte zum Tag der Offenen Tür des Trinity College Dublin gehen. Auch die renommierte Schauspielschule Samuel Beckett, die Teil des Trinity ist, öffnete ihre Tore und so konnte ich mir die Räumlichkeiten und das Theater anschauen sowie mit den Lehrern sprechen. Dabei überfiel mich ein unbeschreibliches Gefühl. Ich war mir sicher: Das ist meine Schule! Hier gehöre ich hin und hier werde ich viele Jahre lang sein!

Nach diesem Besuch am College war die Entscheidung gefallen: Ich bereitete mich nicht nur auf die »Leaving Cert«-Prüfung, sondern parallel auch noch auf die Aufnahme an der staatlichen Schauspielschule Samuel Beckett vor. Mit einem klassischen Monolog von Shakespeare sowie einem zeitgenössischen Text sollte ich vorsprechen. Allerdings standen meine Chancen gleich Null. Noch nie zuvor hatte ein Ausländer, dessen Muttersprache nicht Englisch ist, die Schauspielschule erfolgreich abgeschlossen. Um die neunhundert Interessenten sprechen jedes Jahr an der Schule vor und es werden nur zwölf genommen. Trotz der intensiven Vorbereitung und meinem optimistischen Gefühl nahm ich es nicht zu schwer: »Wenn ich angenommen werde, dann ist das großartig! Dann wird für mich ein Traum wahr. Und wenn nicht, dann wird dieser Traum eben woanders für mich wahr.« Am Ende war ich eine von den zwölf Bewerbern, die angenommen wurden.

Die Jahre zogen dann sehr schnell ins Land: Nach der dreijährigen Ausbildung, die zu einer der besten Zeiten meines Lebens gehört, fing ich an, auf den Bühnen Irlands als Schauspielerin zu arbeiten. Ich verliebte mich in einen Franzosen namens Alain und wir zogen in eine Wohnung ins Stadtzentrum, unweit der bekannten O'Connell-Straße. Politik und Geschichte hatten mich schon immer interessiert und ich wurde immer mehr politisch aktiv. Ich war dabei, als das Irish Anti-War Movement gegründet wurde, lief bei Demonstrationen gegen den Krieg in Afghanistan und im Irak mit und hängte das »No to War«-Plakat an mein Fenster – zur Straße, für alle sichtbar. Ich wollte sogar noch mehr tun, das Demonstrieren erschien mir sinnlos. Da musste es doch was anderes für mich geben, oder?

Als ich eine Anzeige der Nichtregierungsorganisation Schools Across Borders las, fühlte ich mich direkt angesprochen und bewarb mich: Eine Mitarbeiterin wurde gesucht für ein Projekt, das Schulen in Belfast und Dublin mit Schulen in Jerusalem und Hebron, dem Westjordanland, vernetzte und im Bereich der Konfliktbewältigung arbeitete. Ich bekam die Stelle. Zusätzlich zu meiner Arbeit als Schauspielerin war ich nun ein paar Stunden pro Woche für die Organisation tätig.

Als ich im Jahr 2006 für einen Kollegen einspringen sollte, um das Projekt vor Ort in Jerusalem und Hebron drei Monate lang fortzusetzen, fackelte ich nicht lange und sagte zu. Das durchaus schlüssige Gegenargument, dass ich durch diese drei Monate fern von Irland meiner Karriere als Schauspielerin schaden könnte, schlug ich in den Wind. Mich zog es irgendwie nach Israel und Palästina – ich musste dorthin. Doch es war politisch eine brenzlige Zeit im Nahen Osten. Ein paar Monate zuvor war die zweite Intifada noch in vollem Gange gewesen.

Die veröffentlichten Mohammed-Karikaturen der dänischen Zeitung Jyllands-Posten brachten die Situation noch mehr zum Kochen. In Jerusalem wurden dänische Flaggen verbrannt, Europäer wurden aus dem Westjordanland evakuiert. Am 25. Januar 2006 wurde die Hamas zum allerersten Mal demokratisch gewählt. Die Lage war extrem angespannt. Was würde jetzt passieren? Am 27. Januar ging mein Flug. Mein Freund Alain half mir mit traurigen Augen beim Packen und schenkte mir ein Büchlein, in dem ich meine Erlebnisse aufschreiben sollte. Meine Mutter rief mich an und bat mich unter Tränen, doch nicht zu gehen. Obwohl mir mulmig zumute war und ich ehrlicherweise auch kein gutes Gefühl mehr bei der Sache hatte, ließ ich mich von meinem Entschluss nicht abbringen. Sturheit ist in meiner Familie genetisch veranlagt. Ich hatte es versprochen. Außerdem warteten meine Kollegen und Bekannten auf mich. Nein sagen konnte ich nicht mehr – zumindest war ich davon überzeugt, dass es dafür jetzt zu spät war.

»Wie bitte, die anderen wurden alle evakuiert?« Nach einer langen und anstrengenden Reise von Dublin über Prag nach Tel Aviv und von dort über Jerusalem durch die Straßensperren und Checkpoints hindurch war ich endlich in der Wohnung der palästinensischen Partnerorganisation in Hebron angekommen – um sie leer vorzufinden. Die Kolleginnen von anderen Organisationen waren ein paar Stunden vor meiner Ankunft nach Jerusalem gebracht worden. Es hatte eine Warnung gegeben, dass die al-Aqsa-Brigade auf dem Weg zur Wohnung sei, um die Europäerinnen zu entführen.

»Claudia, hab keine Angst, ich beschütze dich. Ich habe eine Kalaschnikow zu Hause«, versuchte mein palästinensischer Kollege mich zu beruhigen.

»Danke für das Angebot, Yussuf, aber ...«, erwiderte ich nervös.

Yussuf erhob dramatisch seine Hände: »Claudia, ich sage dir: Sollte es nur einer, wirklich nur einer von den Hamas wagen, hier an der Tür aufzukreuzen, dann erschieße ich ihn auf der Stelle. «

Mir wurde abwechselnd heiß und kalt. »Erschießen?!«

Yussuf zündete sich genüsslich eine Zigarette an. »Claudia, mach nicht so ein Gesicht. Du bist in Hebron, vergessen? Die Hamas und Fatah bekämpfen sich hier schon immer – alles ganz normal!«

Alles ganz normal? Vielleicht war es doch keine so gute Idee gewesen, hierherzukommen. Hätte ich doch bloß auf meine Mutter gehört!

In den nächsten Tagen beruhigte sich die politische Lage zwar etwas, aber sie blieb angespannt. Fünf Tage pro Woche war ich in Hebron im Westjordanland, unter Palästinensern. An den anderen beiden Tagen war ich in Jerusalem, unter Israelis. Wenn ich in Hebron, der zweitgrößten Stadt im Westjordanland, war, erlebte ich, was für alle Palästinenser Alltag war: Ich musste durch die Checkpoints und Straßensperren hindurch, den israelischen Soldaten meinen Pass vorzeigen und erklären, wohin ich wollte und was ich machte.

Wenn die Armee das Westjordanland abriegelte, gab es auch in Hebron nicht genug Gas für die Bevölkerung. Und im Februar, der auch dort sehr kalt sein kann, mussten wir uns entscheiden: Wollen wir lieber heizen oder lieber warm essen? Meine Kolleginnen und ich entscheiden uns für das warme Essen.

Hebron hat eine große religiöse Bedeutung – Abraham, der Stammvater der Juden, Moslems und Christen, liegt hier begraben. In der Stadt lebten auch rund fünfhundert jüdische Siedler, die meisten von ihnen waren bekannt für ihre Radikalität. Sie glaubten, dass das Land, auf dem sie wohnten, ihnen von Gott gegeben worden war und sie es deshalb nicht aufgeben konnten. Wegen der jüdischen Siedler war die israelische Armee in Hebron so präsent – um diese zu schützen. Die einzigen Israelis, mit denen die Palästinenser im Westjordanland in Kontakt kamen, waren also nur die Soldaten und Siedler. Doch es gab auch Radikalität auf der palästinensischen Seite im Hamas-dominierten und konservativen Hebron. Deswegen kam es hier immer wieder zu Konflikten und zu Gewalt. So war es damals und so ist es auch heute noch. Leider.

Abends war ich meistens bei Familien der Schüler zum Essen eingeladen. Bei palästinensischen wie israelischen Familien wurde ich herzlichst empfangen und mit leckerem Essen verwöhnt. An einem Tag war ich zum Beispiel bei der Al-Jibhari-Familie in Hebron zum Essen eingeladen. Am nächsten Tag saß ich bei den Grossmanns in Jerusalem am Esstisch. Der Opa, Jakob Grossmann, war als Kind nach der Reichskristallnacht aus Berlin geflohen. Mein Kopf fing an, sich zu drehen. In beiden Familien, die für so viele andere standen, fühlte ich mich wohl. Beide Familien hatten ähnliche Wertvorstellungen und Wünsche und ich war überzeugt: Wenn diese Menschen nur die Gelegenheit hätten, sich zu treffen – sie würden sich gut miteinander verstehen. Beide wollten einfach nur in Frieden leben und ihren Kindern und Enkeln ein sicheres Zuhause ohne Terror und Gewalt bieten. Doch es waren die Fundamentalisten und Extremisten auf beiden Seiten, die scheinbar alles dafür taten, ein friedvolles Zusammenleben unmöglich zu machen.

Nach dem ersten Monat war ich schon bis auf die Knochen frustriert. Ich fühlte mich hin- und hergerissen zwischen Jerusalem und Hebron. Die Menschen konnten sich nicht begegnen. Doch ich konnte sie alle treffen und ihnen von der jeweils anderen Seite berichten. Und ich verstand beide Seiten und was die Realitäten des Konflikts für sie jeweils bedeuteten. Mit meinen Gedanken und Gefühlen war ich aber allein. Denn meine Kollegen arbeiteten nur mit Palästinensern im Westjordanland zusammen. Ich war die Einzige, die auf »beiden Seiten« unterwegs war. Dadurch fühlte ich mich auch unter manchen Kollegen nicht wohl, ihre Haltung war mir zu anti-israelisch und zu extrem. Ihre Sicht war einfach nicht die meine. In meiner Freizeit reiste ich durch das Westjordanland und durch Israel. Ich begegnete vielen Menschen, doch fühlte ich mich nie zugehörig. So, als wäre ich gar nicht anwesend, sondern würde von außen auf mich schauen.

In Hebron und in Jerusalem hatten viele Wörter für mich eine völlig neue Bedeutung bekommen: Hier standen Begriffe wie Sicherheit oder Anspannung für etwas ganz Existenzielles. Sie waren hier viel greifbarer und für mich war das eine fremde Welt. Ich hatte großen Respekt vor den Menschen, die hier lebten, weil es für mich unvorstellbar war, dem ständig ausgesetzt zu sein. Und das machte mir bewusst, wie privilegiert ich in meiner Heimat lebte.

Obwohl mir in Hebron die Luft zum Atmen fehlte, konnte ich nicht anders und tat etwas, was hier sehr typisch war: Als überzeugte Nichtraucherin fing ich plötzlich an, wie ein Schlot zu rauchen. Nur im Haus natürlich – denn dass Frauen in der

Öffentlichkeit rauchen, ist tabu. Drinnen sah es ganz anders aus: Alle um einen herum waren immer nur am Qualmen und Paffen. Ich kam aus dieser Rauchwolke nicht mehr heraus. Und spontan frische Luft zu schnappen, war auch nicht so einfach: Nach 17 Uhr konnten wir nicht mehr auf die Straße gehen. Das hatte nichts mit der Ausgangssperre zu tun, die es manchmal gab, sondern lag daran, dass es in Hebron nicht angesehen war, als Frau »so spät« noch draußen unterwegs zu sein. Meine europäischen Kollegen und ich wurden sowieso schon von manchen Palästinensern misstrauisch beäugt, obwohl wir ja hier waren, um an den palästinensischen Schulen zu arbeiten. Sie fragten: »Warum seid ihr hier?« – »Wie kann man freiwillig an so einen schwierigen Ort kommen?« – »Macht ihr Geld mit dem Konflikt?« – »Arbeitet ihr für die Israelis?« – »Seid ihr Spione?« Ich hielt es in Hebron kaum noch aus, ich fühlte mich hier wie eingesperrt.

Zusammen mit einem männlichen Kollegen lief ich durch die Altstadt. An einer Straßensperre, wo sich ein Container mit einer Personensicherheitsanlage befand, standen mehrere israelische Soldaten. Sie waren gerade mal 18 oder 19 Jahre alt. An der Wand stand ein Palästinenser um die siebzig. Ein paar Frauen liefen auf uns zu und riefen: »Aschnabie, Aschnabie!« – »Ausländer! Ausländer!« Die Frauen erzählten uns aufgebracht: »Sie halten den alten Mann schon seit drei Stunden fest. Seit drei Stunden muss er da in der Sonne stehen. Bitte helft uns!«

Wir sprachen die Soldaten an: »Warum haltet ihr den alten Mann seit Stunden in der Sonne fest?«

»Geht weiter, das geht euch nichts an!«

»Lasst ihn doch wenigstens im Schatten stehen.«

»Das ist nicht euer Konflikt! Los, geht weiter!«

»Aber ...«

»Geht weiter!«

Ich wollte so lange weitergehen, bis ich zu Hause ankam. Ja, ich wollte nur noch weg von hier – aber ich hatte noch acht Wochen vor mir.

Die hielt ich durch, aber kurz vor meinem Abflug nach Irland gab mir ein Ausflug noch den allerletzten Rest. Ich wollte spontan noch mal raus aus Hebron, um ein wenig abzuschalten, nahm mir ein Buch und stieg in ein Sammeltaxi, das mich in das zwanzig Kilometer nördlich liegende Jerusalem bringen sollte. Aufgrund der Checkpoints und Straßensperren dauerte die Fahrt zwei Stunden. In Westjerusalem angekommen, dem israelischen Teil der Stadt, suchte ich mir entlang der King George Street ein Café. Am Eingang stand ein Sicherheitsmann und ich musste ihm zur Kontrolle den Inhalt meiner Tasche zeigen. Aufgrund der vielen Selbstmordattentate gab es vor jedem Café, Restaurant und Busbahnhof Sicherheitsleute wie ihn, die die Taschen kontrollieren – ein alltägliches Bild in ganz Israel. Am Anfang war ich geschockt gewesen, inzwischen hatte ich mich daran gewöhnt. Man kann sich an vieles gewöhnen. Das ist das Gefährliche.

Ich bestellte mir einen Cappuccino und setzte mich in die Ecke. Viele Reservisten in Zivilkleidung saßen im Café, ihre Gewehre lagen wie Handtaschen auf dem Boden. Einige Soldaten kamen auch in das Café und bestellten sich Sandwiches zum Mitnehmen. Ich konnte mich nicht wirklich entspannen, es waren einfach zu viele Waffen um mich herum. Ich wollte doch nur mein Buch lesen. Schnell trank ich meinen Cappuccino aus und machte mich auf den Weg nach draußen. Das Café war total überfüllt und ich kam an den Tischen und Stühlen mit Gästen kaum vorbei. Auf Zehenspitzen versuchte ich die auf dem Boden liegenden Gewehre zu umgehen. Ich wollte auf keinen Fall einem dieser Gewehre zu nahe kommen, geschweige denn versehentlich eines berühren. Freundlich lächelte ich einen jungen Reservisten an: »Entschuldigung, wenn es Ihnen nichts ausmachen würde – wären Sie so freundlich und könnten Ihr Gewehr bitte etwas zur Seite räumen?«

Draußen ging ich die Ben-Yehuda-Straße entlang. Mir war alles egal. Ich wollte mich einfach nur auf irgendeine Bank setzen und mein Buch lesen. Das konnte doch nicht so schwer sein. Als ich in eine Seitenstraße der belebten Einkaufszone einbog, ging auf einmal ein unglaubliches Geschrei los. Polizeifahrzeuge kamen mit Sirenen angefahren. Bewaffnete Polizisten riegelten den Bereich um eine große unbeaufsichtigte Tasche ab. Reservisten kamen mit ihren Gewehren aus umliegenden Cafés angelaufen. Passanten rannten an mir vorbei und ein Sicherheitsmann fuchtelte wild mit den Armen. Er schrie etwas auf Hebräisch. Ich verstand kein Wort. Schnell drehte ich mich um und sprintete die Straße herunter – gemeinsam mit vielen anderen Passanten, die es genauso machten. Nur so schnell wie möglich weg hier.

Ich ging in die Altstadt hinunter. Hier würde ich mein Buch zwar auch nicht lesen können, aber ich konnte vielleicht ein bisschen Tourist spielen und mich unter andere Reisende mischen. Ich hoffte jedoch, dass ich nicht König David oder Maria Magdalena begegnen würde: Jerusalem ist so überwältigend, dass jährlich etwa hundert Besucher der Stadt vom Jerusalem-Syndrom betroffen sind – einer Wahnvorstellung, bei der man glaubt, eine heilige Person aus dem Alten oder Neuen Testament zu sein. Zu jener Zeit waren ein Johannes der Täufer, zwei Gottesmütter Maria und gleich drei Jesu in der psychiatrischen Klinik in Behandlung.

Es war kurz vor Ostern. Also machte ich mich auf zum Südwesthügel der Altstadt, auch Berg Zion genannt – zum Abendmahlsaal. Hier in der Basilika soll Jesus Christus am Vorabend seines Todes mit seinen Jüngern das Abschiedsmahl gefeiert haben. Im Untergeschoss liegt das Grab Davids, das von den Juden verehrt wird. Auf dem Weg zur Basilika merkte ich, dass jemand mir durch die engen Gassen der Altstadt folgte. Ich ging schneller. Auf den glatten Steinen rutschte ich fast aus. Ein Mann lief hinter mir her. Ich ging noch schneller. Obwohl ich einige Zickzack-Kurven durch die dunklen Gassen nahm, konnte ich ihn nicht abschütteln. Es war ein chassidischer ultraorthodoxer Jude, den ich an seinem schwarzen Kaftan, den Schläfenlocken und dem großen Hut erkannte. Er war ungefähr einen Schritt hinter mir und flüsterte so laut, dass ich es hören konnte: »Du Schlampe. Komm, hab Sex mit mir! Fick mich!« Ich traute meinen Ohren kaum und stolperte fast. Das durfte nicht wahr sein! Auch das noch. Was war das bitte schön für ein Scheißtag? Ich wollte doch nur in Ruhe mein Buch lesen!

Ich ging möglichst ruhig weiter und ignorierte den Mann in der Hoffnung, dass er das Interesse verlieren würde. Aber er blieb dicht an mir dran. Sein Gemurmel lag mir weiterhin im Ohr: »Schlampe, du. Hab Sex mit mir. Du Schlampe ...« Nur noch ein paar Schritte, dann hätte ich es geschafft, dann war ich im Saal des letzten Abendmahls. Die letzten Meter rannte ich fast. Abgehetzt kam ich in dem Saal an und musste erst einmal tief Luft holen.

Der Saal war bis auf den letzten Meter mit Menschen gefüllt. Vom Weihrauch wurde mir schummrig vor Augen und die leisen, durchgehenden Gebete machten mich ganz schwindlig. Nonnen lagen in voller Länge auf der Erde und küssten den Boden. Eine zwanzigköpfige Gruppe amerikanischer Christen stand mit geschlossenen Augen im Kreis. Sie hatten ihre Arme nach oben Richtung Himmel ausgestreckt und ihre Handflächen berührten sich. Sie waren im Gebet vertieft. Eine in Tränen aufgelöste Amerikanerin kam direkt auf mich zu, fasste mich an beiden Armen und schüttelte mich: »Ich kann nicht glauben, dass Jesus hier war. Er war hier. Jesus Christus war hier!« Eine Freundin von ihr kam, legte die Arme um sie und zog sie sanft von mir weg. Was war denn heute los?

»Fick mich, Schlampe. Komm schon, fick mich!« Der Mann war mir tatsächlich bis hier hinein gefolgt. Er stand jetzt sogar neben mir. Ich wusste nicht, was ich machen sollte. »Fick mich, Schlampe, fick mich!« Ich drehte mich langsam um, schaute dem Mann direkt in die Augen und sagte lauter, als ich es eigentlich wollte: »Warum gehst du nicht und fickst dich selbst?« Schließlich lebte ich in Irland, du Arsch, und war daher, was vulgäre Sprache betraf, nicht auf den Mund gefallen. Doch nun hörte ich den Satz plötzlich öfter, als mir lieb war: »... und fickst dich selbst ... fickst dich selbst ... dich selbst ... seeelbst ...« Das Gewölbe ließ meinen Satz unerbittlich widerhallen. »Fick dich selbst«, schwebte als Echo durch den Raum.

Die Nonnen verharrten im Gebet auf dem Boden, richteten sich auf und drehten sich in Zeitlupe in meine Richtung. Die weinenden Amerikaner öffneten ihre Augen. Als ich mich umdrehte, sah ich nur noch eine Staubwolke, die der Mann, der vorher so nah neben mir gestanden hatte, bei seiner hastigen

Flucht hinterlassen hatte. Der Türsteher der Basilika kam mit zügigen Schritten auf mich zu. Sämtliche Erklärungsversuche meinerseits scheiterten, ich wurde unsanft vor die Tür gesetzt. Genug. Ich fuhr so schnell wie möglich mit dem Sammeltaxi zurück nach Hebron. Frustriert lehnte ich meinen Kopf gegen die Rücklehne und zündete mir in Gedanken schon mal eine Zigarette an: Mir reichte es für heute.

Drei Tage vor meinem Abflug saß ich schon auf gepackten Koffern. In Hebron ging ich ein letztes Mal mit einem Kollegen durch die Innenstadt. Es gab Straßen, auf denen die jüdischen Siedler fuhren, die Palästinenser aber nur zu Fuß gehen durften. Manche Gassen waren für die Palästinenser sogar komplett gesperrt, aber für die jüdischen Siedler begehbar. Ich stand auf der Straße, die einst das lebendige Zentrum der Stadt war – der Hebroner Markt. Es sah aus wie in einer Geisterstadt. Die palästinensischen Läden waren verrammelt. Sie hatten auf Anordnung des israelischen Militärs schließen müssen – wegen Sicherheitsbedenken. Hunderte von palästinensischen Familien hatten so ihr Einkommen verloren. Mein Blick fiel auf eine Reihe der geschlossenen grünen Ladentüren. Immer wieder sah ich den blauen Davidstern. Jüdische Siedler hatten ihn auf die verrammelten Ladentüren gesprüht. Als wollten sie damit sagen: »Das gehört alles uns!« Entsetzt sah ich ein Graffiti auf einer der Türen. Auf Englisch stand dort geschrieben: »Alle Araber in die Gaskammern!«

Meine Zeit hier war mehr als vorbei. Ich konnte nicht mehr. Ich konnte diese stets gegenwärtige Aggressivität nicht mehr ertragen. Ich konnte nicht mehr ertragen, was die Menschen in diesem Land übereinander dachten, sich gegenseitig wünschten und sich antaten. Nur noch zweimal schlafen, nur noch zweimal schlafen – und dann war ich endlich weg von hier.

Doch es war der 17. April 2006, Ostermontag. Ein palästinensischer Selbstmordattentäter, gerade mal 16 Jahre alt, begab sich in einen gut besuchten Schnellimbiss nahe des alten Omnibusbahnhofs in Tel Aviv. Als der Sicherheitsmann am Eingang ihn bat, seine Tasche zur Inspektion zu öffnen, sprengte er sich in die Luft und riss elf Menschen mit in den Tod. Israelische Medien berichteten, siebzig weitere Männer und Frauen seien verletzt worden, einige von ihnen schwer. Der israelische Ministerpräsident Ehud Olmert nannte den tödlichen Anschlag einen »sehr schlimmen Vorfall«, auf den Israel »angemessen reagieren« werde. Die regierende palästinensische Hamas-Bewegung bezeichnete den Anschlag als »Selbstverteidigung« der Palästinenser. Der Hamas-Sprecher Sami Abu Zuhri sagte in Gaza, solche Anschläge seien Widerstand gegen die israelische Besatzung und gehörten zum Recht des palästinensischen Volkes. Palästinenserpräsident Mahmud Abbas verurteilte die Tat hingegen als Terror. Die radikalen Gruppen Islamischer Dschihad und al-Aqsa-Brigade bekannten sich zu der Tat.

Ein paar palästinensische Bekannte saßen mit meinen europäischen Kollegen im Büro vor dem Fernseher. Ich kam den Flur entlang. Sie machten Witze, ich konnte nicht genau hören, worüber sie lachten. Aber sie schienen sich zu amüsieren. Ich wurde neugierig und ging in das Zimmer. Was wurde denn im Fernsehen gezeigt, das so lustig war? Ich stand vor dem Bildschirm und starrte fassungslos hin: Blutüberströmte Menschen wurden auf Tragen gehoben. Krankenwagen fuhren mit heulenden Sirenen davon. Eine Frau lag auf dem grauen Boden in einer Blutlache. Mir schossen Tränen in die Augen.

Ich musste mich setzen. Es waren Aufnahmen von dem Selbstmordattentat in Tel Aviv.

»Jetzt verstehen die Israelis mal, was Leiden bedeutet«, hörte ich einen der Männer sagen.

»Ja, jetzt spüren die Zionisten mal, wie es uns geht«, fügte ein anderer grinsend hinzu. Ein europäischer Kollege nickte zustimmend.

Ich sprang fassungslos auf. »Was ist los mit euch? Das ist doch krank. Ihr seid krank. Dieses ganze Land ist krank!« Weinend verließ ich den Raum.

Ich war tieftraurig und zugleich schockiert über die Reaktion der Bekannten und Kollegen. Ich spürte nur eins: Ich wollte hier weg. Jetzt. Sofort. Weg von diesen Menschen, weg von diesem Land. Ich wollte weg von diesem »Auge um Auge, Zahn um Zahn«. Mir kam Gandhi in den Sinn: »Auge um Auge. Zahn um Zahn – und die Welt wird blind und zahnlos sein.« Gandhi hin oder her, ich wollte nur eins: zurück zu meinem französischen Freund und zu meinem komfortablen und sicheren Leben in Irland.

Doch Panik stieg in mir hoch. Als erste Reaktion der israelischen Regierung auf das Attentat wurde das Westjordanland abgeriegelt – keiner kam mehr raus oder rein. Und wie würde ich dann zum Flughafen nach Tel Aviv und an Bord meines gebuchten Fluges kommen?

Am nächsten Morgen machte ich mich auf dem Weg zum Checkpoint, in der Hoffnung, dass ich durchgelassen würde. Lieber verbrachte ich einen Tag länger in Jerusalem, als dass ich im Westjordanland festsaß und mein Flieger nach Dublin ohne mich ging.

Ich brauchte acht Stunden, um nach Jerusalem zu kommen, aber ich schaffte es tatsächlich. In Jerusalem war aufgrund der erhöhten Sicherheitsmaßnahmen die Hölle los. Ich legte mich für ein paar Stunden auf das Sofa in der Jugendherberge am Damaskustor, bevor ich nach Tel Aviv weiterfuhr, mit einem Scherut, einem Sammeltaxi. Obwohl ich einen Tag früher losgefahren war, schaffte ich es gerade noch pünktlich, am Flughafen Ben Gurion in Tel Aviv zu sein.

Es war jetzt drei Uhr in der Nacht und mein Flug ging um sechs Uhr früh. Ich reihte mich in die endlose Schlange in der Abflughalle ein – die Schlange für die erste Gepäckkontrolle, noch vor dem Check-in. Die Mitarbeiter der Flughafensicherheit arbeiteten sich durch die Menschenreihen, schauten sich die Pässe an und stellten erste Fragen. Irgendwann war ein Mitarbeiter bei mir, er schaute in meinen Pass und sagte:

»Ihr Name ist Claudia Sarah Christine Schwartz.«

»Ja.«

»Ihr Name ist Claudia Sarah Christine Schwartz!«

»Ja, ein bisschen lang der Name, ich weiß.«

»Schwartz – wissen Sie, wo dieser Name ursprünglich herkommt?« Er schielte so stark, dass ich nicht anders konnte, als mich umzudrehen, um hinter mich zu gucken. Sprach er tatsächlich mit mir?

»Ja, ähm, also ... ich weiß, Schwartz ist ein typisch jüdischer Familienname, aus Rumänien.«

»Das ist er.«

»Ich bin aber nicht jüdisch.«

Er drehte sich um und rief die Namen zweier Kollegen, die schnurstracks auf mich zugingen. »Bitte mitkommen!« Hatte ich etwas Falsches gesagt? Ich wurde von den zwei Mitarbeitern in den Innenbereich gebracht und mein großer Wanderrucksack und mein Koffer wurden auf eine Ablage gelegt und geöffnet – ohne ein Wort der Erklärung. Von zwei Beamtinnen wurde ich jetzt mit den unterschiedlichsten Fragen gelöchert.

»Warum fliegst du mit Czech Airlines?«

»Fliegst du in der Business- oder in der Economyclass?«

»Warum lebst du in Irland?«

»Was machst du beruflich?«

»Ah, Schauspielerin. Welche war deine letzte Rolle?«

»Kannst du einen kurzen Text rezitieren?«

»Warum bist du ...«

Eine Mitarbeiterin stellte die Fragen, die andere beobachtete meine Reaktion – das ging zwei Stunden lang so.

Die Mitarbeiter wussten, dass ich in Hebron war und mit Palästinensern zu tun hatte. Wer sich freiwillig im Westjordanland und dann noch in Hebron aufhielt, der konnte nur einer dieser europäischen Aktivisten sein, die mit den Palästinensern sympathisierten und gegen Israel waren. Das machte mich extrem verdächtig. Doch ich war keine Aktivistin und ich war auch nicht gegen Israel. Ich war überhaupt nicht für oder gegen jemanden.

Ich beantwortete alle Fragen wahrheitsgemäß. Schließlich hatte ich nichts Verbotenes getan. Ich hatte nichts zu verbergen. Doch ich war vorsichtig. Die Namen meiner palästinensischen Freunde und Kollegen wollte ich nicht preisgeben. Ich wollte nicht, dass sie möglicherweise Schwierigkeiten bekamen.

Die Mitarbeiter der Sicherheit forderten mich auf, meine Handtasche zu öffnen. Ich sollte ihnen meinen Kalender und mein Tagebuch zeigen. Weitere Sicherheitsmitarbeiter untersuchten ein Gläschen mit Gesichtsmilch, das ich in der Tasche hatte: Sie sprühten etwas von dem Inhalt auf den Tisch. Andere machten die Tüte mit meiner Schmutzwäsche auf, hielten meine Unterhosen hoch und lachten.

Es war eine Stunde vor Abflug und mein ganzes Hab und Gut lag wild verteilt vor mir auf dem Tisch. Und die Beamten waren immer noch damit beschäftigt, alles ganz genau zu untersuchen. Ich hatte in einer palästinensischen Töpferei in Hebron Geschirr gekauft und das Papier, in das es eingewickelt gewesen war, lag jetzt zerrissen auf dem Boden. Das selbst gemachte Fotoalbum mit dem Titel »Palästina«, das mir meine spanischen Freundinnen zum Abschied geschenkt hatten und das ich extra im Koffer ganz nach unten gepackt hatte, wurde grob durchgeblättert. Die Menora, der jüdische Kerzenleuchter, und die Kufija, der schwarz-weiße Palästinenserschal, lagen nebeneinander auf dem Tisch und wurden von den Sicherheitsbeamten sehr genau angeschaut.

Ich war den Tränen nahe. Und ich schaute verzweifelt auf die Uhr. Der Abflug nahte und ich hatte immer noch nicht eingecheckt. »Bitte! Ich war drei Monate in diesem Land. Ich habe genug. Ich will doch einfach nur noch nach Hause«, sagte ich zu einem der Sicherheitsbeamten.

»Entspann dich«, antwortete er barsch. »Warum solltest du nicht nach Hause kommen?«

Es war fünf Uhr dreißig und in einer halben Stunde stieg mein Flugzeug in die Luft – wie es aussah, ohne mich.

»Du kannst alles wieder einpacken«, sagte der Sicherheitsbeamte endlich.

Aber wie sollte ich es bloß schaffen, das alles so schnell wieder einzupacken? Und am Flugschalter einzuchecken – wenn der überhaupt noch geöffnet war? Und wie sollte ich rechtzeitig durch die »richtige« Sicherheitskontrolle kommen? Und durch den großen Flughafen zu meinem Gate gelangen? Einer der Mitarbeiter hatte Mitleid mit mir. Er holte neues Papier und Tesafilm und wickelte ganz behutsam und vorsichtig das Geschirr darin ein. Ich schmiss alles andere wie eine Wahnsinnige einfach in den Koffer und stopfte sämtliche Kleidungsstücke in meinen Rucksack. »Wenn du deinen Flug noch schaffen möchtest, musst du mit mir kommen – jetzt!« Neben mir stand plötzlich wie aus dem Nichts ein Mann, der mich zum Flughafenschalter des Check-ins begleitete und dort mit der Dame am Schalter lautstark auf Hebräisch diskutierte. Die beiden schauten mich dabei nicht an. Wortlos reichte die Frau mir mein Ticket. »Komm«, sagte der Begleiter und lotste mich auf Umwegen durch die Kontrolle, durch den ganzen Flughafen hindurch. Das Flugzeug schien auf mich zu warten. Der Begleiter brachte mich direkt dorthin. Er stieg mit ein. Alle Passagiere saßen schon und schauten mich – die Nachzüglerin – genervt an. Mein Begleiter ging vor mir durch den Gang des Flugzeuges und deutete auf den einzigen noch freien Sitzplatz. Ich nickte ihm zu und setzte mich schnell. Er verließ das Flugzeug und ich schnallte mich an. Jetzt bloß nicht in Tränen ausbrechen, sagte ich mir im Stillen. Ich schloss die Augen und unterdrückte den Drang zu weinen.

Dieses Erlebnis am Flughafen kam mir vor wie ein Abschiedsgeschenk – ein völlig verfehltes Abschiedsgeschenk. Als wollte man mir sagen: »Komm nie wieder! Du hast hier nichts zu suchen. Du gehörst nicht hierher.« Mir kam der junge israelische Soldat in Hebron in den Sinn, der zu mir gesagt hatte: »Geh weiter, es ist nicht dein Konflikt.« Ich öffnete meine Augen und dachte mir: Ja, das stimmt. Es ist nicht mein Konflikt. Schlagt euch doch weiterhin die Köpfe ein, jagt euch gegenseitig in die Luft – mit euch Israelis und Palästinensern will ich nichts mehr zu tun haben! Das Flugzeug war bereit für den Take-off und raste über die Startbahn. Wir wurden vom

Druck in die Sitze gedrückt. In dieses Land komme ich nie, nie, nie wieder, schwor ich mir. Das Flugzeug hob ab.

Drei Wochen später. Obwohl ich wieder zu Hause in Dublin bei meinem Freund war, wollte die Anspannung einfach nicht von mir abfallen. Ich hatte mir nichts mehr gewünscht, als von dem Konflikt weg zu sein, doch diese drei Monate in Israel und Palästina ließen mich einfach nicht los. Über die Nachrichten verfolgte ich, was vor Ort passierte. Ich verglich wie besessen die Berichterstattung der israelischen, palästinensischen, irischen und deutschen Medien. Alain flehte mich an, ich solle keine Nachrichten mehr gucken, ich sei doch jetzt zu Hause. Doch ich konnte es nicht lassen.

Der israelische Soldat Gilad Schalit wurde Ende Juni von militanten Mitgliedern der Hamas als Geisel genommen und sollte erst fünf Jahre später im Rahmen eines Gefangenenaustausches für 1027 palästinensische Gefangene freikommen. Schalit sollte der erste israelische Soldat seit 26 Jahren sein, der lebend aus palästinensischer Gefangenschaft entlassen wurde. Im Juli entlud sich noch mehr Spannung, der zweite Libanonkrieg zwischen der Hisbollah und Israel begann und dauerte 33 Tage. Wie gebannt saß ich vor dem Laptop und verfolgte die Nachrichten. Bis spät in die Nacht.

In Irland wie auch in Deutschland erzählte ich meiner Familie und meinen Freunden immer wieder von meinen Erlebnissen. Bei meinen Großeltern in Süddeutschland zu Besuch, zeigte ich am Küchentisch sitzend meinem Opa Fritz Fotos von Jerusalem und Hebron. Während ich aufgebracht von dem Alltag der Menschen dort erzählte, schaute er mich von der Seite an: »Claudia, ich habe das Gefühl, dass das, was den Palästinensern widerfährt, dir besonders unter die Haut geht. Und so soll das sein. Du bist eine neue Generation. Ich habe eine andere Geschichte. Ich gehöre einer anderen Generation an. Und darum stehe ich an der Seite Israels. Ich werde immer für Israel sein. Bis an mein Lebensende.«

Die drei Monate im Nahen Osten waren auch an Alain und mir nicht spurlos vorbeigegangen. Der Sommer wurde zum Beziehungsalbtraum: Eine Krise jagte die nächste. Alain nahm es mir übel, dass ich ihn drei Monate allein gelassen hatte. Ich warf ihm vor, dass er kein Interesse an mir und an den Dingen hätte, die mir wichtig waren. Davon sollten wir uns nicht mehr erholen. Wir kämpften uns durch zwei weitere Jahre, bis ich mich nach insgesamt fünf Jahren Beziehung von ihm trennte. Ein Jahr später verließ ich Irland.

Es gibt Phasen oder Momente im Leben, die man einfach nicht versteht. Manchmal machen sie erst Monate oder Jahre später im Rückblick Sinn. Die drei Monate in Jerusalem und Hebron haben sieben Jahre lang überhaupt keinen Sinn für mich ergeben. Es hat mir doch nur Kummer bereitet und wesentlich dazu beigetragen, dass meine Beziehung zu Alain in die Brüche ging. Was sollte ich aus dieser Zeit lernen? Wozu war sie nützlich? Ich fand keine Antwort darauf. Bis ich Shaul traf. Auf einmal machte alles Sinn.

*

»Und als das Flugzeug abhob, habe ich mir geschworen, dass ich in dieses Land nie, nie, nie wieder zurückkehre«, sage ich zu Shaul.

Er lächelt mich sanft an. »Und das wird sich nun bald ändern.« Meinen Erzählungen vom Westjordanland vor sieben Jahren hört er aufmerksam zu. Er unterbricht mich nicht, er nimmt alles ernst, was ich sage, er hinterfragt nichts. Er hört einfach nur zu. So intensiv hat mir in meinem Leben noch niemand zugehört.

Doch ich frage mich auch, was in Shaul wohl vorgeht. Hat er nicht vielleicht doch ein Problem damit? Das ist doch sicherlich keine leichte Kost für ihn? Eine Freundin, die drei Monate hauptsächlich auf der palästinensischen Seite gelebt hat und noch dazu in Hebron, der Hamas-Stadt? Die mehr Arabisch spricht als Hebräisch? Die beim Gedanken an die israelische Armee Bauchschmerzen bekommt? Shaul war zwar nicht in der Armee, aber dafür seine komplette Familie. Sein Onkel ist sogar ein gefeierter Offizier! Und interessiert Shaul überhaupt Politik? Tendiert er eher nach links? Oder doch mehr nach rechts?

Shaul zieht mich zu sich, in seine Arme. »Ich bin stolz, dass ich dich als Freundin habe. Und um ehrlich zu sein, bin ich ein bisschen eifersüchtig auf dich.«

»Eifersüchtig? Auf mich?«

»Ja, du hast in meinem Land, in der Arbeit mit den Jugendlichen an den Schulen, aktiv zu einer Annäherung beigetragen – dazu, die andere Seite auch zu sehen, ihre Realität wahrzunehmen. Und du bist objektiv geblieben in diesem Konflikt und objektive Menschen können etwas bewirken. Du hast etwas getan, das ich nicht hätte tun können.« Er schiebt mich ein Stück von sich weg und schaut mir eindringlich in die Augen. »Du warst auf beiden Seiten. Darum beneide ich dich.«

Der Abflug nach Israel rückt immer näher. Wir kaufen Geschenke für die Familie ein, per Skype sage ich schon mal virtuell allen »Schalom!«.

Ich bin ganz entspannt, was das erste Treffen mit Shauls Familie betrifft – mich lässt nur der Gedanke an die Einreise und daran, was mich wohl diesmal am Flughafen erwartet, in Angstschweiß ausbrechen. Mein Visum erhalte ich erst bei der Ankunft in Tel Aviv von den israelischen Behörden. In meinem Kopf rattert es: Was passiert, wenn bei der Passkontrolle ein Alarmsignal losgeht, wenn die Beamten meinen Namen lesen? Ich habe nicht vergessen, was vor sieben Jahren passiert ist – was ist mit dem Flughafenpersonal? Was ist, wenn sie es auch nicht vergessen haben? Wenn sie mich nicht einreisen lassen?

Meine Nervosität steckt jetzt auch den sonst so gelassenen Shaul an. Von Bekannten hört er auf einmal so manch haarsträubende Geschichte, wie Europäer oder Reisende mit arabischen Wurzeln am Flughafen bei der Ein- und Ausreise behandelt wurden. Doch er hat eine Idee: Während unseres geplanten Aufenthalts in Israel gibt er mit einem Pianisten zusammen ein Konzert in Jerusalem. Nun entwirft Shaul extra ein zusätzliches Plakat und lässt es auf hochwertigem Papier drucken. Neben den Namen der beiden Künstler ist ein Foto von mir zu sehen. Darunter steht: »Special Guest Performance: die Schauspielerin Claudia Schwartz.« Ein fiktives Plakat. Um dem Sicherheitspersonal am Flughafen Ben Gurion einen Grund mehr dafür zu geben, mich einreisen zu lassen. Das hoffen wir zumindest.

Unser Flug geht am nächsten Tag schon um sechs Uhr morgens. Früh ins Bett? Fehlanzeige. Wir sind Berliner: Wir gehen noch auf ein Bier in eine Neuköllner Bar. Die Jazzband unseres Freundes Tom gibt ein Konzert. Wir sitzen gemütlich zusammengekuschelt in einer Ecke, als die Tür aufgeht. Mit dem Schnee kommt ein junges Mädchen mit lockigem Haar und Brille herein. Ich fasse Shaul am Arm. »Ich glaub, ich spinne!«

»Was denn?«

»Ich kenne dieses Mädchen.«

»Ja, ich kenne sie auch.«

»Nein, ich kenne sie nicht von hier. Sondern aus meiner Zeit damals aus Jerusalem.«

»Ja, aus Jerusalem kenne ich sie auch. Sie heißt Yael.«

»O mein Gott, genau so heißt sie. Sie war eine meiner Schülerinnen.«

»Echt? Das ist ja witzig. Sie war auch eine meiner Schülerinnen. An der Keshet-Schule.«

»Keshet-Schule? Die in Jerusalem, auf dem Berg, in der Nähe der Dänemark-Schule?«

»Äh ja, genau. Aber woher kennst du sie?«

»Ich war dort mit dem Projekt.«

»Neee, das kann nicht wahr sein. Ich habe da unterrichtet!«

In diesem Moment sprechen wir zum ersten Mal über dieses Detail und stellen fest: Shaul und ich waren damals zum gleichen Zeitpunkt an der gleichen Schule! Wir hatten die gleichen Schüler und waren mit den gleichen Lehrern befreundet. Shaul hat Musikworkshops gegeben, ich habe das »Schools Across Borders«-Projekt geleitet. Höchstwahrscheinlich sind wir in der Schule mehrmals aneinander vorbeigelaufen, sind uns wahrscheinlich im Lehrerzimmer begegnet und haben uns vielleicht zugelächelt. Doch es sollte noch viele weitere Jahre dauern, bis wir uns richtig begegnen. Und wir mussten dafür erst umziehen: Shaul von Jerusalem nach Berlin und ich von Dublin nach Berlin. Alles Zufall?

Um vier Uhr morgens sind wir am nächsten Tag am Flughafen in Schönefeld. Ich bin extrem nervös. Was wird diesmal am Flughafen passieren? Der wenige Schlaf und das Bier vom Vorabend machen es nicht gerade besser: Mir geht es mies. Der frühe Abflug. Wie auch damals am Flughafen in Ben Gurion steht das Sicherheitspersonal der israelischen Fluglinie schon hier in Berlin vor dem Check-in. Es gibt kleine Stehtische, an denen man befragt wird. Ein freundlich lächelnder Mitarbeiter nimmt unsere Pässe in die Hand und spricht mich an: »Was ist der Grund Ihrer Reise?«

»Familienbesuch. Und ein Konzertauftritt.«

Der Mitarbeiter ruft eine Kollegin zu sich. Mir wird schlecht. Habe ich das nicht schon mal erlebt? Der Mitarbeiter lächelt immer noch freundlich und entschuldigt sich: »Es tut mir leid, ich muss Sie nun getrennt voneinander befragen. Das gehört zu unseren Sicherheitsmaßnahmen. Wer von Ihnen möchte mit mir kommen?«

»Geh du doch mit dem netten Mann«, sagt Shaul zu mir. Ich erkenne seinen Hintergedanken. Shaul geht mit der weiblichen Mitarbeiterin an uns vorbei und zwinkert mir zu. Ich setze mein süßestes Lächeln auf, was zu dieser Uhrzeit gar nicht so einfach ist, und strahle den männlichen Mitarbeiter an. Ohne dass wir es vorher abgesprochen hätten, versuchen Shaul und ich taktisch schlau zu sein und mit unserem Charme das andere Geschlecht zu bezirzen.

Ob das wirklich etwas bringen mag?

Der Sicherheitsmitarbeiter nimmt mich ein Stück zur Seite. Von Shaul getrennt werde ich nun befragt:

»Wie lange sind Sie schon ein Paar?«

»Wohnen Sie zusammen?«

»Wo haben Sie sich kennengelernt?«

»Ah, bei einem Theaterstück. Was machen Sie beruflich?«

»Was macht Ihr Freund beruflich?«

»Wie lange ist Ihr Freund schon in Deutschland?«

»Wo wohnt die Familie Ihres Freundes?«

»Welche Orte werden Sie in Israel besichtigen?«

Nach der circa zehnminütigen Befragung geht der Mitarbeiter mit seiner weiblichen Kollegin zur anderen Seite der Abflughalle. »Sie können jetzt wieder zu Ihrem Freund. Ich bin gleich wieder bei Ihnen. Ihren Pass bekommen Sie dann wieder.« Die beiden Sicherheitsleute stehen nah beieinander und unterhalten sich. Gleichen sie jetzt die von uns erhaltenen Informationen ab?

Shaul und ich sind so angespannt, wir können kaum miteinander sprechen. Ich zupfe Shaul mit Blick auf die Mitarbeiter am Ärmel: »Shauli, seit wann bist du noch mal in Deutschland – Oktober oder November 2011?«

»Seit September.«

Wir schauen uns an. Mist.

Shaul und ich hatten vorher abgemacht: Falls die Beamten auf meine Zeit vor sieben Jahren in Israel zu sprechen kämen, würde ich alles wahrheitsgemäß beantworten. Schließlich hatte ich nichts Verbotenes getan und deshalb auch nichts zu verbergen. Doch trotzdem fühlte ich mich wie eine Kriminelle. Die Art, wie ich damals am Flughafen in Tel Aviv behandelt worden bin, hat bei mir dieses Gefühl hinterlassen.

Der freundliche Mitarbeiter kommt lächelnd auf uns zu und drückt uns die Pässe in die Hand. »Entschuldigen Sie bitte noch mal, dass ich Ihnen so persönliche Fragen stellen musste und Sie noch voneinander getrennt befragt wurden. Ich wünsche Ihnen einen angenehmen Flug. Und viel Spaß in Be'er Scheva! Schalom!«

Das Flugzeug steigt hoch in die Lüfte und Berlin unter uns wird kleiner und kleiner, bis es ganz unter den Wolken verschwindet. Shaul schläft schnell ein, mir wollen trotz der Müdigkeit die Augen nicht zufallen. Ich bin einfach zu aufgeregt. Nach vier Stunden beginnt endlich der Landeanflug. Ich klebe am Fenster und sehe, wie das blaue Wasser in den langen Sandstrand übergeht. Hinter dem gelben Strand schießen moderne Wolkenkratzer in die Höhe – Tel Aviv.

Kaum sind wir raus aus dem Flugzeug und im Terminal, hören wir Sprachen aus aller Welt. Mir stechen sofort die vielen extrem hübschen Frauen mit langen Haaren ins Auge. Die Männer sehen auch verdammt gut aus. Ich erkenne die Religiösen unter ihnen an der Kippa und die Orthodoxen am schwarzen Kaftan und den Schläfenlöckchen. Genau wie vor sieben Jahren bin ich fasziniert. Mein Kopf dreht sich immerzu von rechts nach links, es gibt einfach zu viel zu sehen.

»Komm«, sagt Shaul, »gehen wir zur Passkontrolle.« Er nimmt mich an der Hand und zieht mich in die Schlange für die israelischen Pässe. »Gleich sind wir dran. Bitte lächele nur und sag ›Schalom‹ – ich mache den Rest.«

Shaul überreicht der Dame am Schalter unsere Pässe und übernimmt das Reden. Sie schaut mich mehrmals länger an. Ich stehe daneben und versuche, sie entspannt anzulächeln. Den Blick auf mich gerichtet, reicht die Flughafenmitarbeiterin

Shaul unsere Pässe. Shaul lächelt und zieht mich am Arm weiter. Wow, ich kann es nicht glauben. So einfach war das? Wirklich? Kann das sein?

Wir holen unser Gepäck und machen uns auf den Weg zum Ausgang. Passagiere aus den unterschiedlichsten Ländern und Städten gehen durch diesen großen Ausgang hindurch – sie kommen aus New York, Rom, Moskau, Sydney oder Berlin. Eine riesige Menschenmenge steht wartend vor der elektrischen Schiebetür. Wenn sie sich öffnet, wird man von einer gewaltigen Geräuschkulisse mit vielen lauten Sprachfetzen begrüßt. Wir gehen auf die wartende Menschentraube zu und Shaul schaut suchend um sich. So viele Menschen. Wie soll man sich hier bloß finden?

Da sehen wir sie: Eine kleine Frau hüpft wild hinter der Absperrung auf und ab. Sie hält einen Ballon, der in der Luft zackig hin- und herwackelt. Ich kann nur auf diesen Ballon gucken, der sich so lustig bewegt. Darauf steht in bunten Buchstaben: »Welcome Home!«

»Ah, da ist Merav, meine Schwester«, ruft Shaul. Als wäre es das Stichwort, läuft Merav in den Absperrungsbereich hinein und direkt auf uns zu. Jetzt erkenne ich sie auch, einmal habe ich sie ja schon per Skype gesehen. Sie hat dunkelblondes Haar und trägt einen knalligen roten Lippenstift. Trotz der hochhackigen Schuhe kommt sie in einem irrsinnig schnellen Tempo auf uns zugerannt.

»Shauliii!« Merav nimmt ihren Bruder fest in die Arme, drückt und herzt ihn. Auf seinem Gesicht ist danach deutlich der Abdruck des roten Lippenstifts zu sehen. Sie drückt ihm den Luftballon in die Hand und dann packt sie mich. Die zierliche Merav knuddelt mich ganz fest und ruft: »Oh, ich freue mich so sehr, dich endlich persönlich zu treffen! Willkommen in Israel! Ich werde dir alles zeigen! Oh, ich freue mich so!«

Ihre Energie ist ansteckend. Sie sieht aus und benimmt sich wie ein weiblicher Shaul – mit hellen, langen Haaren. Sie lacht sogar wie er und hat eine kratzig tiefe Stimme. »Das kommt von den vielen Zigaretten, die ich in meinem Leben geraucht habe und noch rauchen werde«, fügt sie laut lachend hinzu. »Und du, Claudia, rauchst du?« Sie hakt sich bei Shaul und mir unter.

»Ich hoffe, dass ich bei diesem Besuch nicht zur Zigarette greifen werde«, antworte ich schmunzelnd.

Als Dreier-Kette versuchen wir uns an den vielen Menschen vorbeizuschieben. Merav zeigt auf ein Café neben dem Ausgang: »Lass uns da hinsetzen, Benny kommt auch gleich – er will euch nur Hallo sagen«, sagt sie. »Aber jetzt gibt es erst einmal ein kleines Willkommensgetränk. Magst du Mitz Tapusim?«

»Mitz Tapusim?«

»Frisch gepresster Orangensaft«, erklärt Shaul.

»Ah, Mitz Tapusim. Gern. Toda – danke!«

Merav schlägt mir lachend auf die Schulter. »Du hörst dich schon an wie ein israelisches Mädel. Ich bin gleich wieder da mit dem Mitz Tapusim.«

Shauls Bruder Benny ist mittlerweile auch angekommen und kommt auf uns zu. Er freut sich sehr, uns zu sehen, seine Begrüßung ist jedoch nicht ganz so expressiv wie die seiner jüngeren Schwester. Der Orangensaft ist so lecker, dass ich das Glas in einem Zug leere. Merav zwinkert mir zu, springt schnell auf und kommt mit einem neuen Becher zurück.

»Merav, langsam! Claudia ist noch eine ganze Woche in Israel. Du musst ihr nicht gleich in der ersten halben Stunde eine Überdosis an Mitz Tapusim verpassen«, interveniert Benny.

»Hey, ich weiß, dass sie noch eine Weile hier ist. Sie mag aber den Mitz Tapusim. Sie mag ihn einfach! Schau doch, wie schnell sie ihn getrunken hat. Oder, Claudia? Dir schmeckt doch der Mitz Tapusim?«

»Ani ohevet Mitz Tapusim«, antworte ich auf Hebräisch. »Ich liebe den Orangensaft.«

Merav jauchzt auf und drückt mich an sich. Benny schlägt lachend die Hände zusammen. Wir sitzen an dem kleinen Tisch und unterhalten uns in einem Mischmasch aus Englisch, Hebräisch und ein paar Brocken Deutsch. Benny gibt schelmisch seine Deutschkenntnisse zum Besten und singt: »Eins, zwei, Polizei – drei, vier, Grenadier ...« Ich steige lachend in seine Scooter-Einlage ein und singe mit. Doch plötzlich ruft Benny mit einem stark rollenden »R« und weit aufgerissenen Augen: »Rrraus! Rrraus! Schnell! Schnell!« Die drei Geschwister prusten los und können sich nicht mehr halten vor Lachen. Ich sitze schockiert und mit versteinerter Miene da. Die Imitation eines SS-Offiziers finde ich überhaupt nicht witzig. Shaul ahnt, was in mir vorgeht, er zieht mich zu sich und küsst mich.

Merav schaut uns ganz begeistert an. »Ich habe meinen Bruder noch nie so verliebt gesehen!«

Benny fügt hinzu: »Die sind ja echt nur am Knutschen. Ist das in Berlin auch so?«

Kurze Zeit später verabschieden wir uns.

»Übrigens, tolle Jacke«, sagt Merav und fasst meine rote Kapuzenjacke an. Die habe ich mir für die Reise extra gekauft und sie hat mir in Berlin schon einen neuen Spitznamen unter meinen Freunden eingebracht: Rotkäppchen. »Rotkäppchen?«, fragt Merav.

»Ja, weißt du: Rotkäppchen und der böse Wolf ...«, antworte ich, ziehe mir meine rote Kapuze über den Kopf und bewege mich wie ein angsterfülltes Rotkäppchen durch den nicht vorhandenen Wald.

Merav lacht: »Ach so! Du meinst Kippa Aduma«, ruft sie und haut mir kumpelhaft auf die Schulter.

In ein paar Tagen werden wir Benny und Merav in Tel Aviv wiedersehen. Für uns geht die Reise heute noch weiter. Wir wollen mit dem Sammeltaxi, dem Scherut, nach Jerusalem. Vor dem Flughafen sitzen wir mit zwei weiteren Paaren in dem Taxi und warten darauf, dass der Wagen losfährt. Doch vor unserem Scherut spielt sich eine faszinierende Szene ab: Eine orthodoxe Lady aus New York, an ihrem Akzent und der Kopfbedeckung zu erkennen, streitet sich lautstark mit einem Taxifahrer um den Preis. Weitere Damen mit gleichem Akzent und gleicher Kopfbedeckung kommen hinzu und auf einmal befindet sich ein Knäuel von Menschen vor dem Taxi. Ein lebhaftes Streitgespräch ist in Gang. Die Damen gestikulieren wild mit den Händen und alle reden gleichzeitig durcheinander. Bis auf einmal das Kreischen der New Yorker Lady alles übertönt: »Marviiin, komm hierher! Marviiin!« Sie nimmt die Finger in den Mund und pfeift mehrmals laut. »Marviiin, komm sofort hierher!«

Shaul und ich kleben an der Fensterscheibe. »Hunde müssen doch eigentlich am Flughafen an die Leine genommen werden«, meine ich. Shaul zuckt ahnungslos mit den Schultern.

»Marviiin, hierher!«

Dann kommt Marvin mit hängendem Kopf um die Ecke. Er ist kein Hund – sondern ein älterer, beleibter Herr. Auf dem Kopf hat er eine schwarze Kippa und er trägt ein weißes Hemd.

Vor sich her schiebt er einen Gepäckwagen mit einem Riesenstapel an großen Koffern.

Die New Yorkerin bellt ihren Ehemann an: »Marviiin, verhandele mit den Fahrern dort. *Jetzt!*«

Marvin schiebt sich und den Kofferkuli schwerfällig zu den Fahrern hin, die vor den Sammeltaxis stehen.

»Marviiin!«

Shaul und ich zucken zusammen. Diese Stimme!

»Gib ihnen keine Dollars, Marvin. Marviiin, hörst du?! Gib ihnen keine Dollars. Nur Schekel! Nur Schekel, Marviiin!«

Wir sind von dem Spektakel so gebannt, dass wir gar nicht mitbekommen haben, dass unser Taxi langsam losfährt. Seufzend drehen Shaul und ich uns zueinander um und sagen fast zeitgleich: »Armer Marvin.«

Wir können einfach nicht anders: Seitdem rufen wir immer »Marviiin!«, wenn wir etwas voneinander wollen und es sofort passieren soll.

Es ist Abend und schon dunkel, als wir in Jerusalem ankommen. Die Stadt ist hell erleuchtet. Keine Stadt der Welt ist wie Jerusalem. Sie hat etwas Einzigartiges, Magisches, das man kaum in Worte fassen kann. Obwohl es schon spät ist, warten Shauls Freunde Ron und Dorit noch mit einem leckeren Essen auf uns. Bei ihnen werden wir die nächsten zwei Tage übernachten. Nicht nur ihr Schäferhund Rex begrüßt uns aufgeregt. Ron und Dorit sind neugierig. Noch nie zuvor hat Shaul ihnen eine Freundin vorgestellt. Und dazu noch eine nichtjüdische Deutsche. Dorit begrüßt mich sehr herzlich – als würden wir uns schon ewig kennen. Ron hingegen verhält sich distanziert mir gegenüber und das soll für den Rest des Abends so bleiben.

Während des Essens beäugt er mich immer wieder verstohlen von der Seite.

Im Gegensatz dazu ist Rex, der Schäferhund, über den Besuch aus Deutschland so aus dem Häuschen, dass er alle paar Minuten einen fahren lässt – und uns mit seinem Furzen halb ins Jenseits befördert. Wir ringen um Luft und öffnen schnell alle Fenster. Doch Rex lässt sich davon nicht beeindrucken, er hechelt uns fröhlich an – und lässt verzückt noch weitere Furzbomben los. Dennoch sitzen wir eine ganze Weile bei einer Flasche Wein zusammen. Ron und Dorit packen unsere Mitbringsel aus und stellen uns viele Fragen über Berlin – bis wir irgendwann müde ins Bett fallen. Wir freuen uns auf den nächsten Tag: Für den Abend sind wir mit dem gesamten Freundeskreis zum Essen in einem Restaurant verabredet. Rex wird dann zu Hause bleiben müssen.

Am nächsten Morgen wache ich schwer auf. Ron und Dorit sind schon auf der Arbeit und an der Uni. Ich bin extrem müde: Ich spüre die gestrige Reise noch in meinem ganzen Körper. Shaul küsst mich auf die Nase: »Boker tov, jaffa scheli!« – »Guten Morgen, meine Schöne!« Im Halbschlaf grummelnd drehe ich mich auf die andere Seite und ziehe mir die Bettdecke über den Kopf. »Jalla. Komm, gehen wir zu meinem Lieblingscafé! Sie machen dort ein sehr gutes israelisches Frühstück«, versucht es Shaul noch mal. Bei dem magischen Wort »Frühstück« öffne ich schlagartig die Augen und werfe die Bettdecke von mir. Frühstück geht bei mir immer. Im Rekordtempo duschen wir und ziehen uns an. Immerhin ist es schon elf Uhr. Ein paar Minuten später laufen wir die Straße hinunter zur nächsten Bushaltestelle.

Der Bus hält quietschend vor uns, wir steigen ein und schon fährt er in einem rasanten Tempo wieder los. Ich setze mich schnell, während Shaul noch vorn beim Fahrer ist, um die Tickets zu kaufen. Doch es scheint ein Problem zu geben. Jedenfalls sehe ich, wie der Busfahrer wild gestikuliert und dabei riskanterweise immer mal wieder seine Hände vom Lenkrad nimmt. Und das bei dem Tempo! Shaul hingegen hebt seine Hand und führt den Daumen mit seinem Zeige- und Mittelfinger zusammen. Was hat das denn zu bedeuten?

An der nächsten Haltestelle steigen noch mehr Passagiere ein. Zwei bleiben gleich vorn stehen, hören dem Busfahrer und Shaul kurz zu und fangen an mitzudiskutieren. Dabei sehe ich immer wieder die Geste: Handinnenfläche nach oben und Daumen sowie Zeige- und Mittelfinger zusammengedrückt. Shaul winkt mir zu: »An der nächsten Station müssen wir aussteigen.«

Wankend stehe ich auf und angele mich zur nächsten Tür. Als der Bus bremst, remple ich aus Versehen eine Dame an. Ich hebe entschuldigend die Hand und treffe Shaul draußen auf dem Bürgersteig. »Shaul, was war denn los?«

»Ach, ich wollte nur eine Hin- und Rückfahrkarte kaufen und er meinte, dass es seit diesem Jahr nicht mehr möglich sei, diese im Bus zu kaufen. Keine Sorge, ich habe es doch geschafft. Hier muss man streiten und diskutieren, um etwas zu bekommen.«

Solche Situationen wie die Diskussion mit dem Busfahrer scheinen für Shaul und auch in Israel allgemein ganz normal zu sein. Mich jedoch überrascht, wie laut und leidenschaftlich, aber zum Teil auch heftig es in der Kommunikation zugeht. Dabei bin ich kein Sensibelchen, ich komme schließlich aus Süddeutschland – da redet man auch Tacheles. Aber hier in

Israel hat es noch mal eine ganz andere Dimension. Shaul nennt es die »Israelische Chuzpe«. Er erklärt: »Es bedeutet, auf clevere Weise dreist zu sein, um etwas zu bekommen, und all das auf eine temperamentvolle Art – das ist ›Chuzpe Style Israel‹.« Das ist ganz neu für mich. Denn ich hatte bisher in unserem Alltag nicht das Gefühl, dass es Shaul darum geht, sich vehement durchsetzen zu müssen. Er erklärt mir: »In Deutschland brauche ich das nicht, weil es einfach nicht funktionieren würde. Aber in Israel funktioniert ohne die israelische Chuzpe gar nichts.« Noch kann ich nicht ganz verstehen, was er damit meint – doch die nächste Erfahrung lässt nicht lange auf sich warten.

Das Café, in dem wir frühstücken wollen, ist sehr schön. Es stehen große Palmen vor der Tür. Innen stehen die Tische eng beieinander, sie sind aus dunklem Holz. Über unseren Köpfen hängen riesige Klimageräte, deren Propeller sich schnell bewegen. Wir sitzen eine ganze Weile, bis die Bedienung an unseren Tisch kommt. »Menü auf Englisch?«, fragt sie mich. Doch wir wissen schon, was wir wollen: das israelische Frühstück. Die Bedienung verschwindet und wieder müssen wir eine ganze Weile warten, bis sie zurück an unseren Tisch kommt. Endlich kann Shaul unsere Bestellung aufgeben. Doch die Kellnerin antwortet: »Frühstück gibt es nur bis zwölf Uhr.«

Shaul schaut auf seine Uhr. »Es ist jetzt drei nach zwölf.«

»Ja, und Frühstück gibt es nur bis zwölf.«

»Wir würden aber so gern frühstücken.«

»Frühstück gibt es bei uns nur bis zwölf.«

Shaul hebt seine Handfläche und drückt wieder Daumen, Zeige- und Mittelfinger zusammen. »Warte! Wir sitzen hier schon seit Viertel vor zwölf.«

»Das mag sein, aber bei uns kann man nur bis zwölf frühstücken. Dann gibt es das Mittagsmenü.«

Beide, die Bedienung und Shaul, sind jetzt laut geworden. So habe ich Shaul bisher noch gar nicht erlebt. Er lässt sich eigentlich so schnell nicht aus der Ruhe bringen.

»Warum bist du dann nicht schon eher zu uns an den Tisch gekommen, um uns zu sagen, dass es Frühstück nur bis zwölf gibt?«

»Siehst du nicht, was hier los ist?«

»Kannst du bitte deinen Chef oder in der Küche fragen, ob es noch möglich ist, jetzt ein Frühstück zu bekommen?«

»Wenn ich dir sage, dass es das Frühstück nur bis zwölf gibt, dann gibt es Frühstück nur bis zwölf!«

»Willst du, dass ich aufstehe und deinen Chef oder den Koch selbst frage?«

Wutschnaubend dreht sich die Kellnerin um und geht in die Küche. Ein paar Minuten später kommt sie wieder, würdigt Shaul keines Blickes und fragt mich sehr freundlich auf Englisch: »Welches Frühstück hättest du denn gern?«

Das israelische Frühstück ist dann auch wirklich köstlich: Gemüsesalat, kleine Schalen mit unterschiedlichen Pasten aus Oliven, Avocado und Thunfisch, Omelett, dazu Obst, selbst gebackenes Brot und natürlich Mitz Tapusim, der frisch gepresste Orangensaft. Gemüse und Früchte haben hier so viel Sonne getankt, dass sie eine ganze andere Intensität haben – in meinem Mund passieren kleine Geschmacksexplosionen! Einfach lecker!

Ich hoffe nur, die Kellnerin hat in der Küche nicht in den Orangensaft gespuckt. Shaul verdreht genervt die Augen. »Siehst du, Claudia, was ich meine? Immer muss man ...?«

Ich rate: »... kräftig diskutieren?«

»Ja, und ...?«

»... und das laut und temperamentvoll«, füge ich hinzu.

»Ge-nau«, antwortet Shaul. »Man muss sogar streiten, um etwas zu bekommen. Das ist Israel. Es ist einfach anstrengend.« Er schiebt seufzend seinen Teller von sich. »Ich habe jetzt schon Heimweh nach Berlin.«

Shauls Gefühl von Heimweh kann ich in dem Moment nicht teilen. Ich bin im Herzen sehr weit von Berlin entfernt. Hier fühle ich mich nämlich gerade richtig wohl. Meine Zeit und Erlebnisse vor sieben Jahren rücken in meinem Kopf immer mehr in den Hintergrund. Ich mache eine ganz neue Erfahrung: Ich erlebe Israel jetzt, in diesem Moment. Oder ich lerne es überhaupt erst richtig kennen.

Einige Mitz Tapusims später machen wir uns auf den Weg in die ummauerte Altstadt Jerusalems mit ihren acht Toren. Wir laufen den Hang hinunter, der West- mit Ost-Jerusalem verbindet und uns zum Damaskustor bringt. Gegenüber liegt die Jugendherberge, die vor sieben Jahren so etwas wie mein Zuhause war, als ich in Jerusalem an den israelischen Schulen gearbeitet habe. Ich schaue hinüber. Heute trägt die Jugendherberge einen anderen Namen und ein farbiges Schild hängt an der Hauswand. Sieben Jahre sind nun mal eine lange Zeit. »Und hier habe ich immer Hummus gegessen«, zeige ich Shaul den kleinen Laden ein paar Meter neben der Jugendherberge.

»Wir haben einfach den gleichen Geschmack«, antwortet Shaul grinsend. »Dreimal darfst du raten, wo ich immer meinen Hummus gegessen habe. Auch hier. Es ist der beste Hummus in ganz Jerusalem. «

Und weil wir gerade so schön vor dem Laden stehen, bestellen wir uns natürlich gleich eine Portion. Wir setzen uns auf die Stufen des Damaskustors und schaufeln mit dem Pitabrot den Hummus in uns hinein. Dass wir gerade erst sehr gut gefrühstückt haben, spielt keine Rolle. Zumindest für mich. Shaul hält sich nach drei Bissen schon seinen schmerzenden Bauch und schiebt mir den Rest des Hummus zu. Da bin ich halt Schwäbli durch und durch: Ich kann immer essen. Und damit es morgen gutes Wetter gibt, esse ich den Teller mit dem Pitabrot auch brav ganz leer.

Danach gehen wir durch das Tor in die Altstadt hinein und tauchen ab im Trubel der vielen Händler und kleinen Geschäfte. Hand in Hand laufen wir durch die engen Gassen und ohne einen genauen Plan durch das jüdische, christliche, armenische und muslimische Viertel. Doch möchte ich gern noch mal zur »Kotel«, der Klagemauer. Vor sieben Jahren stand ich vor dem Gebetsbereich und habe alles nur aus der Ferne beobachtet. Jetzt möchte ich direkt zur Mauer. Denn in der Jackentasche meines Rotkäppchenmantels gibt es einen zusammengefalteten Zettel.

Nachdem Shaul und ich durch die Sicherheitskontrolle hindurch sind, gehe ich zum Gebetsbereich rechts. Dieser ist den Frauen zugeteilt. Ich stehe inmitten einer Menge von betenden und weinenden Frauen und lege meine Hand auf den Stein der jahrtausendealten Mauer. In eine der Ritzen stecke ich meinen Zettel. Mit einem Wunsch. Nur die Klagemauer, Gott und ich wissen, was genau auf meinem Zettel geschrieben steht. Die Ritzen der Mauer quellen über vor Zetteln, auf denen Gebete, Wünsche und Danksagungen stehen. Shaul schaut mir aus der Ferne aufmerksam zu. Als wir wieder vereint auf dem großen Platz vor der Klagemauer stehen, sagt er: »Claudia, ich möchte dich zu dem Stand bringen, an dem es den besten Granatapfelsaft gibt. Komm, lass uns durch die Schuk, den Markt, laufen.«

Der Markt liegt im muslimischen Viertel. Die vielen palästinensischen Händler, die vor ihren kleinen Geschäften stehen, versuchen uns in den unterschiedlichsten Sprachen in ihre Läden zu locken: »Please come to my shop!« – »Willkommen!« – »Francais?« – »Por favor!« Wir lächeln freundlich zurück, aber laufen immer weiter. Einer der Männer versucht meine Aufmerksamkeit zu erregen und ruft mir zu: »Hey, lady in red!« Ich reagiere nicht und gehe weiter. Doch er ruft mir noch mal hinterher: »Who are you dancing with?« Auf die Frage, mit wem ich denn tanze, muss ich lachen. Sofort klingt Chris de Burghs bekannte Melodie in meinen Ohren. Shaul lacht auch, dreht sich um und ruft dem Palästinenser zu: »She is dancing with me, my friend!« Der Mann streckt grinsend seinen Daumen hoch.

Gleich um die Ecke steht auch schon der Stand, an dem es den besten Granatapfelsaft geben soll. Shaul bestellt in akzentfreiem Englisch. Und bevor ich ihn fragen kann, warum er denn Englisch spricht, wird vor unseren Augen mit einer großen Maschine der Granatapfelsaft frisch gepresst. Der palästinensische Verkäufer reicht uns die Becher. »Wo kommt ihr denn her?«, will er wissen.

»Aus Deutschland«, antwortet Shaul.

Der Verkäufer guckt ihn prüfend an. »Und du. Du kommst auch aus Deutschland?«

»Ja«, sagt Shaul. Der palästinensische Verkäufer und Shaul schauen sich in die Augen und sagen beide nichts.

Ich kann alldem nicht ganz folgen und sage rasch: »Der Granatapfelsaft ist wirklich lecker. Vielen Dank!«

»You are welcome. Gern«, antwortet der Verkäufer und nimmt die Schekel für den Granatapfelsaft entgegen. Als wir uns ein paar Schritte von dem Stand entfernt haben, ruft der Verkäufer uns plötzlich auf Hebräisch hinterher: »Lehitraot!« – »Auf Wiedersehen!« Er zwinkert Shaul zu.

Und Shaul dreht sich um und ruft auf Arabisch zurück: »Ma salama.«

Shaul und ich gehen ruhig die engen Gassen entlang und mir brennt die Frage auf den Lippen: »Woher wusste der Verkäufer, dass du Israeli bist?«

»Claudia, man weiß das einfach. Ich kann nicht erklären, woran man es spürt. Hier weiß man einfach, ob jemand Israeli oder Palästinenser ist.«

»Was meinst du damit? Das musst du mir genauer erklären.«

»Guck mal, vorhin hast du doch auch an der Klagemauer Deutsche aus der Ferne erkannt. Du hast sie nicht Deutsch sprechen gehört, sondern aus der Ferne konntest du schon erkennen: Ah, die kommen aus Deutschland. Und genauso kann ich, egal, wo ich auf der Welt bin, andere Israelis erkennen. Und in Israel erkenne ich natürlich auch arabische Israelis und Palästinenser. Von klein auf begegnest du ihnen. Du siehst sie. Du kennst sie zwar nicht, aber du siehst sie. Und sie kennen dich zwar auch nicht, aber wir erkennen einander.«

Ich lasse nicht locker: »Aber woran genau erkennt man sich?«

»Claudia, man erkennt sich einfach. Genau kann ich das nicht erklären.«

»Und warum hast du zu dem palästinensischen Verkäufer gesagt, dass du aus Deutschland kommst?«

»Weil ich das Gefühl habe, wenn ich sage, dass ich Israeli bin, steht sofort der Konflikt mit den Palästinensern im Raum. Wenn ich nicht sage, dass ich Israeli bin, kann man sich natürlicher begegnen – mehr von Mensch zu Mensch, ohne die Geschichte oder diesen Konflikt im Gepäck. Man sieht sein Gegenüber gleich ganz anders, wenn man weiß ›Ah, du bist Israeli!‹ oder ›Ah, du bist Palästinenser!‹. Und das mag ich nicht. Ich mag keine Schubladen. Ich bin Shaul. Und ja, ich bin auch Israeli. Aber zuerst bin ich Shaul. Und als solcher möchte ich wahrgenommen werden. Selbst wenn ich Granatapfelsaft bestelle.«

Shaul und ich gehen schweigend weiter. Mich erinnert unser Gespräch an meinen engen Freund Gerard. Ursprünglich aus Seattle in den USA stammend, lebt er seit acht Jahren in Paris. Während des Krieges und der Bombardierung des Iraks wollte er auch nicht sagen, dass er aus den USA kommt. Das hatte nichts mit politischen Gründen oder Scham zu tun, sondern damit, dass seine Nationalität immer mit der gegenwärtigen Situation im Irak zusammengebracht wurde. Die Reaktionen auf den Satz »Ich komme aus den USA« wurden ihm zu viel. Irgendwann sagte er nur: »Ich komme aus Frankreich.« Mich überraschte das damals sehr und ich forderte ihn immer mal wieder dazu auf, doch lieber ehrlich zu sein. Er entspreche doch nicht dem stereotypischen Bild und könne daher in der direkten Begegnung mit Menschen deren Eindruck von den USA zurechtrücken. Er ist, wer er ist – und er kommt eben aus den USA. That's it! Doch sämtliche Argumente meinerseits stießen bei ihm auf taube Ohren. Er komme aus Frankreich, lautete seine Antwort. Mir tat das leid. Doch ich überlegte auch, wie es für mich wäre, wenn ich ständig mit meiner Nationalität in Verbindung gebracht werden würde. Ich glaube, es würde mir tierisch auf die Nerven gehen. Ich will doch nicht danach beurteilt werden, woher ich komme – egal, ob negativ oder positiv.

Natürlich ist mir auch schon in Deutschland aufgefallen, dass Shaul manchmal nicht sagt, dass er aus Israel kommt, wenn Fremde ihn in der U-Bahn oder im Eiscafé direkt ansprechen und fragen: »Wo kommst du denn ursprünglich her?« Und mir ist natürlich auch nicht entgangen, dass es, wenn man sagt: »Ich komme aus Israel«, immer eine Reaktion darauf gibt. Jeder hat dazu etwas zu sagen: Sei es über die gegenwärtige Politik Israels, den Nahostkonflikt, den Holocaust oder die kiffenden Israelis am Strand in Indien. Bislang hat jedenfalls noch keiner bei dem Wort »Israel« angefangen zu gähnen.

Shaul und ich gehen weiter schweigend durch die Gassen der Altstadt von Jerusalem. Wir hängen unseren Gedanken hinterher. Meinen Granatapfelsaft trinke ich langsam zu Ende.

Ein Blick auf die Uhr zeigt mir: Wir müssen uns beeilen. Ron und unser neuer Freund Rex warten nämlich in Westjerusalem im Auto auf uns. Ron hat sich bereit erklärt, mit uns eine kleine Spritztour zu machen. Als wir ins Auto einsteigen, springt uns gleich ein glücklicher Rex samt einer stinkenden Wolke entgegen. Ron dreht sich von seinem Fahrersitz zu mir nach hinten um: »So viel hat er schon lange nicht mehr gefurzt. Er scheint dich zu mögen.«

Ich kraule Rex den Kopf, woraufhin er mich gleich freudig abschleckt, und ich säusele ihm auf Deutsch zu: »Und ich mag dich. Ja, bist du ein Feiner. Ja, bist du ein Lieber. Mach Sitz, komm.« Rex schleckt mich unbeeindruckt weiter ab und tobt auf mir herum.

Vom Vordersitz grummelt Ron: »Er ist zwar ein Deutscher Schäferhund, doch deshalb musst du nicht gleich Deutsch mit ihm sprechen. Er versteht dich sowieso nicht. Rex! Schev!«

Rex gehorcht dem Befehl auf Hebräisch und macht Sitz. Und ich frage mich, ob es wirklich der Hund und nicht Ron ist, der mich nicht verstehen möchte.

Wir fahren durch das schöne Jerusalem und bewundern die Stadt von den unterschiedlichsten Aussichtspunkten. Wo sollen wir als Nächstes hinfahren? Ich schlage meinen Lieblingsplatz vor, den Ölberg. Von der Aussichtsplattform oberhalb des jüdischen Friedhofs hat man einen einzigartigen Blick auf den Tempelberg mit dem gold-blau funkelnden Felsendom und die Jerusalemer Altstadt. Und wenn dann noch die Sonne untergeht und der Ruf der Muezzin – »Allahu akbar« – »Gott ist größer« – aus sämtlichen Richtungen hallt und sich mit dem Läuten der Kirchenglocken vermischt, ist Gänsehaut pur angesagt.

»Der Ölberg? Das geht nicht. Der liegt in Ostjerusalem. Da fahr ich nicht hin«, ist Rons entsetzte Antwort. Obwohl er schon sechs Jahre lang in Jerusalem lebt, hat er noch nie diesen wirklich einzigartigen Blick über die Stadt selbst gesehen – denn der Ölberg liegt auf der palästinensischen Seite der Stadt. Shaul wiederum war in den zehn Jahren, die er in Jerusalem gelebt hat, häufig auf dem Ölberg, um Besuchern aus Europa den berühmten Ausblick zu zeigen.

Shaul sagt zu Ron: »Jalla. Komm. Lass uns fahren. Was soll schon passieren?«

»Shaul, um von hier zum Ölberg zu kommen, muss ich durch ein palästinensisches Dorf hindurchfahren. Die erkennen uns an dem israelischen Nummernschild! Und was dann?«

»Quatsch, wir sind doch hier nicht im Westjordanland«, erwidert Shaul. »Dort haben die Autos andere Nummernschilder und nur dort würden wir mit unserem auffallen. In Jerusalem haben wir dieselben Nummernschilder.« Er klopft Ron auf die Schulter und sagt: »Hast du etwa Angst, Ron?«

Das will Ron nicht auf sich sitzen lassen. Er schaut mich durch den Innenrückspiegel grimmig an. »Claudia, dieser Trip geht auf dich!« Und gibt Gas.

Ron ist jetzt nicht mehr davon abzubringen. Ich fühle mich unwohl bei dem Gedanken, dass er gegen seinen eigenen Willen mit uns zum Ölberg fährt. Das ist es mir nicht wert. Tatsächlich kann ich ja für nichts garantieren, oder?

Ron fährt in einem Affentempo den Hang hinunter. Rex halte ich fest an mich gedrückt. Wir fahren in das Tal hinein, wo das palästinensische Dorf liegt. Die Häuser sind heruntergekommen und es liegen Unmengen an Müll an den Straßenseiten. Die Armut sticht einem sofort ins Auge. Jugendliche hängen auf der Straße herum. Ron legt noch einen Gang zu, fast als wären wir auf einer Verfolgungsjagd. Wir fahren mit quietschenden Reifen den Hang wieder hinauf. Das alte Auto gibt ächzende Motorengeräusche von sich. Ich hoffe, wir kommen in einem Stück auf dem Ölberg an.

»Da, Ron! Komm, park da. Die letzten Meter bis zur Aussichtsplattform laufen wir«, sagt Shaul.

Ich will Ron beschwichtigen: »Du wirst nicht enttäuscht sein, es ist wirklich einer der schönsten Ausblicke, die du je sehen wirst.«

Zu dritt und mit Rex im Schlepptau laufen wir die Straße entlang. Es ist gerade Schulschluss und viele palästinensische Schulkinder, in Uniform gekleidet, sind auf dem Weg nach Hause. Ein Touristenbus fährt an uns vorbei. Einige Jungs stehen an der Straßenseite und schauen uns entgeistert an. Die Schulkinder fangen plötzlich panisch an zu kreischen und zeigen auf uns. Es herrscht helle Aufregung – wegen Rex. Unser deutscher Freund, der Schäferhund. Daran hatten wir nicht gedacht. Für die meisten Palästinenser ist es ein ungewohntes Bild, dass Hunde an der Leine geführt werden. Und dazu noch ein Deutscher Schäferhund.

Ein paar mutige Jugendliche nähern sich Rex und uns ganz vorsichtig. Shaul kann es sich nicht verkneifen und stubst Ron in die Seite: »Kreischen sie wegen dem Hund oder wegen dir? Oder vielleicht wegen euch beiden: dem Juden mit dem Hund.« Jetzt muss auch Ron grinsen. Ja, der Jude mit dem Hund. Klar. Ein Palästinenser ist er mit Sicherheit nicht. Nach einem Touristen, der mit seinem Schäferhund unterwegs ist, sieht er auch nicht aus – er kann also nur eins sein: ein Israeli – der Jude mit dem Hund.

Rex hat Ron und uns geoutet. Jetzt muss sogar der angespannte Ron lachen: Der Jude mit dem Hund, das ist zu lustig! Wir stolpern weiter auf die Aussichtsplattform zu und stützen uns alle paar Meter gackernd aufeinander ab. Ron wischt sich lachend ein paar Tränen vom Gesicht. Rex weiß nicht, was los ist, und springt aufgeregt an uns hoch. Ich hoffe nur, dass er jetzt nicht wieder einen fahren lässt. Ein Hund auf dem Ölberg ist ja schon eine Zumutung. Aber ein furzender jüdischer Hund – das sprengt definitiv alle Register.

»Jaffe meod – sehr schön! Mamasch jaffe – wirklich schön«, staunt Ron über die Aussicht. Wir sind die einzigen Menschen auf der Aussichtsplattform und können so ungestört den Blick auf die Altstadt Jerusalems genießen. Lange sagen wir nichts, sondern schauen einfach auf diese unglaubliche Stadt hinab. Die so geliebt und so hart umkämpft ist.

Ron gibt mir sein Handy und bittet mich, ein paar Erinnerungsfotos zu machen – von ihm mit Rex und von ihm mit Shaul. Doch Shaul schaut ganz in Gedanken versunken auf die Stadt. »Jerusalem war über viele Jahre mein Zuhause, hier habe ich so lange gelebt und gearbeitet. Doch jetzt habe ich eine neue Heimat gefunden: Berlin. Deutschland ist nun mein Zuhause.«

»Einmal Israeli, immer Israeli«, raunt Ron ihm zu. »Israel ist und bleibt für immer dein einziges Zuhause.«

»Na ja, ich meine ...«

»Als Israeli kannst du dich außer in Israel in keinem anderen Land der Welt wirklich sicher und wohl fühlen!«

»Ron, dass Juden nur in Israel sicher sind, ist ein alter Gedanke nach der Schoa. Ich bin Israeli in zweiter Generation, lebe wieder im Ausland und fühle mich dort sogar sehr wohl und viel sicherer als hier.«

»Dein einzig wahres Zuhause ist Israel. Als Jude ist Israel dein Zuhause.«

»Aber meine Großeltern kommen aus Europa. Und ich kehre dorthin zurück. Nach Hause.«

»Schtujot – was für ein Quatsch!«

»Ron, warum soll ich als Jude nur in Israel leben?«

»Shauli, reden wir in zwei Jahren noch mal darüber und dann schauen wir, ob Deutschland noch dein Zuhause ist oder du nicht schon längst wieder in Israel lebst.«

Shaul dreht sich von Ron weg und zwinkert mir zu.

»Berlin. Der Hammer. Ich war letztes Jahr in Berlin – eine tolle Stadt«, sagt Dror und fügt noch hinzu: »Zusammen. Zusammen.« Dabei gestikuliert er mit den Händen, um dieses »Zusammen« zu zeigen.

Ich schüttele den Kopf, denn ich verstehe nicht ganz, was er damit meint.

»Zusammen – be'jachad! Zusammen. Alle leben dort zusammen. Toll«, erklärt Dror. »Ich könnte mir auch vorstellen, in Berlin zu leben.«

»Dror« bedeutet im Hebräischen »Freiheit« und der Name passt einfach zu ihm. Er erzählt mir von seinem Leben im Norden Israels, an der Grenze zum Libanon. Dort wohnt er in einem Wohnwagen auf einem Feld. Er pflückt in den Berghainen Oliven und macht daraus Öl, mit dem er in ganz Israel handelt.

Shauls beste Freunde sind extra aus Be'er Scheva, Tel Aviv und dem Norden angereist, um uns in seinem Lieblingsrestaurant in Jerusalem zu treffen. Sie wollen Shaul sehen – und mich auch. Die sechs sind seit ihrem 15. Lebensjahr enge Kumpels – Ron, Dror, Chen, Avi, Gideon und Shaul.

Wir sitzen an einer langen Tafel zusammen und essen und lachen, bis wir von den Stühlen fallen – die Jungs sind unglaublich witzig und gut drauf. Zwischen den sechs Freunden herrscht eine ganz besondere Dynamik und Energie, das ist klar.

»Wir sind wie eine Familie. Weißt du, Claudia? Wie eine Familie. Und du, du gehörst jetzt auch dazu«, sagt Avi und drückt mich fest an sich. Ich verschwinde für einen Moment in seinem dicken Vollbart und der langen, lockigen Haarpracht. Er spricht kaum Englisch, doch setzt er seinen ganzen Körper ein, um sich verständlich zu machen. Wir verstehen uns.

Chen hat seine Kamera griffbereit und macht ein Foto von uns allen. Er ist ein erfolgreicher Fotograf. Auch sein Name hat eine Bedeutung und er passt besonders gut zu ihm: »Chen« bedeutet »Charme.« Chen lächelt mich immerfort an. »Claudia, ich freue mich so, dass du mit Shaul zusammen bist. Es ist offensichtlich, wie gut du ihm tust!«

»Ja«, mischt sich Gideon ein, »ihr seid ein tolles Paar! Wann kann ich eure Hochzeit planen? Be'emet – im Ernst.« Er reibt enthusiastisch seine Hände aneinander. »Ja, wann denn?« Gideon ist ein gut gebuchter Wedding Planner und reist für seinen Beruf ständig durch Israel.

Bei dem Stichwort »Hochzeit« stimmen die fünf Freunde ein bekanntes Hochzeitslied an und klatschen dabei rhythmisch in die Hände. »Auf Shaul und Claudia!« Der Tisch wird zur Trommel, Avis Hände treiben das Tempo an. Er lacht und schüttelt seine Haare. Selbst die Kellner kommen an unseren Tisch und lachen, singen und klatschen mit. Mein Kopf nimmt eine lila Farbe an – ich bin geradezu überwältigt von so viel Herzlichkeit.

Gideon drückt mir einen dicken Kuss auf die Wange. »Aaah, Claudia, du bist so eine Chamuda!« – »So eine Süße!«

»Was habt ihr denn für morgen geplant?«, fragt mich Ron.

»Shaul muss tagsüber für das Konzert am Abend proben. Und ich fahre so lange nach Hebron«, antworte ich.

Ron verschluckt sich. »Hebron? Du fährst nach Hebron?«

»Ja.«

»Was hast du denn da verloren?«

Ich gebe Ron die Kurzfassung von dem, was ich vor sieben Jahren in Hebron gemacht habe.

Er guckt mich verständnislos an, steht auf, schiebt seinen Stuhl nach hinten und sagt: »Ani tsarich le'haschtin.« – »Ich muss pinkeln.«

Es ist zehn Uhr morgens und ich bin wieder in der Nähe des Damaskustors. Die Bustüren öffnen sich und ich steige ein. »Saba alcher«, sage ich zum Busfahrer auf Arabisch. »Guten Morgen.« Der Bus fährt aus Jerusalem hinaus Richtung Südosten, entlang der Straße, die nach Bethlehem führt. In weiter Ferne kann man die Silhouette der Berge Jordaniens erahnen. Ganz deutlich zu erkennen ist die graue Mauer – die, je nachdem mit wem man sich unterhält, entweder als Apartheid Mauer oder als Sicherheitszaun bezeichnet wird. Der graue Beton schlängelt sich durch die Landschaft.

Der Bus bringt mich erst einmal zum Checkpoint, kurz hinter Bethlehem, und fährt dann weiter auf einen matschigen und belebten Platz. Es ist der Platz der Sammeltaxis, die von dort in sämtliche Städte im Westjordanland fahren. Die Fahrer schreien lautstark ihre Zielorte durcheinander: »Ramallah, Ramallah!« – »Bethlehem, Bethlehem!« – »al-Chalīl, al-Chalīl!« Al-Chalīl, das ist Hebron, genau da muss ich hin. An der Straßenseite legt eine Gruppe von Männern eine lange Reihe kleiner Teppiche auf den Boden. Sie stehen Seite an Seite nebeneinander. Es sind an die zwanzig Männer – an der Straße, im Matsch und inmitten von diesem lauten Chaos. Genau gleichzeitig und ganz synchron beugen sie sich nach vorn, richten sich wieder auf, gehen auf die Knie und berühren mit den Händen sowie dem Kopf den Boden. Das Gemurmel ihres Gebets dringt in sämtliche Richtungen – was für ein Bild! Ich bin ganz fasziniert davon und bleibe stehen.

Während ich versuche, nicht auffällig zu starren, spüre ich, dass auch ich angestarrt werde – und das ganz offensichtlich. Ein kleines Mädchen steht vor mir. Aus weit aufgerissenen braunen Knopfaugen schaut sie mich an. Vielleicht hätte ich meinen auffälligen Rotkäppchen-Mantel zu Hause lassen und eine dezentere Jacke wählen sollen? Das kleine Mädchen hält die Hand ihrer Mutter, die wiederum ist in ein Gespräch vertieft und steht mit dem Rücken zu mir und ihrer kleinen Tochter. Das kleine palästinensische Mädchen hat offensichtlich Angst vor mir. Sie fragt auf Arabisch: »Jahu'dija?« – »Jüdin?«

Es ist, als ob sich eine Hand um mein Herz legt und fest zudrückt. Die Frage ist an die Mutter gerichtet, doch die hört sie nicht. Nur ich höre sie. Den angsterfüllten Blick des Mädchens kann ich kaum ertragen. Ich höre mich laut und deutlich sagen: »Ana misch jahu'di, ana misch jahu'di!« – »Ich bin nicht jüdisch, ich bin nicht jüdisch!«

Kaum sind die Worte aus meinem Mund gekommen, fühle ich mich schlecht. Ich muss sofort an Shaul und all meine israelischen Freunde und Bekannten in Berlin denken. Ich will ja eigentlich dem Mädchen nur die Angst vor mir nehmen – doch hätte ich nicht etwas anderes sagen können? Durch meine Worte aufgeschreckt, dreht sich die Mutter des Mädchens schnell um und schaut mir direkt ins Gesicht. Ich will mich erklären: »Ana aschnabie.« – »Ich bin Ausländerin.« – »Ana ... ana ...« Ich fange an zu stottern. Was gibt es denn zu erklären? Mein Kopf ist leer. Ich hebe meine Hand und lächele einfach dem Mädchen und der Mutter zu. »Ma salama.« – »Auf Wiedersehen.« Schnell gehe ich weiter. Zum Sammeltaxi nach Hebron.

Wenn ich schon in Israel und in Jerusalem bin, dann muss ich auch nach Hebron fahren. Das war von Anfang an klar für mich. Wenn schon, denn schon. Shaul hat meine Entscheidung zwar respektiert, aber Jubelschreie hat sie ihm wirklich nicht entlockt. Das Westjordanland ist ein No-go-Territorium für Israelis. Als Einzelperson und auf eigene Faust ist das Risiko für sie einfach zu groß. Das bedeutet auch: Von dem Moment an, wo ich im Westjordanland bin, kann Shaul nichts mehr für mich tun. Er kann nur auf heißen Kohlen sitzend in Jerusalem auf mich warten.

»Ahlan wa-sahlan« – »Willkommen«: Als ich mit meinem Bekannten Yussuf sein Haus betrete, ist ein ganzes Empfangskomitee anwesend, von der Oma über die Cousine bis zum Säugling. Ich werde herzlichst empfangen. Sie freuen sich sehr über die kleinen Geschenke und Süßigkeiten, die ich aus Deutschland mitgebracht habe. Und ich freue mich über die unglaublichen Mengen an leckerem Essen, die aufgetischt werden. Ich bekomme den Ehrenplatz am Tisch – neben der Oma, die genau darauf achtet, dass mein Teller immer gut gefüllt ist. Zahnlos schenkt sie mir ihr schönstes Lächeln und drückt mir ein Orangenstück nach dem nächsten in die Hand – mit der Andeutung, dass ich es in meinen Mund schieben soll. Mit dieser liebenswürdigen Oma an meiner Seite besteht die Gefahr, dass ich sehr bald platzen werde.

Es sind ein paar schöne Stunden und die Zeit vergeht zu schnell. Von der Cousine bis zur Tante bestehen alle darauf, dass ich bei ihnen übernachten soll. Vor meinem inneren Auge sehe ich schon die Oma neben meinem Bett sitzen, um über meinen süßen Schlaf zu wachen. Ich hätte das Angebot auch angenommen, gäbe es da nicht einen Mann, der in Jerusalem sehnsuchtsvoll auf mich wartet. Wer das ist, will ich der Familie in dem Moment noch nicht erzählen. Dafür ist es zu früh. Nicht zwischen Shaul und mir. Doch die Familie von Yussuf und meine palästinensischen Freunde sind noch nicht bereit für so eine Neuigkeit, das spüre ich. Und ich wünschte, dass Shaul hier in Hebron mit dabei gewesen wäre. Er hätte die Kochkünste der Gastgeberin in höchsten Tönen gelobt und sie damit glücklich gemacht. Mit den Kindern hätte er zu arabischer Musik getanzt und die ganz Kleinen gekitzelt, bis sie quietschend davongehopst wären. Er hätte auch mit der zahnlosen Oma um die Wette gelacht und man hätte ihn glatt für ein weiteres Familienmitglied gehalten. Doch es ist noch nicht die Zeit dafür. Jetzt jedenfalls noch nicht. Irgendwann vielleicht – daran glaube ich.

Dennoch ist der Besuch bei der Familie herrlich leicht. Aber nicht nur das. Der ganze Tag in Hebron fühlt sich so an, der Spaziergang durch die Altstadt und auch die Reise zurück nach Jerusalem. Die politische Lage hat sich nicht verändert, die Schwierigkeiten sind dieselben – doch ich bin nicht mehr dieselbe. Mein Gefühl ist jetzt anders. Es ist alles ganz anders als vor sieben Jahren. Alles viel einfacher als gedacht. Ich fühle mich anders. Ich fühle mich leicht.

Als ich wieder in Jerusalem bin und Shaul am Damaskustor treffe, merke ich sofort, dass mit ihm etwas nicht stimmt. Ist seine Konzertprobe nicht gut gelaufen? Oder hat er sich die letzten Stunden so um mich gesorgt?

»Ich habe mich geärgert«, murmelt er schlecht gelaunt.

Über wen oder was, will er nicht so recht sagen. Da mein zweiter Name »Sturkopf« ist, hake ich so lange nach, bis er mit der Sprache rausrückt.

»Ich habe mich über Ron geärgert«, sagt Shaul und schaut dabei an mir vorbei.

»Über Ron? Aber warum denn?«

»Er hat etwas gesagt, das mich sehr verletzt hat.«

»Was hat er denn gesagt?«

»Ist doch egal ...«

»Nein, ist es nicht. Was hat er gesagt?«

»Nun, es hatte mit dir zu tun.«

Ich muss schlucken. Will ich das wirklich wissen? Ich traue mich kaum zu fragen. Dann doch: »Was war es?«

Shaul atmet tief durch und schaut nach oben. »Er meinte, jetzt, wo du den Tag in Hebron verbringst, hätte ich doch Zeit, mich mit Ruth zu treffen.«

Mein Blick folgt Shauls nach oben, Richtung Himmel. »Wer ist denn Ruth?« Ein beklemmendes Gefühl macht sich in mir breit: Ist das eine große Liebe, von der er mir noch nichts erzählt hat?

»Kurz bevor ich nach Deutschland gegangen bin, vor über einem Jahr, hat Ron mich versucht mit Ruth zu verkuppeln. Er hat probiert, Schiduch zu machen. Ruth und ich hatten ein paar Dates – mehr nicht.«

»Mehr nicht?«

»Mehr nicht, weil sie mich nicht interessiert hat. Wir hatten keine Gemeinsamkeiten. Und ich hatte das Gefühl, dass es Zeitverschwendung ist. Ich wollte mich nicht mit jemandem treffen, mit dem ich nichts gemeinsam habe.«

»Und was meinte Ron?«

»Dass es besser ist, keine Gemeinsamkeiten mit einer jüdischen Israelin zu haben als Gemeinsamkeiten mit einer Goja. Hauptsache: jüdisch und israelisch.«

Mein Atem geht hörbar schnell. Shaul nimmt mich in seine Arme und hält mich fest.

»Claudia, es tut mir leid.« Wir stehen im Dunkeln unter einer Palme.

»Es tut mir auch leid«, sage ich.

In dem Moment wird mir bewusst, dass das, was für uns ganz normal ist, für andere befremdlich sein kann. Obwohl wir aus zwei ganz unterschiedlichen Ländern kommen, die andere Religionen, Gebräuche und Charaktere haben, sind Shaul und ich wie aus einem Holz geschnitzt und teilen die gleichen Gedanken, Werte und Träume. Und vor allem lieben wir einander. Dass ein langjähriger und gleichaltriger Freund von Shaul die Welt so anders sieht als wir – dass nämlich für ihn Religion und Nationalität über Liebe gehen und eine so entscheidende Rolle bei der Partnerwahl spielen –, hätte ich nicht gedacht. Auch Shaul ist, so wie ich, von Rons Einstellung schwer überrascht und enttäuscht.

Und dabei ist der Vorschlag, sich mit Ruth zu treffen, nur ein harmloser Vorgeschmack auf das, was noch kommen wird.

»Ihr möchtet wohin? In die Wüste? Um diese Jahreszeit? In einem Zelt?« Shauls Onkel Schlomo verzieht angewidert das Gesicht.

Wir sitzen mit ihm auf der Couch im Wohnzimmer von Shauls Vater Eatan in Be'er Scheva und trinken Tee.

Onkel Schlomo beißt in einen Keks, die Krümel fliegen in alle Richtungen. Er kaut sehr schnell. »Wirklich, warum wollt ihr in die Negev? Dort gibt es nur Sand. Im Winter ist alles großer Matsch. Und im Zelt ist es kalt. Eklig kalt.« Mit Blick auf Shaul und mich beißt er in den nächsten Keks. »Es ist sogar zu kalt für jegliche Romantik.« Mit vollem Mund kauend, zwinkert er uns zu.

Shauls Vater Eatan ruft laut aus der Küche: »Fahrt doch nach Jam haMelach, ans Tote Meer. Und weißt du was? Von Be'er Scheva gibt es sogar einen direkten Bus dahin und ...«

»... und nicht nur das!«, unterbricht ihn Onkel Schlomo. »Das Tote Meer liegt vierhundert Meter unter dem Meeresspiegel. Schon wenn du runter ins Tal fährst ...« Er macht eine dramatische Pause und streckt die Arme von sich. »Schhhh ... Du fängst sofort an, dich zu entspannen.« Glückselig schließt er die Augen und nimmt eine entspannte Haltung auf der Couch ein. Der Fernseher läuft im Hintergrund auf voller Lautstärke.

Da platzt Shauls Vater aus der Küche herein und stellt seinen Laptop direkt vor uns auf. »Schaut mal, ›Das Salzige Hotel‹! Das ist ein super Angebot ...« Onkel Schlomo reißt seine Augen auf. »Claudia, hast du Probleme mit deiner Haut?«

»Mit meiner Haut? Eigentlich nicht.«

Er kneift die Augen zusammen und rückt näher an mich heran. »Nicht mal so ein kleines bisschen Probleme mit deiner Haut?«

»Nein, nicht dass ich wüsste.«

Er verzieht das Gesicht. »Schade.« Langsam schüttelt er den Kopf und lehnt sich zurück. »Weißt du, Claudia, das Tote Meer ...« Er macht eine lange Pause. »Schhh ... Es ist sehr gut. Mamasch – wirklich! Menschen aus der ganzen Welt kommen mit Hautproblemen ans Tote Meer, denn das Salz ist sehr, sehr, sehr ...« Er beißt in den nächsten Keks. »... gut für deine Haut.«

Shauls Vater grätscht erfreut dazwischen: »Das ist nun wirklich ein Schnäppchen: zwei Nächte, alles inklusive! Drei Mahlzeiten am Tag, großes Büfett, Wellness und Spa.«

Onkel Schlomo nickt uns enthusiastisch zu.

»Ein tolles Entertainmentprogramm«, fährt Shauls Vater fort, »und vom Hotel sind es nur ein paar Schritte bis zum ...«

Onkel Schlomo klatscht begeistert in die Hände und ruft: »... bis zum Toten Meer! Großartig!«

Shaul dreht sich zu mir, ich schaue ihn fragend an.

Onkel Schlomo lehnt sich nach vorn, als würde er uns ein großes Geheimnis verraten wollen: »Wirklich. Was wollt ihr in der Wüste? Das Tote Meer – das ist der Ort für Romantik.«

Am nächsten Tag sitzen wir tatsächlich im Direktbus zum Toten Meer. Das Angebot für die »zwei Nächte, alles inklusive« hat Shauls Vater mit einem Augenzwinkern als Geschenk für uns gebucht. Es ist unsere erste All-inclusive-Hotelerfahrung. Nach den letzten Tagen, an denen wir immer bei anderen übernachtet und viel von Freunden und Familie umgeben waren, freuen wir uns nun tatsächlich auf die zwei Tage nur für uns.

Die Zeit in Be'er Scheva war sehr intensiv. Während der Busfahrt lassen Shaul und ich noch mal alles Revue passieren, was wir bei unserem Besuch bis jetzt erlebt haben. Wir haben das Grab von Shauls Mutter besucht und das alte Haus, in dem Shaul aufgewachsen ist. Seine Schule und all die Orte, die in seiner Kindheit und Jugend von Bedeutung waren. Er hat mich überallhin mitgenommen und alles gezeigt. Von Shauls Vater wurde ich mit offenen Armen empfangen. Dass ich weder Israelin noch jüdisch bin, spielte für ihn absolut keine Rolle. Er freute sich einfach darüber, seinen Sohn glücklich zu sehen. Viel Zeit verbrachte ich auch mit Anat, Eatans Frau. Am Küchentisch saßen wir lange zusammen und unterhielten uns über Gott und die Welt.

Im Bus auf dem Weg zum Toten Meer sagt Shaul zu mir: »Weißt du, Claudia, es ist wirklich interessant. Für dich steht in Bezug auf Anat die Vergangenheit nicht im Vordergrund. Du bist nicht voreingenommen, du begegnest ihr ganz neu. Und dadurch begegne ich Anat auch irgendwie anders als sonst. Überhaupt entdecke ich auf dieser Reise mit dir viel Neues über mein Land, auch über mich selbst – und über meine Familie.«

Das erste Treffen mit seiner Familie war etwas Besonderes – vor allem die Begegnung mit Shauls Großeltern im Haus seines Vaters. Es war ein Freitag, die Familie bereitete gerade alles vor, um Schabbes, den Schabbat, zu feiern. Der Tisch war festlich gedeckt und es duftete nach leckerem Essen. Seit dem frühen Nachmittag hatte die ganze Familie zusammen in der Küche gearbeitet, um alles vorzubereiten. Ich bot an, die Zwiebeln zu schneiden. Mir liefen die Tränen nur so das Gesicht herab und mit ihnen löste sich meine Wimperntusche und zeichnete mir schwarze Ränder unter die Augen. Als ich endlich fertig war und die Zwiebeln neben den Herd stellte, stutzte Shauls Vater Eatan: »Du schneidest die Zwiebeln wie mein Vater – sehr, sehr klein.«

Nachdem die Sonne untergegangen war und die Sterne am Himmel zu sehen waren, legte sich Anat als die »Frau des Hauses« einen Schal über ihr Haar und sprach leise ein Gebet. Sie zündete zwei Kerzen an und sagte: »Schabbat Schalom.« Alle umarmten sich und wünschten sich ebenfalls den Frieden des Schabbats. Anat erklärte mir: »Der Schabbat zieht in das

Haus ein – jetzt ist er da.« Dann klingelte es auch schon an der Tür – die Großeltern. Sie waren fein angezogen, besonders Oma Sara. Eine beeindruckende Frau: fast achtzig Jahre alt, knallroter Lippenstift, der perfekt zu ihrem eleganten roten Jackett passte, wunderschöne, große Ringe an den Fingern – eine echte Grand Dame!

Wir gaben uns freundlich die Hand. Oma Sara ließ meine Hand nicht los und drückte sie immer wieder fest.

»Vo kimmen Si her«, fragte sie mich auf Jiddisch.

Als ich ihr gerade antworten wollte, hörte ich, wie Opa Perez sie korrigierte: »Das heißt: Wo kommen Sie her?« Mit diesen Worten ging er an mir vorbei Richtung Wohnzimmer. Aus der Küche kam zwar Lärm, eine lebendige Mischung aus Lachen und Türenklappen, doch meinte ich richtig gehört zu haben.

»Dein Opa spricht Deutsch?«, fragte ich Shaul, der gerade die Challa, das jüdische Schabbat-Brot, auf den Tisch stellte, verwundert.

»Nein, außer Hebräisch nur Rumänisch«, antwortete er. »Wieso?«

Bevor ich ihm antworten konnte, rief Shauls Vater alle an den gedeckten Essenstisch. Auf dem Tisch lagen schon die Kippot bereit für die Männer, die sich damit gleich den Kopf bedecken würden. Shaul deutete auf die freien Plätze links und rechts von ihm. Ich setzte mich neben Oma Sara und lächelte ihr zu. »Sehr schejn. Schejn, Si kimmen zu mir«, strahlte sie mich an.

Da rief Opa Perez ihr in ganz klarem Deutsch ins Ohr: »Das heißt: Sehr schön, dass Sie sich neben mich setzen!« Oma Sara gab ihm für die Korrektur einen verärgerten Stups unters Kinn. Die Familie verharrte in Stille.

»Opa Perez, was hast du gerade gesagt?«, fragte Shaul überrascht.

Anstatt zu antworten, setzte Opa Perez sich die Kippa auf, drehte sich zu mir und sagte mit lauter Stimme: »Jetzt feiern wir Schabbat. Kennen Sie das? Das ist eine Judenzeremonie!« Ich bekam eine Gänsehaut. »Judenzeremonie«, dieses Wort. Es hörte sich für mich an wie ein Wort aus dem Mund eines Nazis. Shauls Vater sagte etwas auf Hebräisch und die ganze Familie sprach wild durcheinander. Oma Sara schaute von einem zum anderen und lachte.

»Vo kimmen Si her?«, fragte sie mich noch mal freundlich auf Jiddisch.

Shaul übertönte den schnellen Wortwechsel der Familie und fragte auch auf Deutsch: »Opa, woher kannst du so gut Deutsch sprechen?« Doch Opa Perez antwortete nicht.

Oma Sara strich mir über die Wange. »Schejnes Mädele. Ven vo kimmen Si her?«

Bevor ich antworten konnte, haute Opa Perez mit der Faust auf den Tisch. »Sara, das heißt: Von wo kommen Sie her?« Oma Sara drehte sich irritiert zu ihm um.

Shaul fragte noch mal: »Opa, wieso kannst du so gut Deutsch sprechen?«

Da antwortete Opa Perez aufgebracht: »Weil ich als Kind länger in Deutschland war.«

Bis zu dem Moment wusste niemand in der Familie, dass Opa Perez Deutsch sprach und es mit 83 Jahren immer noch sprechen konnte. Jiddisch ja, aber Deutsch? Wie lange muss er in Deutschland gewesen sein, um so gutes Deutsch zu sprechen? Die Familie kam aus dem Staunen nicht mehr heraus.

In den darauffolgenden Tagen verbrachten Shaul und ich viel Zeit im Haus der Großeltern. Shaul und Opa Perez waren draußen im Garten bei den Zitronenbäumen und Oma Sara und ich tanzten Walzer im Wohnzimmer. Oma Sara sprach mit mir ein Mischmasch aus Jiddisch und Hebräisch. Und ich antwortete in einem Mischmasch aus Schwäbisch und Hochdeutsch. Manchmal sagten wir beide auch gar nichts und lachten nur wie die Hühner.

Immer wieder nahm sie mich in den Arm und sagte: »At jalda scheli!« – »Du bist mein Mädchen!« Und fügte hinzu: »Und wenn du unseren Shauli heiratest, dann bin ich schon im Flieger auf dem Weg zu euch nach Berlin!«

Am letzten Tag in Be'er Scheva besuchten wir die Großeltern noch einmal. Shaul hatte seine Videokamera dabei, er wollte seinen Großvater zu dessen Vergangenheit befragen und das Gespräch aufzeichnen. Denn die Überraschung darüber, dass er Deutsch sprechen konnte, war in der Woche zuvor beim Schabbat-Essen groß gewesen. Wir wollten mehr erfahren. Das wurde einer der Abende, an denen Shauls Opa besonders viel aus seiner Vergangenheit berichtete.

Am Ende des Interviews saßen Opa Perez und Oma Sara eng nebeneinander auf dem Sofa und sangen: »Bei mir bistu shein …« Ihr Hund kläffte sich im Vorgarten im Rhythmus dazu die Seele aus dem Leib. Oma Sara stand immer mal wieder vom Sofa auf, um im Spiegel ihre Frisur zu überprüfen. Als wir kurz davor waren, die Kamera auszuschalten, hatte Shaul noch eine letzte Frage: »Opa, was gibst du uns mit auf den Weg?«

Opa Perez schaute Shaul und mich an und sagte: »Nehmt die Schultern zurück und geht mit erhobenem Kopf durch die

Welt. Blickt immer nach vorn und nicht zurück – das gebe ich euch mit auf den Weg.«

»Und seid bloß nicht so stur wie der Opa«, ergänzte Oma Sara und haute ihm lachend mit dem Kissen eins über den Kopf.

Das alles geht uns noch mal durch den Sinn, als wir im Bus sitzen und zum Toten Meer fahren. Die letzten Tage waren sehr emotional. Die kleine Auszeit zu zweit am Toten Meer kommt deshalb genau richtig. Ich summe die Melodie von *Bei Mir Bistu Shein* leise vor mich hin. Der Bus fährt schnell die vielen Kurven entlang und es wird hügeliger um uns herum. Es geht immer stärker auf und ab, bis der Bus in ein Tal hinabfährt. Ich spüre einen leichten Druck auf meinen Ohren. Onkel Schlomo hat recht: Schon die Fahrt ins Tal ist entspannend. Schhh ...

Als wir im Salzigen Hotel ankommen, herrscht an der Rezeption gerade große Aufregung. Ein lauter Streit zwischen der Rezeptionistin und einem älteren Ehepaar ist im Gange. Wir stehen direkt hinter ihnen. Aber man könnte das Gezanke auch am anderen Ende der Welt mitbekommen, so laut zetern die drei.

»Was ist denn los?«, frage ich Shaul besorgt.

»Ach, sie wollen das gleiche Zimmer wie letztes Jahr, mit Blick auf das Tote Meer. Und nicht mit Blick auf die Straße, wo die Busse und Laster entlangrasen.«

Der ältere Herr haut jetzt mehrmals mit der Faust auf den Tisch. Ich zucke zusammen. Die Rezeptionistin steht von ihrem Stuhl auf, hebt die Handinnenfläche und drückt den Daumen mit dem Zeige- und Mittelfinger zusammen. Wieder diese Geste! Der ältere Herr brüllt darauf die Rezeptionistin zusammen, dass die Wände nur so wackeln. Sie lässt sich aber auch nicht lumpen und brüllt in der gleichen Lautstärke und mit ähnlicher Intensität zurück. Ich blicke fassungslos auf das Spektakel. Geht denn hier niemand dazwischen? Hat das Hotel kein Sicherheitspersonal? Der ältere Herr hat sich inzwischen lilafarben gebrüllt. Als er kurz davor ist, auf die Theke zu springen, um der Rezeptionistin an den Kragen zu gehen, wirft sich seine Frau kreischend dazwischen: »David, maspik!« – »David, hör auf!«

Doch David denkt nicht daran, aufzuhören. Er rangelt jetzt sogar mit seiner Frau, die versucht, ihn von der Rezeption wegzuzerren. Sie wirft sich immer wieder mit voller Kraft gegen seine Brust, um ihn von der Stürmung des Tresens abzuhalten. Jetzt muss doch jemand einschreiten, bevor es Verletzte gibt. Warum reagiert denn niemand? Ich scheine hier die Einzige zu sein, die dem Drama Aufmerksamkeit schenkt. Alle anderen Hotelgäste bewegen sich nonchalant durch die Lobby, als wäre nichts – sie lesen Zeitung, trinken Wein, lachen und der Pianist spielt weiter auf dem Klavier. Bin ich hier im falschen Film? Selbst Shaul liest neben mir scheinbar unbeeindruckt den Flyer des Hotels durch und unterdrückt zwischendurch ein müdes Gähnen. Sieht und hört er denn nicht, was ich hier gerade erlebe?

Endlich kommt ein Mitarbeiter der Security des Hotels in die Lobby. Ich atme erleichtert auf. Doch anstatt den wild aufgebrachten David zur Vernunft zu bringen, geht der Mann seelenruhig an dem rangelnden Schreihals und seiner Frau vorbei und kommt direkt auf mich zu.

»How are you?«, fragt er mich.

»Sorry?« Ich glaube, ich habe nicht richtig gehört.

»How are you? You look very worried. No reason to worry!«

Es gäbe keinen Grund zu Sorge – das sei normal hier, erklärt er mir lächelnd und klopft mir beruhigend auf die Schulter. »You aren't from Israel, are you?«

Der rangelnde David und seine Frau bewegen sich währenddessen langsam, aber sicher auf die Hotelfahrstühle zu, bis sie ganz außer Sichtweite sind. Die Rezeptionistin winkt uns zu. Wir sind als Nächste dran. Nach diesem Erlebnis sollte die Dame doch einen Schnaps zur Beruhigung zu sich nehmen oder sogar Feierabend machen. Selbst als Außenstehende bin ich schon fertig mit den Nerven.

»Are you okay?«, frage ich die Frau.

Sie schaut von ihrem Computer auf und blickt mich verwundert an. »Yes. Why shouldn't I be?«

Nachdem wir unser Zimmer bezogen haben – übrigens mit einem wunderbaren Blick auf das Wasser –, machen wir uns gleich auf den Weg zum Toten Meer. Ich liebe Wasser, aber ich bin keine begeisterte Badenixe. Wenn ich meinen großen Zeh ins nasse Meer eingetaucht habe, bin ich schon zufrieden – ich muss nicht stundenlang darin herumplantschen. Doch es ist mein erstes Bad im Toten Meer und dem Bademuffel in mir verordne ich deshalb jetzt mal absolutes Stillschweigen. Schon nach den ersten Schritten ins Wasser hinein spüre ich die Wärme. Oh, ist das angenehm! Shaul ist schon ein gutes Stück weiter vorn und lässt sich genüsslich im Wasser treiben. Er liegt auf dem Rücken und streckt alle viere von sich. Doch plötzlich spüre ich den bitteren Nachgeschmack – das Salz! Ich fühle, wie es an Armen und Beinen auf meiner Haut anfängt zu brennen. Mist! Ich hätte mich gestern nicht rasieren sollen.

Ich versuche, das Brennen zu ignorieren und mich vom Wasser tragen zu lassen. Ich mache die Augen zu. Das schwerelose Treiben im warmen Nass macht mich angenehm schläfrig. Kurz bevor ich am Wegschlummern bin, ergreift mich plötzlich der Gedanke: Wenn du dich nicht bewegst, gehst du unter! Ich reiße aufgeregt die Augen auf und mache ein paar hektische Schwimmbewegungen. Das Wasser spritzt wild um mich. Ich höre Shauls Rufen: »Claudia, nicht bewegen – lass dich treiben! Lass dich treiben!« Doch ich bin in Panik und mache weitere Schwimmbewegungen. Jetzt sehe ich Shaul, wie er schnell auf mich zukommt. Hektisch schlucke ich Salzwasser. Ich habe Angst und verliere die Kontrolle. Noch mehr Wasser spritzt um mich herum. Ich verliere das Gleichgewicht. Vom Strand schauen einige Hotelgäste zu mir und halten sich erschrocken die Hand vor den Mund. Ich schlucke mehr Salzwasser. Vor meinen Augen verschwimmt langsam alles. Auf einmal spüre ich starke Arme, die mich fassen. Shaul greift nach mir und hält mich fest. »Gott sei Dank. Ich hatte schon Angst um dich. Weißt du, dass schon einige Menschen auf diese Weise im Toten Meer ertrunken sind?«

Nachdem wir uns von der Aufregung wieder erholt haben, machen wir noch einen Abstecher in den Wellnessbereich des Salzigen Hotels – obwohl ich von Salz für heute definitiv die Nase voll habe. Im Wellnessbereich wird bestätigt, was wir schon in der Lobby geahnt haben: Wir sind mit Abstand die Jüngsten und die Säkularsten im Hotel. In der Sauna sitzen wir nackten Rentnern gegenüber und mit den Religiös-Orthodoxen planschen wir im Swimmingpool um die Wette. Im Gegensatz zu den wilden 65-Jährigen gehen sie nur vollständig bekleidet ins Wasser.

Shaul und ich sitzen im Whirlpool. Um uns herum blubbert es und die Druckstrahler massieren unsere Rücken. Sehr entspannend. Wir haben die Augen geschlossen. Auf einmal höre ich ein lautes Platschen neben meinem Ohr. Wer geht denn da so nah an meinem Kopf vorbei? Und bleibt in unmittelbarer Nähe stehen? Ich öffne die Augen, mein Blick wandert langsam nach oben – und ich schaue direkt auf die verrutschte Badehose eines älteren Mannes. Was ich sehe, ist leider sehr weit von jeglicher Religiosität entfernt. Es ist der haarige Hoden von David. Dem Schreihals von der Rezeption. Shaul und ich blicken uns an und prusten los.

Das Entertainmentprogramm des Hotels kündigt für den Abend eine »Schira Betsibur« an. Schira Betsibur ist eine Art Karaoke-Abend: Alle singen gemeinsam zu einem Musikplayback von bekannten israelischen Liedern, der Text wird auf eine große Leinwand projiziert. Eigentlich hatte ich genug Entertainment für heute, doch Shaul meint, das dürfen wir uns nicht entgehen lassen. Schon gar nicht in diesem Hotel, mit solch lustigen Hotelgästen. Es hört sich tatsächlich vielversprechend an.

Ein Sänger moderiert den Abend und stimmt die Lieder mit dem Mikro an. Viele ältere Paare fangen an zu tanzen. Shaul ergreift auch einmal das Mikro und singt ein Lied für mich. Die Zuhörer sind begeistert. Die Lieder werden temperamentvoller und haben einen sehr orientalischen Klang. Ich versuche auch mitzusingen. Es ist wirklich unterhaltsam und wir amüsieren uns prächtig. Ich lächele das Paar, das neben Shaul sitzt, freundlich an. Bis ich erkenne, wer das ist: David und seine Frau! Es darf nicht wahr sein. Verfolge ich ihn oder verfolgt er mich? Anscheinend haben wir einen Narren aneinander gefressen. Ich nehme einen großen Schluck von meinem Glas Rotwein. David schaut mich dabei unverhohlen an. Er tippt Shaul auf die Schulter, lehnt sich zu ihm rüber und fragt: »Deine Freundin ist keine Israelin, oder?«

»Ja, stimmt – sie ist keine Israelin«, antwortet Shaul.

»Ha!« David dreht sich zu seiner Frau um. »Jadati!« – »Wusste ich es doch!«

Am nächsten Morgen fühlen Shaul und ich uns abenteuerlustig. Unser Ziel ist das andere Ende des Toten Meeres, 26 Kilometer entfernt vom Salzigen Hotel. An der Lobby leihen wir uns Fahrräder aus. Im Gepäck haben wir eine Videokamera mit Stativ. Für eine neue Inszenierung an einem Theater in Berlin wollen wir ein paar Aufnahmen für einen Werbetrailer machen. Hochmotiviert treten wir in die Pedale und strampeln los. Die Straße führt an Berghängen entlang, rechts davon hat man einen wunderschönen Blick auf das Tote Meer und die trockene Wüstenlandschaft. Monströse Laster und Reisebusse donnern in einem halsbrecherischen Tempo an uns vorbei. Müssen die uns so eng schneiden? In den schmalen Kurven fängt mein Lenkrad an zu zittern. Rechts geht es steil bergab. Ich habe Heimweh nach den Fahrradwegen Berlins. Es ist nicht mein Lenkrad, das zittert, sondern ich bin es. Bin ich dazu verdammt, mein Leben am Toten Meer zu lassen? Mein gestriger Beinahe-Badeunfall hat doch schon gereicht.

Nach ein paar Kilometern halten wir beide total entkräftet an der Straßenseite an. Shaul schüttelt schlapp den Kopf. Die Strecke ist eindeutig lebensgefährlich und nicht für Fahrradweg-verwöhnte deutsche Touristen gedacht, um darauf entlangzufahren. Und selbst in Berlin könnte man mit diesen Fahrrädern nur bis zur nächsten Eckkneipe radeln. Wenn uns unser Leben lieb ist, sollten wir unseren Ausflug abbrechen.

Doch wir wollen wenigstens ein paar Aufnahmen für unseren Werbetrailer machen. Ein paar Meter weiter finden wir einen besonders schönen Platz. Von dort sieht man die Berghänge im Hintergrund – mit der Straße, die sich hindurchschlängelt, immer mal wieder verschwindet und dann wieder auftaucht. Ein großer Steinbrocken liegt inmitten der kargen Wüstenlandschaft. Das Licht ist genial. Die Mittagssonne knallt direkt auf den Stein. Perfekt, dieser Ort ist wie für uns gemacht.

Es ist wie der Garten Eden. Nur ohne den Garten. Und wir sind Adam und Eva. Unser Plan steht, die Kamera ist aufgebaut. In der Weite können wir erkennen, wann ein Fahrzeug ungefähr an uns vorbeifahren wird. »Kein Auto in Sicht. Jetzt!« Shaul gibt das Startsignal und drückt die Aufnahmetaste der Videokamera. Schnell reißen wir uns die Kleider vom Leib und hopsen auf Zehenspitzen zu unserem von der Sonne beleuchteten Steinbrocken.

Rücken an Rücken sitzen wir nackt auf dem Stein. Eine Minute reicht schon. Shaul hüpft – nackt wie Gott ihn schuf – über die spitzen Steine zur Kamera und wieder zurück. Mit unserer Kleidung unterm Arm.

»Claudia, beeil dich! Zieh dich schnell wieder an! Da kommt ein großer Reisebus, in drei Kurven ist der bei uns.«

»Aaah, wo ist meine Hose?!«

Schnell versuchen wir uns anzuziehen. Schließlich sind wir im Heiligen Land und nicht am FKK-Strand auf Sylt. Shaul ist schon in seiner Hose drin, ich kämpfe noch mit meiner. Mist, Mist, Mist. Der Bus kommt immer näher. Ich stehe splitterfasernackt mit der baumelnden Hose zwischen meinen Kniekehlen an der Straße. Das wird nicht gut gehen. Meine Stimme erreicht eine andere Tonlage. »Marviiin«, höre ich mich kreischen, »schnell, das Handtuuuch!« Shaul schnappt sich das Handtuch, legt den Sprint seines Lebens hin und hängt es mir in letzter Sekunde um die Schultern. Ich atme erleichtert auf. Doch es gibt ein Problem. Warum spüre ich Wind an meinem Popo? Leider reicht das Handtuch nicht. Mein nackter Hintern strahlt wie der helle Vollmond dem Reisebus entgegen. Orthodoxe Israelis in schwarzer Kleidung stehen dichtgedrängt am Fenster. Sie gestikulieren wild und zeigen mit den Fingern auf mich. Männer mit Schläfenlocken und Kippa auf dem Kopf reißen im Schock den Mund auf.

Und dann ist der Bus auch schon um die nächste Kurve verschwunden. Ich lasse mich mit einem Seufzer auf den Stein nieder und halte mir den Kopf. »Shaul, meine Schultern hättest du nicht zu bedecken brauchen, mein Hinterteil wäre wichtiger gewesen.« Shaul taumelt über die Steine, von links nach rechts. Er biegt und krümmt sich vor Lachen und hält sich immer wieder den Bauch.

»Hoffentlich stehen nicht unsere fünfzig Zeugen heute Abend beim Büfett neben uns!«

»Shaul?«, frage ich.

»Ja?«

»Können wir bitte das Hotel wechseln?«

Die letzten Tage verbringen wir in Tel Aviv. Mit Merav machen wir die Stadt unsicher, Tag und Nacht. Ich trinke literweise frischen Mitz Tapusim und bin im Himmel. Merav und ich verstehen uns wunderbar, wir passen zusammen wie die Faust aufs Auge. Arm in Arm laufen wir gackernd die Promenade am Strand entlang. Shaul geht schmunzelnd zwei Schritte hinter seiner Schwester und mir her. Wir besichtigen die Altstadt von Jaffo und feilschen mit den Händlern auf dem Markt. Wir tanzen uns in den Nachtclubs Tel Avivs die Füße weg. Ich staune fasziniert über die Bauhaus-Häuser in Neve Tzedek und gehe begeistert den Rothschild Boulevard entlang. Zwischendurch legen wir unsere Beine hoch und trinken Tee mit frischer Minze. Gemeinsam mit Benny holen wir seine Kinder – Yogev und Assaf – vom Kindergarten ab. Sie sind sehr süß und super aufgeregt. Yogev fragt seinen Vater direkt: »Warum spricht Claudia kein Hebräisch?«

Bei ihnen zu Hause im Garten übe ich mit Shauls Neffen so lange Kopf-Fußball, bis uns die Schädeldecken wehtun. Der Kleinere, Assaf, zieht seinen Vater erstaunt am Arm: »Abbaaa? Papaaa? Warum kann Claudia so gut Fußball spielen?«

Benny lacht: »Beiern Minchen, Assafi. Beiern Minchen!«

Fröhlich kicken wir uns im Dreieck die Pässe zu und ich zeige den beiden Jungs die Fußballtricks, die ich sonst noch so draufhabe. Ganz aus der Puste und mit rot verschwitztem Kopf will es Assaf nun wissen: »Abbaaa? Papaaa? Kann Claudia jeden Tag mit uns Fußball spielen?«

Dass ich kein Hebräisch spreche, können die beiden Kleinen nicht verstehen und sie finden, dem muss schnellstens Abhilfe geleistet werden. Yogev geht zur Obstschale und sagt: »Se tapuach.« – »Das ist ein Apfel.« Dann nimmt er sein Legoflugzeug in die Hand und lässt es mit brummenden Geräuschen über meinen Kopf kreisen. »Se matoss.« – »Das ist ein Flugzeug.«

Assaf ist etwas Wichtiges eingefallen. Er rennt hastig ins Badezimmer. Es macht klirr. Er kommt stolpernd auf mich zugerannt und fuchtelt ganz aufgeregt mit einem Gegenstand unter meiner Nase herum: »Se mi'vreschet schinaim.« – »Das ist eine Zahnbürste.«

Der Abschied fällt uns allen schwer. Merav überreicht mir ein Geschenk: eine wunderschöne Halskette mit den passenden Ohrringen. Ich ziehe den Schmuck sofort an und knuddele Merav so fest, dass am Ende mein Make-up an ihrem Gesicht klebt.

»Komm wieder«, haucht sie mir mit ihrer rauchigen Stimme ins Ohr. »Du gehörst zu uns!«

Als wir im Taxi auf dem Weg zum Flughafen Ben Gurion sind, überkommt mich ein seltsames Gefühl. Es ist das gleiche unbeschreibliche Gefühl wie damals, als ich die Räume der Schauspielschule in Dublin betrat und wusste: Hier gehöre ich hin.

Jetzt, kurz vor unserem Abflug, habe ich nicht nur das Gefühl, dass das hier einer von sehr vielen Besuchen in Israel ist. Ich werde nicht nur wieder hierher zurückkommen, sondern Israel wird für mich ein Zuhause sein. Mein zweites Zuhause.

Viele Gedanken schwirren mir durch den Kopf: der junge, israelische Soldat in Hebron, der vor sieben Jahren zu mir sagte: »Geh weiter. Es ist nicht dein Konflikt.« Und die demütigende Behandlung bei meiner Abreise am Flughafen, die mir unmissverständlich zu verstehen gab: »Komm nie wieder. Du hast hier nichts zu suchen. Du gehörst nicht hierher.« Und ich hatte ja auch das Gefühl, dass ich mit diesem Land und den Menschen dort nie wieder etwas zu tun haben will. Aber jetzt, was ist jetzt? Will ich mit diesem Land und seinen Menschen immer noch nichts zu tun haben? Jetzt habe ich ganz andere Erfahrungen gemacht und ich spüre, dass es anders ist als bei meinem Aufenthalt vor sieben Jahren. Damals war es, als würde ich neben mir stehen und mich beobachten. Ich habe mich fremd und nicht zugehörig gefühlt. Als wäre ich am falschen Platz. Diesmal fühlt sich alles vertraut und richtig an.

Und ob ich hierhin gehöre! Und ob das auch mein Konflikt ist! All das, was in diesem Land passiert und was die Menschen, die Familie meines Freundes und ihn selbst betrifft – das betrifft jetzt auch mich. Es geht mich auch etwas an. Denn mein Gefühl sagt mir, dass Shauls Familie und ich schon jetzt sehr eng verbunden sind. Und dass sie vielleicht auch irgendwann meine Familie sein wird.

In Berlin-Schönefeld erleben wir erst einmal einen Temperaturschock. Eben waren unsere Körper in Israel noch an wohlige 23 Grad gewöhnt, hier zeigt das Thermometer gnadenlos minus acht Grad. Gedanklich buche ich schon den nächsten Flug nach Israel. Tapfer stampfen Shaul und ich mit unseren Koffern durch den Schnee. In der U7 bin ich schon total entnervt, alles geht mir auf den Keks. Als wir am Rathaus Neukölln aussteigen und mir eine Hipsterlady ungeduldig auf die Zehen tritt, schnauze ich sie an. Die Hipsterlady schnauzt zurück. Ich stelle meinen Koffer ab, hebe meine Handinnenfläche und drücke meinen Zeige- und Mittelfinger mit dem Daumen zusammen. Meine Meinung teile ich ihr in voller Lautstärke und Intensität mit. Die Hipsterlady ist sprachlos. Shaul steht entgeistert und mit offenem Mund daneben. Er stammelt geschockt: »O mein Gott. Claudia, was machst du?«

Können wir nicht einfach nur Claudia und Shaul sein?

Berlin ist noch immer in Schnee gehüllt, als Shaul mich fragt, ob ich nicht mit ihm zusammenziehen möchte. Seit unserem ersten Kuss in der Tapasbar sind zwar erst drei Monate vergangen, doch der Besuch in Israel hat uns zusammengeschweißt und unsere Beziehung gestärkt. Ich muss dennoch erst einmal drei Nächte darüber schlafen. Shaul legt fraglos ein ziemliches Tempo vor und ich hechele ihm gefühlt immer zwei Schritte hinterher. Er erklärt mir: »Claudia, ich will mit dir zusammen sein – ganz zusammen sein. Ich habe keinen Zweifel. An unserer Beziehung schon gar nicht – und sollte es am Ende nicht klappen, dann wissen wir zumindest, dass es nicht geklappt hat, oder?«

Einen Monat später beginnt also das Abenteuer »Zusammenwohnen«. Meine 35 Quadratmeter große Singlewohnung wird zu einer Dreier-WG, bestehend aus Shaul, seinem Kontrabass und mir. So können wir in Ruhe eine gemeinsame Wohnung suchen. Der Wohnungsmarkt in Berlin ist jedoch mittlerweile hart umkämpft und die Zeiten der günstigen Mietpreise sind endgültig vorbei. Nach ganzen vierzig Wohnungsbesichtigungen haben wir immer noch keine passende Wohnung für uns in Aussicht. Als freischaffendes Künstlerpaar sind wir leider der Schrecken jeder Hausverwaltung.

So bleiben wir erst mal in dem engen Zuhause. Und da Shaul und ich inzwischen auch wieder gemeinsam an einer neuen Inszenierung für ein Theater in Kreuzberg arbeiten, verbringen wir 24 Stunden am Tag miteinander. Doch das stört uns nicht, im Gegenteil. Wir sind unzertrennlich und schotten uns ab. In meinem Umfeld läuten die Alarmglocken, weil ich kaum von mir hören lasse. Meine Freundin Laura hinterlässt mir am laufenden Band Nachrichten: »Hat Shaul dich entführt oder was ist los? Werde ich dich jemals wiedersehen?« Meine Eltern schreiben mir besorgte E-Mails, ob es mir gut gehe, und der Besitzer meines Lieblingscafés glaubt, dass ich wieder nach Dublin umgesiedelt sei.

Um allen zu sagen, dass wir noch leben, schmeißen Shaul und ich eine Party. Es klingelt ununterbrochen an der Haustür und im Flur bildet sich ein Meer aus Jacken und Handtaschen. Unsere Freunde und Kollegen stapeln sich im Wohnzimmer und in der Küche. Mein 17-jähriger Cousin Max schiebt sich durch die Menge zu Shaul und mir. Etwas schüchtern gibt er ihm bei der Begrüßung die Hand und traut sich kaum, ihn anzugucken. So zugeknöpft kenne ich ihn gar nicht. Max verrät etwas betreten den Grund: »Du bist der erste echte Jude, den ich kennenlerne.«

»Der erste echte Jude?«, fragt Shaul zurück.

»Na, ich kannte Juden bisher nur aus dem Geschichts- und Religionsunterricht.«

Shaul fängt an zu lachen und haut Max kumpelhaft auf die Schulter. »Ja, kaum zu glauben, aber es gibt uns wirklich.«

Max wird mutiger: »Feierst du denn auch jeden Freitag ... wie heißt das noch mal, Schabbat?«

»Wenn ich bei meiner Familie in Israel zu Besuch bin, dann ja«, antwortet Shaul. »Und ich verrate dir etwas«, flüstert er in das rechte Ohr von Max. »Es gibt noch mehr Juden hier. Ich bin nicht der einzige.«

Max horcht auf. »Echt? Wo denn?«

Shaul grinst und zeigt in den Raum hinein. »Hier drüben zum Beispiel. Das sind alles Juden.« Max bekommt ganz große Augen. Shaul nimmt ihn unter den Arm. »Komm, ich stell dich den anderen vor – die kannst du dann zu Schabbat oder anderen Sachen befragen.« Max' Gesicht leuchtet auf und er schaut ganz entzückt zu der hübschen Sharon auf dem Sofa.

Neben Sharon sitzt meine Freundin Laura. Ich kenne sie noch von früher aus der Grundschule. Als ich von Irland nach Berlin kam, trafen wir uns wieder: Sie war wegen ihres Gesangsstudiums in die Stadt gezogen. Samstagnachts machten wir die Bars und Clubs in Kreuzberg unsicher und sonntags feilschten wir auf den Flohmärkten. Shaul hat Sharon vom Sofa geholt, um sie dem faszinierten Max vorzustellen, und ein Platz neben Laura ist frei geworden. Ich beobachte sie kurz: Mit verschränkten Armen verfolgt sie missmutig die Gespräche der anderen Partygäste. Ist ihr eine Laus über die Leber gelaufen? Ich gehe hin und setze mich neben sie. Wir plaudern darüber, was in letzter Zeit alles so passiert ist. Doch sie lässt mich deutlich spüren, dass ich unsere Freundschaft vernachlässigt habe. So kühl, wie wir hier miteinander sprechen, könnten wir auch zwei Fremde sein, die versuchen, sich höflich zu unterhalten. Sie fragt mich: »Und wie läuft's eigentlich mit dem Theater-Kurs?« Laura hat mich an eine Schule vermittelt, an der ich nun angefangen habe Theaterworkshops zu leiten. Die meisten Schülerinnen kommen aus arabischen oder türkischen Familien. Laura verzieht das Gesicht und sagt mit erhobenen Augenbrauen: »Ich hoffe, du hast nicht vor, den Kids mitzuteilen, dass du jetzt mit einem Israeli zusammen bist. Sonst kannst du die Workshops erst mal auf Eis legen. Nur ein kleiner Tipp von mir.«

Bevor ich antworten kann, steht auf einmal Shaul vor mir und legt den Arm um mich. »Claudia, ich bringe jetzt das Essen raus.« Er geht in die Küche, mein Cousin und Sharon im Schlepptau.

Laura blickt Shaul hinterher und nimmt einen großen Schluck von ihrem Bier. »Claudia, warum hast du eigentlich Clara und Nadim nicht zur Party eingeladen?«

Ich schaue Laura verwundert an. »Natürlich habe ich sie eingeladen. Sie konnten nur leider nicht kommen.« Ich werde das Gefühl nicht los, das irgendwas im Busch ist. Ich hake bei Laura nach.

Sie antwortet: »Na, ich hatte gedacht, dass du sie nicht einladen wolltest.«

»Warum sollte ich sie denn nicht einladen wollen?«

»Na, wegen deinem Schatzi. Oder hast du schon vergessen, dass Nadim aus Algerien kommt?«

Ich proste Laura zu: »Weißt du, Nadim und Shaul verstehen sich eigentlich sehr gut. Sie haben sogar schon miteinander gejammt.« Was geht da nur in Lauras Kopf vor?, frage ich mich. Da kommt auch Shaul wieder aus der Küche, bringt uns zwei Teller mit Bruschetta und gibt mir einen Kuss. Ich lächele ihn an und beiße in die Bruschetta. Laura schlägt Shauls Angebot mürrisch aus. Ihre miese Laune ist unübersehbar. Ich stelle den Teller ab und nehme sie in den Arm. »Laura, was ist denn los? Stört dich etwas?«

Sie antwortet patzig: »Stört dich das denn nicht?«

»Was denn?«

»Na, Shaul klebt die ganze Zeit an dir wie eine Klette!«

»Und ich an ihm – wir sind nun einmal verliebt.«

»Das hat nichts mit Verliebtsein zu tun – er ist besitzergreifend.«

Ich antworte ruhig: »Das stimmt nicht, Laura.« Dann spreche ich aus, was ich denke. »Kann es sein, dass du eifersüchtig bist?«

Laura steht auf und stemmt eine Hand in die Hüfte. »Nee, mir passt nur einfach nicht, wie diese Männer sich benehmen. Kontrolle pur und total dominant, so richtig Macho.«

Ich erhebe mich langsam von der Couch. »Wen meinst du mit ›diesen Männern‹?«

»Die israelischen Männer.«

»Laura, wie kommst du dazu, so was zu sagen?«

»Eine Kommilitonin von mir war auch mal mit einem Israeli zusammen und sie hat genau dasselbe erzählt.« Sie fährt fort: »Guck dir doch hier mal die israelischen Männer an, wie die mit ihren Freundinnen umgehen.« Sie zeigt auf Tom und seine neue Flamme, die gemeinsam eng aneinandergekuschelt am Fenster stehen. »Der hält seine Freundin die ganze Zeit im Arm fest.«

»Er umarmt sie«, erwidere ich leise.

»Claudia, nimm deine rosarote Brille ab! Er hält sie wie ein Püppchen fest – als wäre sie sein Besitz!«

Ich schaue Laura sprachlos an. Ich kann nicht glauben, dass das gerade wirklich passiert.

Sie faucht mich an: »Aber bitte, wenn du dich unglücklich machen möchtest! Nur zu! Aber komm dann nicht heulend bei mir angerannt!« Sie stellt wütend ihr Bier auf dem Tisch ab, geht an mir vorbei hinaus aus der Wohnung und lässt die Tür knallen. Das ist der Anfang vom Ende. Denn es soll nicht der einzige Vorfall zwischen Laura und mir bezüglich »der israelischen Männer« bleiben. Drei Monate später herrscht Funkstille. Ob es daran liegt, dass ich als langjähriger Single wieder einen Freund habe, oder wirklich damit zu tun hat, dass Shaul Israeli ist, werde ich nie erfahren.

Ich setze mich aufs Sofa, schließe kurz die Augen und atme tief durch. Max winkt mir hektisch vom Flur aus zu und schiebt sich zu mir durch. Was will er denn Wichtiges sagen? Bei mir angekommen, flüstert er mir aufgeregt ins Ohr: »Claudia, wenn ihr jetzt zusammenlebt – wie macht ihr das dann an den Feiertagen? Nicht dass du jetzt aufhörst, Weihnachten zu feiern!«

Mein Blick schweift zur Decke. Davon, dass andere für uns mitdenken und uns auf mögliche Schwierigkeiten hinweisen, habe ich heute erst einmal genug. »Max, überlass das mal mir, ob und wie ich Weihnachten feiere«, sage ich, stehe auf und gehe in die Küche.

Am nächsten Tag kriechen Shaul und ich erschöpft aus dem Bett. Schon um elf Uhr sollen wir eine Wohnung im »wilden« Wedding besichtigen – ein recht grauer Stadtteil in Berlin, der schon seit Jahren von sich reden macht als nächster In-Bezirk der Hauptstadt. Wir sind nur leider nicht wirklich in der Stimmung für den Termin. Lauras Abgang von der Party liegt uns noch im Magen. Als alle Gäste gegangen sind, habe ich Shaul von dem Gespräch mit ihr erzählt. »Vielleicht sollte ich mit Laura sprechen«, schlägt er jetzt vor. Ich schüttele traurig den Kopf. An der U-Bahnstation überlegen wir noch, umzudrehen, die Wohnungsbesichtigung zu schwänzen und lieber in einem Café frühstücken zu gehen. Doch da fährt die Bahn ein und wie ferngesteuert setzen wir uns in die U8 und fahren zum Gesundbrunnen.

Und es ist gut, dass wir das gemacht haben. Denn was wir sehen, gefällt uns sehr: eine wunderschöne Berliner Altbauwohnung mit drei Meter hohen Decken, Stuck, Dielenboden und – das Beste – einem Balkon! Auch führt uns diesmal kein Makler, sondern der Eigentümer selbst durch die Räume. Wir reichen ihm gleich unsere dicke Bewerbungsmappe. Herr Krüger ist vertieft in unsere Unterlagen, als sein Blick nach oben springt. »Sie kommen aus Israel?«

Shaul räuspert sich. »Ja ...«

Herr Krüger bemerkt Shauls zögernde Reaktion und sagt schnell: »Nein, da gibt's kein Problem. Ich war letzten Monat in Tel Aviv, ich mache dort Windsurfing so zwei- bis dreimal im Jahr. Tolles Land, nette Leute.« Wir nicken höflich. Der Eigentümer schaut die Mappe weiter durch und sagt zu Shaul: »Ah, ich sehe, Ihr Aufenthaltstitel endet in zwei Monaten.«

»Stimmt, aber ...«

»Ach, das ist kein Problem«, unterbricht ihn Herr Krüger. »Als Israeli bekommen Sie ja immer ein Visum. Und das ist auch gut so.« Mit Blick auf Shaul und mich fügt er an: »Ein Paar wie sie, das wäre vor zwei Generationen kaum möglich gewesen. Sicherlich auch heute nicht einfach, so eine Mischung!« Er wirft noch einen kurzen Blick in die Mappe, klappt diese zu und lächelt uns dann an: »Mögen Sie morgen in mein Büro kommen, um den Mietvertrag zu unterschreiben?«

Draußen auf der Straße vollbringen Shaul und ich jubelnd einen Freudentanz. Wir haben eine Wohnung! Wieder in der U-Bahn, zurück auf dem Weg nach Neukölln, schmiegen wir erschöpft, aber glücklich die Köpfe aneinander. Die letzten 24 Stunden waren echt anstrengend.

»Wie seltsam, dass sich so viele Menschen um uns herum Gedanken machen und Meinungen haben, die wir selbst nicht haben«, sage ich zu Shaul.

Immer, wenn zwei Menschen ein Paar werden, verändern sie sich ein Stück weit. Sie nehmen vielleicht neue Interessen des Partners an oder lassen alte Gewohnheiten sein. Das ist ganz normal und wird meistens akzeptiert. Bei uns schauen dagegen alle ganz genau hin und unterstellen uns, dass unsere unterschiedlichen Kulturen und Religionen »schuld« daran seien. Dass wir ein deutsch-israelisches Paar sind, hat auf einmal so viel Bedeutung und Platz eingenommen. Das ist kräftezehrend. Das Ruckeln der U-Bahn macht uns ganz schläfrig.

Shaul schaut mich aus kleinen, müden Augen an und sagt: »Können wir nicht einfach nur Claudia und Shaul sein?«

One Love, One Heart

»Hal-le-lu-ja. Hal-le-lu-jaaa ...« Der Chor singt feierlich und sehr gefühlvoll das Lied zu Ende, so als würde er es zum ersten Mal heute tun und nicht schon in der dritten Wiederholung. Mit geschlossenen Augen und gefalteten Händen verharrt Pfarrer Manske hinter dem Altar. »Hal-le-lu-jaaa ...« Das Echo schwebt durch das Kirchengemäuer. Als der letzte Ton verklungen ist, öffnet Pfarrer Manske bedächtig seine Augen und lächelt uns zu. Die sorgenvolle Stirnfalte zwischen meinen Augenbrauen löst sich auf und ein Lächeln huscht mir übers Gesicht. Gott sei Dank! Der Pfarrer wirkt jetzt ganz gefasst und so, als wäre er wieder Herr seiner Sinne. Meine Gebete wurden erhört. Pfarrer Manske scheint sich wieder an den Ablauf zu erinnern. Das lese ich zumindest aus seinem Lächeln. Erleichtert versuche ich den Krampf in meinem Kiefer zu lockern, indem ich Letzteren möglichst unauffällig hin- und herbewege. Ich hätte niemals gedacht, dass ein Pfarrer mich so ins Schwitzen bringen kann. Und das an meinem Hochzeitstag.

Immer noch lächelnd läuft Pfarrer Manske nun einmal um den Altar herum und wieder auf uns zu. In der Kirche ist kein Mucks zu hören. Nur die zarten Schritte des Pfarrers auf dem Marmorboden. Auf leisen Füßen trippelt er so nah wie möglich an Shaul und mich heran. Er hat ein Ziel vor Augen – und das sind wir. Dabei hat er leider die nahende Treppenstufe nicht im Blick. Panisch deute ich darauf hin. Im allerletzten Moment bemerkt er die Kante und bleibt abrupt stehen. In Zeitlupe wankt er nach vorn und zurück, nach vorn und zurück ... O nein, bitte nicht! Unsere Trauzeugen atmen hörbar ein vor Schreck. Aus einem Reflex heraus strecke ich Pfarrer Manske meine Arme entgegen, um ihn noch rechtzeitig aufzufangen. Da fällt mir auch schon sein Oberkörper entgegen. Dankbar ergreift er meine Arme, klammert sich an mir fest – und verliert dabei seine Augen in meinem hochzeitlichen Dekolleté. Hinter mir höre ich das entrüstete Ausatmen meiner Mutter.

»Herr Pfarrer? Alles in Ordnung?«, raune ich ihm zu. Seine Augen wandern langsam von meinem Ausschnitt nach oben zu meinem Gesicht. Er nickt betreten und richtet sich zögernd auf. Wieder mit beiden Füßen fest auf dem Boden stehend, streicht er sich in aller Ruhe über sein Gewand. Ich bin jetzt endgültig kurz davor, meine Nerven zu verlieren, und schaue Shaul an. Doch mein Bräutigam lässt sich offenbar nicht aus der Ruhe bringen. Er ist nur am Strahlen und flirtet abwechselnd mit mir und unserer gesamten Hochzeitsgesellschaft.

Pfarrer Manske räuspert sich, rückt seine schwarze Hornbrille zurecht und fixiert mich mit seinen dunklen Augen. Oh, was kommt jetzt? Er beugt sich in meine Richtung. »Frau Schwartz ...«, versucht er mir leise zuzuflüstern und ist dabei in der ganzen Kirche zu hören. »Was ist denn jetze dran?«

Meine Trauzeugin Julia prustet laut los und steckt mit ihrem Gackern die hinter ihr sitzenden Hochzeitsgäste an. Hoffentlich werde ich später auch darüber lachen können. Doch jetzt will ich das Ganze einfach nur so schnell wie möglich hinter mich bringen und retten, was noch zu retten ist. »Die Vermählung, Herr Pfarrer, die Vermählung«, zische ich durch meine geschlossenen Zähne.

Pfarrer Manske schüttelt den Kopf. »Ja! Ja, die Vermählung. Die Vermählung, natürlich!«

Der Messdiener tritt nach vorn und hält die Schale, in der die alten Eheringe von meinem Opa Fritz und meiner Oma Käthe liegen. Der Pfarrer hält seine Hände darüber und spricht halblaut einen Segensspruch. Ich hoffe, dass er die nächsten Minuten durchhält, sodass wir tatsächlich als Eheleute durch die Kirchentür ins Freie schreiten werden. Sicher bin ich mir nicht. »So, jetzt sind Se dran – Se dürfen jetzt dit Vermählungswort sprechen«, fordert er uns auf.

Shaul und ich drehen uns einander zu. Wir haben unser Treuegelöbnis auf Deutsch und Hebräisch vorbereitet. Nacheinander sprechen wir: »Ich will dich lieben, achten und ehren. Ani ohav otcha, hokir otcha ve'achabed otcha. Alle Tage meines Lebens. Kol jamej cha'jei ... Trage diesen Ring als ein Zeichen unserer Liebe und Treue ...«

Pfarrer Manske nickt uns zu. »Reichen Se nu einander die rechte Hand.« Shaul und ich legen unsere Hände ineinander. Er fährt fort: »Gott, der Herr, hat Se als Mann und Frau verbunden. Er ist treu. Er wird zu Ihnen stehen und das Jute, das er bejonnen hat, vollenden.« Der Pfarrer legt seine Stola um unsere ineinander gelegten Hände. »Im Namen Gottes und seiner Kirche bestätige ick den Ehebund, den Se jeschlossen haben. Alle, die hier zugegen sind, nehm ick zu Zeugen dieses heiligen Bundes. Wat Gott verbunden hat, dit darf der Mensch nit trennen.«

Das ist das Stichwort. Shaul und ich fallen uns in die Arme und küssen uns. Unsere Familien und Freunde sind nicht mehr zu halten: Ein lauter Jubel und Applaus bricht los. Voller Erleichterung und Glück fangen Shaul und ich an zu lachen. Da setzt auch schon der Chor mit dem nächsten Lied ein. Die ganze Kirche ist jetzt auf den Beinen und alle klatschen und singen mit: »One love, one heart. Let's get together and feel alright ...« Mit Bob Marley geht die Party schon in der Kirche los. Selbst der Pfarrer wird von dem Rhythmus mitgerissen und schaukelt begeistert mit. Ob er dabei umfallen könnte, lasse ich jetzt seine Sorge sein – ich habe nur noch Augen für meinen Mann.

Als sich das Partygefühl wieder gelegt hat und sich alle hingesetzt haben, zieht noch mal Ruhe ein. Jetzt ist es wieder an Pfarrer Manske, uns durch den restlichen Hochzeitsgottesdienst zu führen. Doch er steht hinter dem Altar und starrt nur unsere Trauzeugen an. Nichts passiert. Ich spüre, wie ich anfange, mich innerlich wieder zu verkrampfen. Och, ich kann nicht mehr. Bitte lass das jetzt wirklich aufhören!

Als unsere Trauzeugen auf Pfarrer Manskes starren Blick nicht reagieren, fuchtelt er ihnen aufgeregt zu: »The prayers, the prayers – die Fürbitten, bitte!« Julia, Sharon, Tom und Merav springen auf und kommen mit schnellen Schritten nach vorn zum Rednerpult. In der ganzen Kirche ist zu spüren, wie sich unsere Freunde mit uns freuen. Julia hat einen ganz roten Kopf, Sharon grinst über beide Ohren, Tom tritt aufgeregt von einem Fuß auf den anderen und Merav strahlt uns an.

Unsere ganze Aufmerksamkeit ist bei unseren Freunden und was sie für uns erbitten: »Schenke dem neuvermählten Paar die feste Zuversicht, dass keine Macht der Welt, weder Not noch Tod, ihre Liebe und Gemeinschaft zerstören kann, wenn sie sich von dir führen lassen …« Shaul und ich halten uns fest an den Händen. Dann tritt Merav nach vorn.

Für einen Moment schaut sie uns nur an, dann spricht sie: »Lasst uns bitten, für die Menschen, die an diesem wichtigen Tag gern bei uns gewesen wären, aber die uns schon vorangegangen sind. Wir bitten für die Großeltern: Fritz und Käthe, Johann und Leah.« Merav stockt für einen Moment, ihr Blick fällt auf Shaul. »Ganz besonders gedenken wir Dalia – unserer Mutter.« Auf einmal lässt Shaul meine Hand los. Er verbirgt sein Gesicht in seinen Händen. Merav versucht weiterzusprechen: »Voller Liebe gedenken wir ihrer in Erinnerung an all das Gute, das sie zurückgelassen hat.«

Dann höre ich es. Ein leises Schluchzen. Es kommt von Shaul. Es wird lauter und lauter, bis es ganz aus ihm herausbricht. Er fängt an, bitterlich zu weinen. Das Echo trägt sein klagendes Weinen durch den ganzen Raum. Er beginnt am ganzen Körper zu zittern. Erschrocken lege ich meine Arme um ihn. So habe ich ihn noch nie gesehen. Das Weinen hat Shaul ganz in seinen Besitz genommen. In der Kirche ist nur sein herzzerreißendes Klagen zu hören. Sonst ist alles still. Es ist, als ob alle aufgehört haben zu atmen.

Shaul lehnt sich mit seinem ganzen Körper gegen mich und vergräbt sein Gesicht in meinem Nacken. Mit aller Kraft halte ich ihn und drücke ihn fest an mich. »Shaul ... mein Shauli ... Shaul ...«, flüstere ich ihm zu. So stehen wir vorn am Altar. Die Zeit vergeht. Und Shaul weint, weint und weint ...

Zwei ganz verschiedene Paar Schuhe

Es ist Sommer. Es ist sehr heiß. Und wir sind heiß verliebt. Auch in unseren Balkon. Stundenlang spielen wir dort »Schesch-besch« – Backgammon – und träumen von unserer gemeinsamen Zukunft. Wenn wir nicht gerade in Unterwäsche neben dem offenen Kühlschrank stehen, um uns ein wenig abzukühlen.

Unsere erste gemeinsame Wohnung – endlich! In den ersten Wochen richten wir alles ein und genießen es, in unseren eigenen vier Wänden anzukommen. Wir schaffen es kaum vor die Tür. Brauchen wir auch nicht. Vom Balkon aus können wir die gesamte Straße sehen: die Galerie, in der Hipster-Kunst feilgeboten wird, den palästinensischen Friseur, den »Späti« – ein Kiosk, der fast rund um die Uhr geöffnet hat – und den Spielplatz, auf dem sich die Jugendlichen tummeln, Bier trinken und Tischtennis spielen. Die Autos donnern mit arabisch klingender Musik und lautem Bass an unserem Haus vorbei. Wir trinken den leckeren Kaffee, den Shaul wie ein echter Barista mit seiner italienischen Kaffeemaschine zaubert – nicht nur in sämtlichen Variationen, sondern auch in sehr großen Mengen. Am Ende dieses Sommers habe ich das Gefühl, ich leide an Herz-Rhythmus-Störungen. Kaffee und Liebe – das ist eine gefährliche Mischung.

Wir könnten für immer auf unserem Balkon sitzen bleiben. Doch Shaul hat mir zu meinem bald anstehenden dreißigsten Geburtstag eine Reise nach Kroatien geschenkt. In ein paar Tagen geht's los. Und ich werde das Gefühl nicht los, dass mich in Kroatien etwas erwartet.

Kurz vor unserem Abflug nach Dubrovnik kommt ein Päckchen aus Israel an. Meine Freundin Julia ist zufälligerweise zu Besuch und Shaul erlaubt ihr, mit ins Wohnzimmer zu kommen, wo er das Päckchen öffnen will – ohne mich, ich soll draußen bleiben. Warum, das sagt er nicht. Ich bin neugierig. Obwohl ich hoch und heilig versprochen habe, nicht zu lauschen, presse ich mein Ohr gegen die Wohnzimmertür. Bald höre ich Julia juchzen: »Mein Gott, ist der schön. Der ist ja was ganz Besonderes!« Was sie wohl damit meint? Ich höre etwas rascheln und dann Shaul, wie er sagt: »Mein Vater hat ihn extra noch mal schätzen und reinigen lassen. Mein Bruder Benny hat auch gleich zugestimmt. Und es war sogar meine Schwester Merav, die den Vorschlag machte, dass sie die Frau sein soll, die den Verlobungsring unserer verstorbenen Mutter bekommt. Obwohl sie die einzige Tochter ist und ihn ja für sich behalten und später mal selbst tragen könnte.« Eine Weile ist es still im Wohnzimmer, bis ich wieder Julia höre: »Das macht es ganz besonders. Wie wunderschön!«

Ich löse mich von der Tür und reibe mein plattgedrücktes Ohr. Lauschen kann ganz schön anstrengend sein. Leise schleiche ich auf Zehenspitzen durch den Flur zurück in die Küche, wo ich über meine eigenen Füße stolpere und gegen den Türrahmen knalle. Ich fasse mir an den schmerzenden Kopf und so langsam fängt es an zu dämmern: Er hat einen Verlobungsring für mich?

Einen Tag später sind wir am Flughafen in Schönefeld. Wir haben gerade eingecheckt und sind durch die Sicherheitskontrolle hindurch, als mein Handy klingelt. »Oh, das ist mein Papa, ich geh kurz ran«, gebe ich Shaul Bescheid. Ich suche mir eine ruhigere Ecke im Duty-free-Bereich.

»Hallo, Papa, wie geht's, wie steht's?«, flöte ich gut gelaunt in den Hörer. Ich freue mich auf Kroatien.

Mein Vater spricht ganz ruhig: »Hallo, Claudia, ich möchte kurz mit dir sprechen. Shaul hat mich nämlich gestern Abend angerufen.«

Ich bin überrascht, die beiden haben sich aufgrund der Entfernung zwischen Berlin und Süddeutschland bisher noch nicht kennengelernt, geschweige denn miteinander telefoniert. Ein erstes Treffen ist erst für den nächsten Monat in Stuttgart geplant. Ich schaue mich nach Shaul um und sehe ihn an der Kasse, wo er gerade für eine Flasche Sekt bezahlt. Er zwinkert mir zu. Wir haben es nicht ausgesprochen, dass er mir einen Antrag machen will, doch es liegt in der Luft.

»Ja«, sagt mein Papa, »er hat bei mir um deine Hand angehalten.«

Aus meinem Mund kommt nur ein gurgelndes »Oooh …«.

»Und ich habe zu ihm gesagt: Na klar, keine Frage. Aber …«, fährt mein Papa fort.

Ich hole Luft.

»... eine Frage habe ich doch«, erklärt er dann. »Aus welchem Grund möchte er dich denn heiraten?«

Ich muss fest schlucken. »Vielleicht aus Liebe, Papa«, antworte ich.

»Liebe. Das ist schön. Ich hatte schon an einen anderen Grund gedacht ...«

»An welchen denn?«, knurre ich in mein Handy.

»... na ja, um in Deutschland bleiben zu können.«

Ich atme tief durch und sage nichts. Mein Vater sagt erst einmal auch nichts. Obwohl tausend Gedanken durch meinen Kopf schießen, bringe ich in diesem Moment kein Wort heraus.

Mein Vater bricht schließlich das Schweigen und sagt: »Claudia, weißt du was? Wenn er dich aus diesem Grund heiraten wollen würde, würde ich ihn dafür nicht verurteilen. Denn ich habe ja dasselbe getan!«

*

1969 in Süddeutschland: Meine Mutter Karen war 13 Jahre alt und liebte es, Briefe zu schreiben. Sie hatte in der Schule ein Heftchen bekommen, in dem Annoncen für Brieffreundschaften standen. Meine Mutter kontaktierte mehrere von ihnen und hatte bald Brieffreunde von Mainz bis Kapstadt. Einer von ihnen war mein Vater Michael.

Er lebte in Ceauşescus Sozialistischer Republik Rumänien. Dort gehörte er einer deutschen Minderheit an – den Siebenbürger Sachsen, die sich Anfang des 12., 13. Jahrhunderts in Rumänien angesiedelt hatten. Meine Mutter wiederum wohnte in einem katholisch sozialisierten Dorf am Rande der Schwäbischen Alb. Sie und mein Vater schrieben sich auf Deutsch. Sie erzählten sich von der Schule, ihren Freunden, den Büchern, die sie gerade lasen, und der Musik, die sie gern hörten. Im Gegensatz zu den anderen Brieffreundschaften, die meine Mutter angefangen hatte, brach der Kontakt zu Michael nicht ab. Über den Eisernen Vorhang hinweg schrieben sich die beiden drei Jahre lang Briefe. Mit der Zeit wurden die Gespräche auf dem Papier vertrauter und die beiden wollten mehr voneinander wissen, sie wollten sich sehen.

Inzwischen kam jede Woche ein Brief aus Deutschland oder Rumänien an. Beide rannten deshalb in ihren Heimatländern jeden Tag voller Vorfreude zum Briefkasten, in der Hoffnung, dort neue Post vorzufinden. Sie waren 16 Jahre alt, als mein Vater meine Mutter einlud, ihn doch mal in Transsilvanien besuchen zu kommen. Natürlich wollte sie das. Und so reiste sie im Jahr 1972 unter der Obhut meiner Oma Käthe mit dem Orientexpress von Stuttgart nach Rumänien.

Nach einer 24-stündigen Zugfahrt über Österreich und Ungarn kamen sie in Braşov (auf Deutsch: Kronstadt) an. Von dort fuhren meine Mutter und meine Oma Käthe mit dem Bus weiter nach Sighişoara (auf Deutsch: Schäßburg). Das Städtchen liegt im Herzen Transsilvaniens und ist bekannt dafür, dass dort höchstwahrscheinlich Vlad Ţepeş geboren wurde – Graf Dracula. In Sighişoara wartete aber kein Vampir, sondern mein Vater auf sie.

Meine Eltern fanden sich auf Anhieb interessant. Sie stammten aus verschiedenen Welten: In Rumänien war das Leben natürlich ein ganz anderes als im wohlsituierten Süddeutschland. In dem Örtchen Criţ (auf Deutsch: Deutsch-Kreuz), 31 Kilometer südöstlich von Sighişoara, besaß die Familie Schwartz zwar ein Haus, aber es bestand nur aus zwei Zimmern. Im vorderen Raum wusch man sich, es wurde gekocht und dort schliefen mein Vater Michael und sein kleiner Bruder. Im Hinterzimmer standen ein großer Tisch zum Essen sowie die Betten zum Schlafen für meine Großeltern. Im Innenhof waren in Ställen die wenigen Schafe, Schweine und Ziegen untergebracht, die man unter dem kommunistischen Regime besitzen durfte. Die Großeltern Schwartz arbeiteten jeden Tag von früh bis spät sehr hart auf den Feldern, mein Opa zum Teil auch auf der Kolchose in der Schnapsbrennerei. Um dort hinzukommen, musste er jedes Mal kilometerweit über die Felder laufen. Mein Vater Michael musste auch schon als kleiner Junge auf dem Feld mithelfen, er hütete die Schafe und Ziegen und führte bei der Hopfenernte die Pferde.

Tagaus, tagein gab es zu jeder Mahlzeit Maisbrei und ein Glas Milch. Bei besonderen Anlässen Hähnchenschlegel und Krautwickel. Wenn die Familienmitglieder mal Schuhe besaßen, wurden diese so lange getragen, bis sie ihnen von den Füßen fielen. Sie hatten zum Sterben zu viel und zum Leben zu wenig. Als Siebenbürger, einer von mehreren ethnischen Minderheiten in Transsilvanien, hatten sie es nicht leicht unter Ceaușescu. Sie wurden vom Staat diskriminiert und waren heftiger Repression ausgesetzt.

Trotz der Armut wurde Gastfreundschaft im Hause Schwartz großgeschrieben und meine Mutter Karen und Oma Käthe wurden von der Familie sehr herzlich empfangen. Zu Ehren der Gäste aus Westdeutschland, so verkündete meine Oma Schwartz ganz stolz, habe sie mit ihren bescheidenen Mitteln ein wahres Festmahl zubereitet. Die beiden Weitgereisten sollten doch bitte schön im Hinterzimmer Platz nehmen.

Erwartungsvoll setzten sich meine Mutter und Oma an den Tisch. Nach dieser langen Reise waren sie hungrig.

Oma Schwartz kam mit energischen Schritten ins Zimmer – sie war eine kleine, aber kraftvolle Dame – und stellte einen riesigen Topf vor die Gäste auf den Tisch. Mein Vater rieb sich vor Freude die Hände und mein Opa Johann versicherte den Gästen, dass meine Oma eine wahre Meisterin in der Zubereitung dieses köstlichen Essens sei. Die gepriesene Köchin holte kurz Luft, rief: »Und hier die Delikatesse!« und hob mit einer schwungvollen Bewegung den Deckel vom Topf. Der Blick auf das Festmahl war frei. Meine Mutter beugte sich neugierig nach vorn, um besser in den Kochtopf sehen zu können.

Tief in der Suppe schwamm der Kopf eines Huhns. Quer über dem Topf lag ein Stab, an dem – in Reih und Glied – ganze Hühnerbeine mitsamt der Füße befestigt waren. Die Krallen waren so ineinandergeschoben, dass die Waden der Tiere in die Suppe fielen und dort leicht hin- und herbaumelten. Meine Mutter Karen musste würgen. Mein Vater schaute sie mit großen Augen an. Unterm Tisch trat meine Oma Käthe ihr gegen das Schienbein. Meine Mutter versucht zu lächeln und sagt ganz zart: »Es tut mir schrecklich leid, aber ich mag keine Hühnersuppe.«

Wenige Stunden später machte sich rund um den Mund meiner Mutter ein großer Herpesausschlag breit. Er zog sich von der Oberlippe zu den Mundwinkeln, einmal im Kreis bis fast zum Kinn. Als ich mit 18 Jahren zum ersten Mal allein in das Dorf meiner Großeltern reiste, um auf den Spuren der Familie Schwartz zu wandeln, traf ich auf ein paar alte Dorfbewohner und entfernte Verwandte. Sie konnten sich noch besonders gut an »die Deutsche« erinnern – meine Mutter. »Ah ja, Karen. So nett und lieb. Aber so arme Frau …« Dabei verzogen sie aus Mitleid das Gesicht. »Sie hatte immer …«, sagten sie und zeigten dabei mit kreisenden Bewegungen um den Mund, wie gut sie sich an den berühmten Herpesausschlag meiner Mutter erinnern konnten. Er war über viele Jahre so etwas wie ihr Markenzeichen. Sie bekam ihn jedes Mal, wenn sie in Rumänien zu Besuch war – die rumänische Küche bot noch weitere Überraschungen und das Leben dort lief einfach ein gutes Stück ursprünglicher und rauer ab als in ihrer Heimat.

Mama und Oma Käthe blieben zwei Wochen in Rumänien. Mein Vater nahm meine Mutter zu Dorffesten mit, auf denen er mit seiner Band auftrat. Er liebte Musik und ging schon seit vielen Jahren zur Musikschule, er sang, spielte Akkordeon und Trompete. Durch die Musik hob er sich von anderen in seiner Heimat ab, er war außergewöhnlich. Er trug sogar seine Haare lang, was eigentlich unter Nicolae Ceauşescu verboten war. Wenn man erwischt wurde, schnitt die Securitate einem auf offener Straße die Haare. Um auf Nummer sicher zu gehen, trug mein Vater immer einen Motorradhelm, wenn er durch die Straßen lief. Auf den Dorffesten konnten er und meine Mutter auch mal unter sich sein. Sie hatten sich ineinander verliebt. Aber nicht nur sie, sondern auch die beiden Mütter verstanden sich sehr gut. Oma Sofia und Oma Käthe verbrachten viel Zeit miteinander und steckten geheimnisvoll die Köpfe zusammen.

Kurz bevor der zweiwöchige Besuch zu Ende war, sagte meine Oma Sofia: »Bevor ihr wieder nach Deutschland fahrt, müssen wir unbedingt Braşov besichtigen und dort Tante Hertha besuchen. Wir sagen ihr nur mal Hallo.« Gesagt, getan.

Sie fuhren also los in das rund 85 Kilometer entfernte Braşov. Dass dieses »nur mal Hallo sagen« bei Tante Hertha das Leben meiner Eltern für immer verändern sollte, konnten sie in diesem Moment noch nicht ahnen.

Nachdem die vier in Braşov angekommen waren, fiel die Besichtigungstour der Stadt ziemlich kurz aus und sie machten sich zügig auf den Weg zur Tante, die sie schon erwartete. Dort ging es dann sehr schnell zur Sache. Nach einer höflichen Begrüßung eilte Tante Hertha ins Nebenzimmer, um die »Unterlagen« zu holen. Sie war als Buchhalterin in der Verwaltung der Stadt tätig und wusste dadurch nicht nur über sämtliche Formalien Bescheid, sondern hatte auch Zugang dazu. Vor den Augen meiner Eltern, beide 16 Jahre alt, wurden nun einige Blätter Papier auf den Tisch gelegt.

»Ich habe alles zum großen Teil schon ausgefüllt, ihr müsst dann nur noch hier unterschreiben«, sagte Tante Hertha.

»Unterschreiben? Wofür denn?«, fragte mein Vater.

»Na, dass ihr einander heiraten wollt«, entgegnete sie.

Meine Eltern guckten sich nur blöd an.

»Aber wir wissen doch gar nicht, ob wir einander heiraten wollen«, stammelte meine Mutter.

Meine Oma Käthe fasste meine Mutter am Arm. »Ihr werdet ja nicht jetzt sofort heiraten. Das dauert noch anderthalb bis zwei Jahre, bis man die Genehmigung bekommt. Bis dahin könnt ihr ja immer noch Nein sagen.«

Meine Oma Sofia nickte meinem Vater ermutigend zu. Meine Eltern unterschrieben langsam. Da meine Mutter und mein Vater noch nicht volljährig waren, mussten die beiden Mütter eine Einverständniserklärung zur Trauung unterzeichnen. Sie schrieben schnell.

Meine Eltern hatten mit Sicherheit etwas füreinander empfunden. Aber ihre Mütter hatten noch mehr empfunden – sie hatten eine Chance gewittert. Sie glaubten natürlich auch, dass sie durchaus im Sinne ihrer Kinder handelten: Die beiden verstanden sich ja gut. Die Chance, die meine Oma Sofia in der Trauung der beiden sah, ist die offensichtlichere. Sie wollte ihren Sohn aus Rumänien hinausschaffen. In Deutschland hätte er eine bessere Zukunft, ein besseres Leben. Er wäre als Siebenbürger endlich bei seinem »wahren Volk«, bei den Menschen, zu denen er seiner Abstammung nach gehörte. Die Diskriminierungen hätten ein Ende. Und im Sinne der Familienzusammenführung würde das bedeuten, dass sie selbst auch nach Deutschland kommen könnte. Und auch ihr Mann, Kind, Cousine, Onkel, Tanten ... eigentlich das halbe Dorf. Schließlich hatten sie als Siebenbürger ihr ganzes Leben lang in Rumänien zu leiden gehabt.

1945 übergaben die Rumänen ihre deutschstämmige Bevölkerung den Russen. Die Siebenbürger wurden in Viehwaggons in die heutige Ukraine verschleppt. Sie sollten in Lagern Zwangsarbeit leisten. Die Deportationen am 14. Januar 1945 waren offenbar genau geplant: Militär und Polizei riegelten die Eingänge der Orte ab und rumänisch-russische Patrouillen gingen mit Namenslisten von Tür zu Tür. Einige Siebenbürger versuchten, sich in den Bergen oder Wäldern zu verstecken. Doch weil ihnen gedroht wurde, dass Eltern oder Verwandte als Geiseln verhaftet würden, stellten sich viele freiwillig. Meine Oma Sofia, damals 18 Jahre alt, konnte der Deportation entgehen, indem sie sich im Heu versteckte. Auch ihre Eltern blieben verschont. Ihre ältere Schwester wurde jedoch verschleppt. Die Siebenbürger sollten in Russland das wiederaufbauen, was die Deutschen im Krieg zerstört hatten. Mein Opa Johann und seine Schwester waren fünf Jahre in einem Lager in Stalino (heute: Donezk). Aufgrund der schweren Arbeitsbedingungen, der schlechten Ernährung, Unterbringung und medizinischen Betreuung kamen Tausende nicht lebend wieder aus diesen Lagern heraus.

Als kleines Mädchen hörte ich die Geschichten aus dem Lager, Geschichten, die wirklich nicht für die Ohren eines kleinen Kindes bestimmt waren – davon, wie hart es war und wie alle an Hunger litten. Doch nicht nur die Menschen hatten Hunger, die Ratten auch. Eines der Tiere fraß der Schwester meines Opas die Hälfte ihres Ohres ab, als sie krank und tief erschöpft im Schlaf lag. Kein Wunder, dass ich als Kind Probleme hatte einzuschlafen. Ich schaute abends immer unter mein Bett, aus Angst, es könnte sich dort eine Ratte verstecken und mir auch das Ohr wegfressen, sobald ich tief schlummerte.

Später, unter dem kommunistischen Regime von Nicolae Ceauşescu, hatte die gesamte Bevölkerung zu leiden, aber als Siebenbürger wurde man besonders schikaniert. Meine Großeltern wollten schon immer aus Rumänien weg, aber sie hatten nie die Möglichkeit dazu gehabt. Bis jetzt.

Zwar fing die Regierung der BRD ab 1967 an, die Siebenbürger freizukaufen – sie soll über eine Milliarde D-Mark gezahlt und bis 1989 insgesamt 220.000 Siebenbürger ausgelöst haben –, doch konnte sich die Familie Schwartz nicht zu den Glücklichen zählen. Über das Warum lässt sich nur spekulieren: Vielleicht waren sie für die Bundesrepublik als Bauern und sogenannte »einfache« Leute nicht wichtig genug? Und für Rumänien als Arbeitskräfte auf dem Land wiederrum zu wichtig, um sie gehen zu lassen? Meine Großeltern hatten keine Wahl. Es blieb ihnen nichts anders übrig, als selbst zu handeln.

Aber was hatte meine Oma Käthe dazu bewegt, dieser Hochzeit nicht nur zuzustimmen, sondern die schnelle Umsetzung auch aktiv mit voranzutreiben? Meine Oma war überzeugt von dem, was diese Hochzeit ermöglichen würde: einem Menschen zu einem besseren Leben zu verhelfen. Ein neues, ein sorgenfreieres Leben in Deutschland. Anderen zu helfen, hatte für sie als tiefgläubige Katholikin eine große Bedeutung.

Oma Käthe wollte immer helfen, für andere etwas tun – das war ihr ein tiefes und ehrliches Bedürfnis. In ihrem Beruf als Hebamme hatte sie Frauen beim Gebären beigestanden. An Bahnhöfen fand man sie auch noch in hohem Alter bei Obdachlosen sitzen. Als Seniorin häkelte sie Kleidung für Kinder aus der Dritten Welt. Sie fühlte und litt ihr ganzes Leben lang mit den Schwächeren. Doch führte das auch dazu, dass sie sich manchmal in Sachen einmischte, die sie eigentlich nichts angingen. Sie nahm die Situation, den Konflikt, das Gefühl des anderen so an, als wäre es ihr eigener – oft auch ungefragt.

Woher kam dieses starke Bedürfnis zu helfen?, frage ich mich.

Der Krieg hatte meine Oma wie die meisten ihrer Generation für den Rest ihres Lebens geprägt. Mit dem Satz »Wenn der Krieg wiederkommt ...« wurden Unmengen an Essen eingekocht und kiloweise in Gläsern und Dosen im Keller gelagert. Knacker-Würste hingen an Besenstielen. Der Gewölbekeller war voll mit Kohle zum Heizen. Oma sagte: »Wenn die Bomben wieder fallen, dann müssen wir runter in den Keller.« Der Krieg war immer irgendwie präsent, ganz besonders am Esstisch. Die Teller mussten leergegessen werden. Dieser Scheißkrieg, habe ich immer gedacht, wenn ich als Kind den mir verhassten Rosenkohl runterwürgte.

Es fiel Oma Käthe immer sehr schwer, über den Krieg und ganz besonders über die Zeit in Polen zu sprechen. Was genau war in Polen passiert?, frage ich mich. Hatte sie dort etwas erlebt, wo sie aus tiefstem Herzen helfen wollte, aber nicht konnte?

Aber jetzt gab es die Chance zu helfen: indem sie einem jungen Mann aus einer guten, aber einfachen Familie ermöglichte, von Rumänien nach Deutschland zu kommen. Auch wenn es bedeutete, die eigene Tochter für die Sache hinzugeben – ja, zu opfern.

Mit meiner Oma Käthe habe ich mich immer ganz besonders verbunden gefühlt. Nicht nur meine dunklen Augen und braunen Haare habe ich von ihr. Auch im Wesen ähneln wir uns sehr. Sie war mehr wie eine Schwester als wie eine Großmutter für mich. Wenn wir nah beieinandersaßen und verschwörerisch die Köpfe zusammensteckten, rollte meine Mutter immer nur die Augen und seufzte: »Diese zwei!« Doch mit der Entscheidung meiner Oma, die Hochzeit meiner Eltern im Alter von 16 Jahren voranzutreiben, tue ich mich schwer. Ich verurteile es nicht und sie schon gar nicht. Doch verstehen kann ich es nicht wirklich.

Meine Mutter war jedoch irgendwann auch von dem Gedanken ergriffen, sie tue etwas Gutes. »Ich helfe ihm, nach Deutschland zu kommen. Und ich mag ihn ja auch.« Mein Vater glaubte zu dem Zeitpunkt genauso: »Ja, das ist eine Frau, mit der ich mir vorstellen kann, eine Familie zu gründen und mein Leben lang zusammen zu bleiben.« Sie waren ja schließlich beide ineinander verliebt. Aber sie waren auch erst 16 Jahre alt.

Es waren die Mütter in den Familien Schwartz und Maurer, die diesen »Schlachtplan Hochzeit« unter sich ausgemacht hatten. Die Väter wurden vor vollendete Tatsachen gestellt. Im Familienhaushalt Schwartz war meine Oma Sofia sowieso die treibende Kraft: Opa Johann war durch die Jahre im Lager ein gebrochener Mann – sehr, sehr still und immer schnell den Tränen nahe. Kinder und besonders seine Enkel waren seine einzige und größte Freude. Wenn meine Eltern mich nach einem Besuch bei meinen Großeltern Schwartz abholten, weinte Opa Johann meistens beim Abschied.

Mein Opa Fritz war dagegen ganz schwäbisch-pragmatisch. Beim nächsten Besuch in Rumänien fragte ihn mein Vater persönlich, ob er meine Mutter heiraten dürfe – vermutlich um der ganzen Sache ein bisschen mehr Romantik einzuhauchen. Und Opa Fritz antwortete: »Ha ja, ma kann sich ja au wieder scheide lasse!«

Meine Eltern hatten in den zwei Jahren, bis sie volljährig waren, viel Zeit, über die kommende Hochzeit nachzudenken. Sie hätten auch noch protestieren können. Aber es blieb dabei: Sie würden heiraten. Doch wurde auch diese Entscheidung auf die Probe gestellt. Während der zweijährigen Wartezeit verknallte sich meine Mutter an der Uni in Stuttgart in einen Kommilitonen und er sich in sie. Als es zwischen Fipsi – so hieß der langmähnige junge Mann – und meiner Mutter ernster wurde, beendete sie die kurze Liebschaft mit den Worten: »Das geht nicht mit uns. Ich bin schon jemand anders versprochen. Den kann ich nicht im Stich lassen.« Fipsis Herz war gebrochen. Meiner Mutter tat es unendlich leid, doch die Entscheidung war gefallen. Sie würde ihren Brieffreund Michael aus Rumänien heiraten. Versprochen war versprochen.

Im August 1974 war es so weit: Kaum war meine Mutter Karen in Rumänien angekommen, machten mein Vater und sie sich schnell auf den Weg zum Standesamt nach Buneşti (auf Deutsch: Bodendorf). Sie standen an der E60, der Europastraße, und wollten trampen. Pro Tag kamen nur zwei Autos vorbei. Sie hatten selbst gebackene Baumstriezel und eine Flasche Schnaps dabei. Nicht für sich selbst, sondern als kleine Geste für den Standesbeamten. Irgendwann sahen sie einen Traktor mit Anhänger in der Ferne. Sie winkten dem Fahrer zu und der Traktor hielt tatsächlich an. Hinten auf dem Anhänger setzten sie sich direkt ins Heu und eine Dreiviertelstunde später waren sie in Buneşti, im Büro des Standesbeamten.

Dort saßen meine Eltern am Schreibtisch. Eine Angestellte des Standesbeamten hatte sich netterweise spontan dazu bereiterklärt, als Trauzeugin zu fungieren. Der Standesbeamte sprach sehr schnell und schaute das Paar kaum an. Er wollte die ganze Sache zügig hinter sich bringen, immerzu schielte er auf die Flasche Schnaps und den Baumstriezel neben meinem Vater.

Der Standesbeamte las etwas auf Rumänisch vor. Hinter ihm hing ein lebensgroßes Bild von Nicolae Ceauşescu, der prüfend auf meine Eltern herabblickte. Der Standesbeamte schaute meinen Vater an.

Der sagte: »Da!« – »Ja!«

Dann sagte der Standesbeamte wieder etwas auf Rumänisch und schaute meine Mutter an.

Mein Vater sagte zu ihr: »Jetzt musst du auch ›Da!‹ sagen.«

Meine Mutter nickte. »Da!«

Der Standesbeamte klatschte in die Hände und sagte wieder etwas auf Rumänisch. Er, mein Vater und die Angestellte fingen schallend an zu lachen. Dann zeigte der Standesbeamte auf die Flasche Schnaps. Meine Mutter fragte, was der Standesbeamte denn gesagt habe, dass sie alle so lachen mussten.

Mein Vater öffnete die Flasche und schenkte den Schnaps in vier kleine Gläser ein. »Oh, er meinte: ›Jetzt sind Sie verheiratet, jetzt können Sie Sex miteinander haben.‹«

Alle nahmen ein Glas Schnaps und prosteten sich zu, meine Mutter hob ihr Glas mit Blick auf den Standesbeamten langsam zum Mund. »So ein Ferkel«, sagte sie halblaut zu sich selbst.

Die Gläser wurden schnell noch mal mit Schnaps gefüllt und zum Dank für die Trauung ließen meine Mutter und mein Vater dem Standesbeamten gleich die ganze Flasche da.

Der strahlte bis über beide Ohren und wünschte ihnen jetzt auch alles Gute. Die Trauung war zwar alles andere als romantisch und festlich gewesen, doch den beiden fiel ein Stein vom Herzen. Sie hatten mehr Freiheit gewonnen und waren der Ausreise meines Vaters ein Stück näher.

Auf dem Weg zurück nach Criţ standen meine Mutter und mein Vater wieder an der Europastraße. Dieses Mal waren sie nicht die Einzigen. Es standen noch mehr Menschen am Straßenrand, die auch trampen wollten. Nach langem Warten sahen sie einen Krankenwagen, der auf sie zufuhr. Sie streckten ihre Daumen raus. Der Krankenwagen hielt an und der Ambulanzfahrer streckte seinen Kopf aus dem Fenster: »Los, steigt hinten ein. Ich nehme euch mit.« Die beiden liefen schnell einmal um den Krankenwagen herum, um vor den anderen einsteigen zu können. Als sie die Tür aufmachten, fiel ihnen etwas entgegen: Brot. Das Innere des Krankenwagens war voll mit runden Laiben Brot. Frisch gebackenes Brot vom Boden bis zur Decke. Die Frischvermählten setzten sich gemeinsam mit drei weiteren Trampern irgendwo dazwischen und die Fahrt ging los.

Der Krankenwagen fuhr sowieso in die nächste Stadt und bot dem Bäcker deshalb an, dass er seine Brote transportieren konnte – in Rumänien waren solche Absprachen zu der Zeit üblich, um Wege zu sparen und einander zu helfen. Im Vergleich zur Hinfahrt per Mistwagen war diese Fahrt für meine Eltern wie ein Geschenk: Die Frischvermählten saßen inmitten des gut riechenden Brotes in dem sauberen Krankenwagen. Meine Mutter schaute auf die Backwaren und rief ganz erfreut und glücklich: »Was für eine Hochzeit!«

Ein paar Tage später fuhr meine Mutter schon wieder zurück nach Deutschland, um in der Abteilung Geophysik an der Universität in Stuttgart ihre erste Arbeitsstelle anzutreten. In der Hoffnung, dass ihr Ehemann zeitnah ausreisen durfte, mietete sie eine Wohnung für sie beide. Jetzt fehlte nur noch mein Vater.

Geduld war gefragt, denn sie mussten auf seine Ausreisegenehmigung warten. Beide Familien saßen auf heißen Kohlen. Drei Monate später, im November 1974, bekam meine Mutter ein Telegramm: Mein Vater sollte am folgenden Donnerstag um 17 Uhr mit dem Zug in Stuttgart ankommen. Er durfte tatsächlich das Land verlassen. Allerdings wurde ihm bei der Ausreise seine rumänische Staatsangehörigkeit abgenommen. Er war dann staatenlos. Das machte ihn jedoch nicht traurig, im Gegenteil.

Aufgeregt stand meine Mutter an jenem Donnerstag am Bahnhof. Der Zug fuhr pünktlich ein. Mein Vater stieg aus. Für sein neues Leben in Deutschland hatte er nur einen ganz kleinen Koffer bei sich. Die erste Zeit über war er sehr schweigsam, er musste sich erst einmal an das neue Leben in Deutschland gewöhnen. Doch er wurde darin sehr unterstützt. Meine Großeltern Maurer, so sagte er selbst später, nahmen ihn wie einen eigenen Sohn auf.

Für meine Großeltern Schwartz hingegen lief es nicht nach Plan. Trotz großer Bemühungen wurde ihnen fast ein ganzes Jahrzehnt die Ausreise verwehrt. Meine Eltern schrieben Briefe an Amnesty International in Genf, in denen sie die menschenunwürdigen Verhältnisse in Rumänien anprangerten und um Unterstützung baten. Meine Oma Sofia fuhr nach Bukarest, zum Regierungssitz von Nicolae und Elena Ceauşescu, und setzte sich auf die Stufen des Gebäudes. Sie würde nicht weggehen, bis sie mit Elena Ceauşescu gesprochen habe. Von Mutter zu Mutter. Die Diktatorengattin müsste doch verstehen, dass man vom eigenen Kind nicht getrennt sein konnte. »Bitte lassen Sie uns ausreisen!« Die Polizei jagte meine Oma Sofia mit Drohungen von den Stufen. Doch im Jahr 1986 tat sich dann ein neuer Weg auf: Meine Großeltern konnten sich selbst von der Regierung freikaufen.

Meine Eltern liehen sich Geld von der Bank und meinen Großeltern Maurer. Bei ihrem nächsten Besuch schmuggelten sie 14.000 D-Mark nach Rumänien – siebentausend für meine Oma, siebentausend für meinen Opa. Meine Oma Sofia packte die Sache an und nahm Kontakt zu Hintermännern auf. Tatsächlich erhielt sie die Nachricht, dass sie an einem bestimmten Tag zur Mittagszeit mit dem Geld nahe einem Waldstück stehen sollte. Allein. Sie nahm das Risiko auf sich und ging hin. Mit den 14.000 D-Mark, allein zu einem einsamen Waldstück.

Zur vereinbarten Uhrzeit fuhr dort ein Auto den holprigen Waldweg entlang und hielt direkt vor ihr. Die Tür öffnete sich, sie sollte einsteigen. Drei Männer waren im Auto. Meine Oma setzte sich auf die Rückbank. Sie verbanden ihr die Augen. Das Auto fuhr eine gefühlte Stunde, bis es wieder anhielt. Zwei Männer fassten meine Oma links und rechts am Arm, führten sie aus dem Auto und setzten sie in ein anderes hinein. Es wurde nicht gesprochen. Jetzt nahm man ihr die Augenbinde ab. Sie war in einem anderen Wald. Die zwei Männer standen neben dem Auto und rauchten. Meine Oma saß wieder auf der Rückbank, diesmal in einem sehr großen Wagen.

Hinter dem Steuer sah sie einen Mann mit schwarzer Sonnenbrille, einer schwarzen Lederjacke und schwarzen Lederhandschuhen. Sein Kopf war starr nach vorn gerichtet. Dann streckte er seine Hand nach hinten. Meine Oma lehnte sich nach vorn und legt den Umschlag mit dem Geld in seine flache Hand. Der Mann gab seinen Kollegen draußen ein Zeichen. Diese öffneten schlagartig die Tür, zerrten meine Oma aus dem Wagen, verbanden ihr wieder die Augen und setzten sie in das andere Auto. Als sie schließlich zurück beim ursprünglichen Waldstück aus dem Wagen aussteigen konnte, atmete sie ganz tief durch.

Danach erhielt sie erst einmal keine weitere Nachricht. Drei Monate lebten meine Großeltern in Ungewissheit. Waren sie hinters Licht geführt worden wie viele andere auch? Doch dann kam die erlösende Nachricht: Sie sollten an die ungarische Grenze kommen, auch dafür bekamen sie einen Termin vorgeschrieben. Fünf Jahre vor der rumänischen Revolution, bei der Ceaușescu letztendlich gestürzt wurde, kamen meine Großeltern als Staatenlose in Süddeutschland an.

Meine Eltern waren 17 Jahre miteinander verheiratet. Die Zeit in Rumänien und der Aufbau eines gemeinsamen Lebens in Deutschland hatten sie zusammengeschweißt. Nach der Hochzeit warteten sie noch neun Jahre, bis sie sich für ein Kind entschieden: Ich kam 1983 als absolutes Wunschkind auf die Welt.

Doch auf Dauer hat die Liebe zwischen meinen Eltern nicht gereicht, sie hatten einfach zu jung geheiratet. Als ich vier Jahre alt war, zog mein Vater von zu Hause aus. Ich verstand nicht, warum. Auf einmal war er weg und in meinem kleinen Köpflein versuchte ich eine Erklärung dafür zu finden. In der Küche hing dieses Jesuskreuz mit Knoblauch darunter. Vampire mögen keine Kreuze und auch keinen Knoblauch. War mein Vater deswegen gegangen?

Als ich sieben Jahre alt war, ließen sich meine Eltern offiziell scheiden. Meine Mutter erklärte mir, was eine Scheidung ist und dass mein Vater nun nicht mehr ihr Mann sei. Sondern ihr Exmann – »so nennt man das«, sagte sie.

»Ist denn der Papa jetzt auch mein Ex-Papa?«, fragte ich.

»Nein«, entgegnete meine Mutter, »dein Papa wird immer dein Papa sein.«

Als meine Eltern beim Notar die Scheidungspapiere unterschrieben, weinten sie beide.

Durch die Scheidung fühlte sich meine Mutter im katholischen Süddeutschland und inmitten der sehr religiös geprägten Verwandtschaft wie ein schwarzes Schaf. Meine Großeltern Käthe und Fritz machten sich selbst später heftige Vorwürfe. Besonders meine Oma. Wenn ich als Jugendliche bei ihnen zu Besuch war, kamen wir häufig auf das Thema zu sprechen. Meistens beim Mittagessen in der Küche, meistens bei schwäbischem Kartoffelsalat und Maultauschen.

»O je, wir hättet die Hochzeit niemals zulasse dürfe«, jammerte meine Oma Käthe dann. Wenn ich das hörte, ging ich immer ziemlich schnell an die Decke.

»Dann gäbe es mich doch gar nicht!«, bellte ich zurück.

»Recht hasch«, erwiderte meine Oma und klopfte mir beruhigend auf die Schulter, »und des wär ja a Kataschtroph!«

*

All das kommt mir in den Sinn, als in Berlin das Boarding des Fluges nach Kroatien beginnt. Aus den Lautsprechern höre ich die Durchsage: »Der Flug A6598 nach Dubrovnik steht jetzt für Sie an Gate 65 bereit.« Das Telefonat mit meinem Vater beschäftigt mich noch. Shaul nimmt mich an der Hand. Ihm will ich in dem Moment noch nichts davon erzählen. Innerlich bin ich zu aufgewühlt. Der Satz meines Vaters lässt mich nicht los: »Ich würde ihn dafür nicht verurteilen, ich habe ja dasselbe getan.« Für meine Eltern mag das so gewesen sein, doch es lässt sich überhaupt nicht auf Shaul und mich übertragen. Das sind nun wirklich zwei ganz verschiedene Paar Schuhe.

Ich fühle mich wie in einer Nebelwolke. Mir kommt auch ein Gespräch mit meiner Mutter in den Sinn. Als ich ihr sagte, dass Shaul der erste Mann sei, den ich mir vorstellen könne zu heiraten, reagierte sie sehr verhalten. Und als ich meinte, dass Shaul mich vielleicht bald fragen werde, ob ich ihn heiraten möchte, war sie gar nicht begeistert. Sich nach einem Jahr schon zu verloben, das erinnere sie zu sehr an ihre eigene schnelle Verlobung. Weil sie geschieden sei, wünsche sie sich für mich, dass ich mir länger Zeit ließe. Außerdem habe sie die

Befürchtung, dass es aufgrund unserer unterschiedlichen Wurzeln zu Schwierigkeiten kommen könnte. Und dass Shaul mich überreden könnte, mit ihm nach Israel zu ziehen – das war ihre größte Angst.

Warum beglückwünschen meine Eltern mich nicht zu dem Entschluss, heiraten zu wollen? Dass sie wegen ihrer eigenen Erlebnisse besorgt um mich sind, kann ich verstehen. Doch ich muss meinen eigenen Weg gehen. Aber wenn ich ehrlich bin, wollte ich ja auch nie heiraten. »Nur über meine Leiche«, habe ich immer gesagt. Da war ich als Scheidungskind nun mal ein gebranntes Kind. Eine Familie gründen – das ist nichts für mich, davon war ich jahrelang überzeugt. Und dann kommt Shaul in mein Leben geflattert und alles steht Kopf.

Das Flugzeug düst jetzt über die Landebahn und steigt in die Luft. Über den Wolken löse ich meinen Anschnallgurt. Shaul ist schon neben mir eingeschlafen, sein Kopf liegt auf meiner Schulter. Ich grüble weiter: Die Hälfte aller Ehen werden geschieden. Bei binationalen Paaren ist die Scheidungsrate sogar noch um einiges höher als bei Paaren, die den gleichen nationalen Ursprung haben. Es kommen dann zu den normalen Konflikten des Beziehungsalltags eben noch kulturelle und sprachliche Stolperfallen hinzu. Wenn man nach der Statistik geht, sieht es nicht gerade rosig für uns aus. Doch was haben solche Daten mit uns zu tun? All diese Gedanken behalte ich erst einmal für mich. Shaul lasse ich auf meiner Schulter glücklich weiterschnarchen. Es reicht schließlich, wenn einer von uns Kopfschmerzen hat.

Als wir in Kroatien ankommen, knallt die Sonne auf unsere Köpfe. Ich spüre keinen Unterschied. Mein Schädel brummt sowieso noch. Unsere Ferienwohnung liegt am Meer und es gibt einen Balkon mit einem wundervollen Ausblick. Wir schlafen lange, leben in den Tag hinein, ernähren uns hauptsächlich von Wassermelone und liegen wie glückliche Seehunde am Strand. Wenn uns zu heiß ist, springen wir ins kühle Wasser. Die Gedanken vom Vortag schiebe ich erst einmal zur Seite.

Morgen werde ich dreißig Jahre alt. Shaul ist in der Küche, er ist mit Backen und Kochen beschäftigt. Für meinen Geburtstag gebe es einiges vorzubereiten, sagt er. Er packt einen Picknickkorb. Gegen 22 Uhr nimmt er den Korb mit Sekt, Gläsern und Essbarem in die eine Hand – und mich an die andere. Wir laufen zum Strand, der in einer idyllischen Bucht liegt. Hand in Hand gehen wir an den Felsen vorbei, nach vorn bis zum Meer. Von dort aus hat man einen phänomenalen Blick auf das Wasser und kann auch das beleuchtete Städtchen sehen.

Der Vollmond leuchtet hell auf einen großen Stein, der wie eine kleine Bühne flach neben den spitzen Felsen Richtung Meer hinausragt. Wir klettern darauf, zünden viele Kerzen an und stellen sie auf dem Boden ab. Shaul breitet die Decke aus. Wir machen den Sekt auf und essen selbst gebackenes Knoblauchbrot, Tomaten mit Mozzarella und Salat. Es ist sehr ruhig, wir hören nur das Rauschen des Meeres – einfach wunderschön. Shaul nimmt meine Hände in seine und setzt sich direkt vor mich. Er spricht über uns und unsere Beziehung. Dann holt er einen Zettel aus seiner Hosentasche und liest für mich das Lied der Lieder aus dem Alten Testament, abwechselnd auf Deutsch und Hebräisch: »Des Nachts auf meinem Lager suchte ich sie, die meine Seele liebt. Ich suchte, aber ich fand sie nicht. Ich will aufstehen und in der Stadt umgehen, auf den Gassen und Straßen, und suchen sie, die meine Seele liebt. Ich suchte, aber ich fand sie nicht. Es fanden mich die Wächter, die in der Stadt umgehen: ›Habt ihr sie nicht gesehen, sie, die meine Seele liebt?‹ Als ich ein wenig an ihnen vorüber war, da fand ich sie, die meine Seele liebt. Ich halte sie und will sie nicht loslassen …«

Mir laufen die Tränen übers Gesicht. Shaul holt den Ring aus der Tasche – den Verlobungsring seiner verstorbenen Mutter. Er ist wunderschön. Der Ring ist aus Gold, rund geschwungen und mit einem Diamanten und drei kleinen Rubinsteinen besetzt. »Willst du mich … meine Frau werden«, fragt mich Shaul. Wir liegen uns in den Armen und weinen vor lauter Freude über unser Glück. Es ist nach Mitternacht. Wir legen uns auf die Decke, halten uns fest in den Armen und schauen in den Sternenhimmel.

Einige Zeit später, die Kerzen sind schon abgebrannt, machen wir uns auf den Weg zurück zu unserer Ferienwohnung. Der Weg ist stockduster. Auf einmal springen aus einem Gebüsch drei große Hunde. Sie haben die Statur von Bernhardinern: Der eine ist ganz weiß, der andere braun, der dritte wieder ganz schwarz. Ihre Größe und ihr plötzliches Auftauchen machen mir Angst. Aber sie scheinen friedlich zu sein und gehen wie selbstverständlich mit uns mit. Der weiße läuft vor uns her, der braune geht links von uns und der schwarze rechts. Sie lassen sich nicht verscheuchen. Als würden sie den Weg kennen, gehen sie tatsächlich in die richtige Richtung und laufen rund eine Viertelstunde an unserer Seite, bis wir die Haustür erreichen. Wir versuchen noch einmal, sie davonzuschicken. Aber sie bleiben. Es fühlt sich an, als wären sie gekommen, um auf uns aufzupassen.

Diese Nacht hat etwas Magisches. Ich spüre es nun ganz fest: Alles ist richtig. Es ist richtig, dass wir zusammen sind und weil es richtig ist, wird sich alles fügen.

Katholisch oder jüdisch, deutsch oder israelisch: Was wirklich zählt, sind allein die persönliche Geschichte, die jeder mitbringt, und der eigene Charakter. Shaul ist Shaul. Und ich bin ich. Und genau deswegen passen wir verdammt gut zueinander. Weil wir so sind, wie wir sind. Meschugge sind wir beide.

Ich schließe die Tür. Der weiße Hund setzt sich direkt davor.

Er hält Wache.

Der Test

»Wollten wir nicht im kleinen Familienkreis feiern?«, flüstere ich Shaul zu. Ich bin etwas überfordert: Rund fünfzig Personen sitzen an weiß gedeckten Tischen in dem klitzekleinen Wohnzimmer von Safta Sara und Sabba Perez.

»Claudia, das ist der kleine Kreis«, flüstert Shaul zurück.

Alle Anwesenden reden leidenschaftlich durcheinander. Ein Glück, dass wir nicht in Deutschland sind, da hätten die Nachbarn bei der Lautstärke schon längst die Polizei geholt.

Shauls Schwester Merav brüllt mir vom Ende des Tisches zu: »Claudia, ist bei dir alles in Ordnung? Wir sind ganz schön laut!«

Shaul und ich feiern heute unsere Verlobung in Be'er Scheva. In Israel. Merav hat alles organisiert und liebevoll vorbereitet. Oma Saras bestes Geschirr wurde herausgeholt. Vor jedem Teller liegen Marshmallows, in Papier gewickelt und mit selbst gebastelten Aufklebern versehen: Ein S und ein C stehen darauf und dazwischen ein kleines Herz. Über unseren Köpfen baumelt ein riesengroßes Plakat, das gefährlich hin- und herschwankt: »Engaged!« – »Verlobt!«

Shaul hat mich im Auto schon vorgewarnt: Bei unserer heutigen Verlobungsfeier treffe ich auf die ganzen Onkel, Tanten, Cousinen und Cousins der Familie Bustan – und auch auf Tante Ariela. Shaul legt beruhigend seine Hand auf mein Knie. »Du brauchst keine Angst vor ihr zu haben. Sie ist eigentlich sehr nett.«

»Oh, was meinst du mit ›eigentlich‹?«

»Sagen wir es mal so: Sie und Deutschland ... also, das ist nicht gerade die große Liebe.«

Ich zucke mit den Schultern. »Muss es ja auch nicht.«

»Na ja ...« Shaul schaut mich ernst an. »Tante Ariela ist zwar nur sieben Jahre älter als wir, doch sie ist die Tochter von Holocaustüberlebenden. Für sie ist Deutschland immer noch das Land der Täter und Mörder. Ich will nur nicht, dass du dich erschrickst, falls sie was Heftiges sagt. Was mehr als möglich ist. Oder sie dich verstört.«

Ich lache auf. »Ach Shauli, so schlimm ist sie mit Sicherheit nicht.« Ich lege meinen Arm um ihn. »Tante Ariela klopfe ich schon weich.«

»Viel Glück«, sagt Shaul und drückt meine Hand.

Als wir am Haus der Großeltern ankommen, bin ich in Schweiß gebadet. Das Thermometer zeigt 35 Grad draußen an. Doch im Haus der Großeltern bekommt man von dem Sonnenschein und der Hitze nichts mit. Die Rollläden sind runtergezogen und die surrende Klimaanlage verströmt kalte Luft. Fröstelnd ziehe ich mir eine Strickjacke von Safta Sara über. Das grelle Licht der Wohnzimmerlampe brennt in meinen Augen. Wie Safta Sara ist auch Tante Ariela top gestylt. Sie trägt einen knalligen Lippenstift passend zu ihrer Kleidung und eleganten Schmuck dazu. Für israelische Verhältnisse reicht sie mir relativ kühl, aber fest die Hand. »Shaul ist mein Lieblingsneffe«, brummt sie mir zur Begrüßung entgegen. Als wollte sie sagen: »Wenn du nicht gut zu ihm bist, kriegst du es mit mir zu tun!« Bei der Vorstellung muss ich schon jetzt schlucken.

Es geht am Tisch wie immer sehr herzlich zu. Leckere Salate, Dips und warme Speisen sind darauf verteilt. Doch den Kuchen gibt es nur in der Höhle des Löwen: bei Tante Ariela in der Küche. Und ich habe Lust auf etwas Süßes. Ich will die Chance nutzen, um mit ihr ins Gespräch zu kommen, und biete ihr an, bei der Kuchenvergabe zu helfen. Sie lehnt ab. Sehr freundlich versuche ich, das Eis zwischen uns zu brechen. Doch mit Small Talk und meinem Charme habe ich offenbar keine Chance bei ihr. Sie lässt mich gnadenlos abblitzen. Unbeeindruckt und mit zusammengezogenen Lippen schneidet sie mir ein Stück vom Kuchen ab und reicht mir den Teller. »Nur damit du Bescheid weißt: Ich war schon einmal in Berlin. Und ich konnte es nicht ausstehen. In der S-Bahn musste ich immer an die Züge zu den Vernichtungslagern im Osten denken. Und die Deutschen, die kann ich auch nicht ausstehen!«

Das Lächeln in meinem Gesicht ist eingefroren. Ich bedanke mich artig für den Schokokuchen und tapse wieder zurück ins Wohnzimmer. So viel Ehrlichkeit und Direktheit muss ich erst einmal verdauen. Beim Vorbeigehen klopft mir Sabba Perez mit Wucht auf die Schulter. Mir fällt vor Schreck fast der Kuchen aus der Hand. Safta Sara ruft lachend in die Runde: »Sie ist so eine Chamuda! Eine Süße!« Sie dreht sich zu Shauls Bruder um. »Wie heißt sie noch mal?«

»Claudia«, ruft ihr Benny entgegen.

»Wie?«

Benny steht auf und schreit fast: »Clau-di-a!«

Ich zucke zusammen.

Shauls Vater Eatan baut aus der Ferne Augenkontakt mit mir auf. »Ich bin ja so glücklich. Ich habe jetzt eine Tochter mehr! Geht es dir gut, Claudia? Es ist sehr laut hier!«

Tante Ariela kommt mit mehr Essen ins Zimmer, stellt es auf dem Tisch ab und stemmt die Hände in die Hüften. Sie sagt etwas auf Hebräisch. Bilde ich mir ein, dass sie dabei in meine Richtung guckt? Sie sagt doch etwa nichts über mich? Benny antwortet Tante Ariela und alle fangen schallend an zu lachen. Der Raum vibriert. Der im Vorgarten angeleinte Hund fängt an wie wild zu kläffen.

»Was hat Benny denn zu Tante Ariela gesagt?«, frage ich flüsternd in Shauls Ohr.

»Oh, Benny hat gesagt, du mit deinem aufmüpfigen Charakter wärst die Erste, die im Zug nach Auschwitz gelandet wäre«, antwortet er kichernd. »Lustig, oder?« Ich schaue Shaul mit entsetzten Augen an.

Safta Sara klatscht vor Freude die Hände zusammen und strahlt mich an: »So eine Chamuda. So eine Süße ist sie!« Sie dreht sich suchend zu Benny um. »Wie heißt sie noch mal?«

Tante Ariela verlässt den Raum, um noch mehr Essen aus der Küche zu holen. Vom Ende des Tisches winkt Merav mir zu und brüllt: »Claudia, ich habe dich so lieb! Bist du wirklich sicher, dass für dich alles in Ordnung ist? Die sind sehr, sehr laut!«

Onkel Itzhak, der Bruder meines zukünftigen Schwiegervaters, zwinkert mir zu und schenkt mir mehr Sekt ein. In dem Moment knallt jemand eine Platte mit Mandeln, Pistazien und

Cashewnüssen vor mich auf den Tisch – es ist Tante Ariela. Sie pflaumt mich von der Seite an: »Die Deutschen sind blaue Leute. Weißt du, was blaue Leute sind? Reserviert und mit einem Stock im Arsch – aber wenn sie sich besaufen, dann tauen sie auf.«

Meine Kinnlade sinkt nach unten. Mit einer Hand drücke ich fest Shauls Bein. Hat er das auch gehört? Hilfe! Ich brauche jetzt Hilfe. Tante Ariela bringt mich an meine Grenzen. So langsam, aber sicher fange ich an, innerlich zu kochen. Ich habe das Gefühl, dass ich jetzt Deutschland, meine achtzig Millionen Landesgenossen und mich verteidigen muss – ob ich nun will oder nicht.

Shaul dreht sich zu uns um. Tante Ariela und er lächeln sich an. Offensichtlich hat er nicht gehört, was sie gerade gesagt hat. Sie zwickt Shaul liebevoll in die Wange. »Shauli, ich hoffe, du wirst an einem Ort Hochzeit feiern, der schön warm und sicher ist.« Damit kann sie nur Israel meinen, schießt es mir durch den Kopf. Shaul zwinkert ihr zu.

Das Klingen eines Messers gegen ein Weinglas ist zu hören. Es wird ruhiger im Zimmer. Shauls Vater steht von seinem Platz auf und hält eine kurze Rede. Er erhebt das Glas. »Nächsten Sommer feiern wir die Hochzeit. Nächsten Sommer in Berlin! Auf Claudia und …«

»… Claudia – so heißt sie! Was für eine Chamuda«, kräht Safta Sara dazwischen.

Shauls Vater nimmt einen neuen Anlauf: »Auf Claudia und Shaul!«

Und die ganze Familie brüllt: *»Masel tov!«*

Drei Stunden später verabschieden wir uns voneinander und Tante Ariela nimmt Shaul zur Seite. Sie wäre wirklich gern zu unserer Hochzeit nach Berlin gekommen, doch leider, leider, leider ... hat sie schon ihren Sommerurlaub in Italien gebucht! Sie umarmt Shaul. »Es tut mir sehr leid.« Insgeheim atme ich erleichtert auf.

Eine Woche später sind wir wieder in Berlin und fangen nun ernsthaft an, unsere Hochzeit zu planen: Wann, wo und vor allem wie soll sie stattfinden? Shaul schlägt ein Datum vor und ohne genau darüber nachzudenken, stimme ich ihm zu. Als ich meiner Mutter am Telefon das Datum mitteile, lässt sie vor Überraschung fast den Hörer fallen. An dem Tag haben vor siebzig Jahren Opa Fritz und Oma Käthe geheiratet. Für Shaul und mich ist das ein gutes Zeichen: Meine Großeltern hatten eine glückliche Ehe! Das Datum steht also schon einmal. Und auch die erste Flugbuchung aus Israel. Sabba Perez und Safta Sara können es kaum erwarten, zu unserer Hochzeit nach Berlin zu kommen.

Als Nächstes steht uns der Gang zum Standesamt bevor. Der ganze Stapel an Dokumenten, den Shaul als Nicht-EU-Staatsbürger einreichen muss, hat uns beinahe in den Wahnsinn getrieben. Angespannt machen wir uns auf den Weg zum Alexanderplatz. Das Standesamt befindet sich dort ganz in der Nähe. Wir sind eine Stunde vor der angegebenen Öffnungszeit da und müssen uns trotzdem hinter zwanzig weiteren Paaren in eine Schlange einreihen. Das wird lange dauern. Ausdauer und Geduld sind also gefragt. Doch unsere Nervosität steigt von Minute zu Minute. Haben wir auch wirklich alle Dokumente zusammen? Werden wir unseren Wunschtermin bekommen? Hoffentlich müssen am Ende Sabba Perez und Safta Sara nicht ihre Flüge umbuchen.

Endlich sind wir dran. Frau Schulz wird unseren Antrag bearbeiten. Wir reichen der Standesbeamtin unsere Ausweisdokumente. Auf einmal strömen Tränen über ihr Gesicht. Shaul reicht der schluchzenden Standesbeamtin verdattert ein Taschentuch. Sie schnäuzt sich die Nase. »Entschuldigen Sie bitte!« Shaul und ich werfen uns ratlose Blicke zu. Was passiert hier gerade? Frau Schulz zeigt auf unsere Ausweisdokumente. »Entschuldigen Sie, aber wenn ich das sehe, dann ...« Sie bricht wieder in Tränen aus. Shaul kramt in seinem Rucksack nach einem weiteren Taschentuch. »Der israelische Pass ...«, presst Frau Schulz hervor und wischt sich die Tränen aus dem Gesicht. »Und ihr zweiter Name Sarah!« Sie wendet sich auf ihrem Drehstuhl zum Fenster, um sich zu sammeln. Was haben ihre Tränen mit meinem Namen und Shauls Reisepass zu tun? Die Standesbeamtin holt tief Luft und dreht sich wieder zu uns. Sie erklärt: »Wissen Sie, auf einmal hatte ich das Berliner Personenregister aus den Dreißigern wieder vor Augen. Das habe ich mir mal angeschaut. Da wurden alle Vornamen der Berliner Juden sorgfältig mit dem Lineal durchgestrichen und mit Israel und Sara ersetzt. Abertausende von Namen. Abertausende von Menschen ...« Frau Schulz muss wieder schlucken und guckt schnell zum Fenster hinaus. Dann schaut sie uns mit verheulten Augen an. »Herr Bustan. Frau Schwartz. Wann möchten Sie denn heiraten?«

Eine Viertelstunde später verlassen wir das Standesamt mit der E-Mail-Adresse von Frau Schulz in der Tasche. »Falls es Probleme geben sollte oder Sie noch Fragen haben, wenden Sie sich bitte direkt an mich. Ich helfe Ihnen wirklich gern«, sagte sie beim Abschied mit einem tapferen Lächeln.

Auf dem Weg zur U-Bahn am Alexanderplatz reden Shaul und ich darüber, was soeben auf dem Standesamt mit Frau

Schulz passiert ist. Wir hätten mit allem gerechnet, nur damit nicht. »Das ist Berlin. Hier kann man der Geschichte einfach nicht entkommen«, sagt Shaul. »Sie holt die Menschen immer wieder ein.« Schnell überqueren wir die Ampel an der Dircksenstraße. Ich versuche, mit Shaul Schritt zu halten.

»Stimmt«, pflichte ich ihm bei. »In Berlin ist die Geschichte überall. Damit zeigt uns die Stadt, dass das Unmögliche möglich werden kann. Das wirklich alles möglich ist.«

Shaul bleibt abrupt stehen. Ich laufe fast in ihn hinein. Er blinzelt dem Fernsehturm entgegen und lächelt mich sanft an. »Wie gut, dass wir in Berlin heiraten.«

Zuhause angekommen, setzen wir uns mit Espresso und Cappuccino in die warme Frühlingssonne auf unseren Balkon. Wir fragen uns, ob eine weitere Sache, die ehemals unmöglich war, nun möglich ist – nämlich in einer katholischen Kirche einen Nicht-Christen zu heiraten. Das ist als zu klärende Frage der nächste Punkt auf unserer langen To-do-Liste. Im Internet finden wir auf unsere Frage keine Antwort. In den Siebzigern wurde es gerade noch so von der katholischen Kirche toleriert, dass meine Mutter als Katholikin mit meinem Vater einen Protestanten kirchlich heiratete. Aber nun ein Jude in einer katholischen Kirche?

In der Kirche zu heiraten, ist für mich wirklich eine Glaubens- und Herzensangelegenheit. Ohne den Segen Gottes würde ich nicht heiraten wollen.

Shaul nimmt mein Bedürfnis ernst. »Was für dich wichtig ist, ist auch für mich wichtig. Und wenn nötig, ziehe ich meine Badehose an …« Er geht in die Hocke, legt seine Hände aneinander, als wäre er kurz davor, einen Kopfsprung zu machen. »… und tauche ab in dieses Wasser.«

Ich lache auf: »Deine Badehose ist eher für ein Schwimmbad als für ein Taufbecken bestimmt. Für mich sollst du nicht konvertieren.«

Plötzlich hat Shaul eine Idee: »Was machen wir hier? Komm, zieh deine Jacke an. Ein paar Straßen weiter im Prenzlauer Berg gibt es doch eine katholische Kirche. Lass uns an der Tür klopfen und den Pfarrer einfach direkt fragen.« Er räumt schon die Tassen weg. »Worauf wartest du noch? Kadima – vorwärts!«

Zögernd folge ich Shaul. Ich hoffe nur, dass der Pfarrer uns wegen unseres ungewöhnlichen Anliegens nicht gleich die Tür vor der Nase zuschlagen wird.

Eine halbe Stunde später sitzen wir tatsächlich auf den harten Holzstühlen im Pfarrzimmer von Pfarrer Manske. Shaul schaut immer wieder gebannt über seine Schulter. Hinter uns hängt ein lebensgroßes Kreuz mit einem angenagelten, blutüberströmten Jesus an der Wand. Mit zittrigen Händen stellt Pfarrer Manske zwei Tassen Tee vor uns ab. Ganz langsam setzt er sich auf einen Stuhl und lächelt uns freundlich zu: »Na dann, erzählen Se mal.«

Ich räuspere mich. »Ich bin katholisch getauft, ich habe die Kommunion und Firmung erhalten, ich war jahrelang Messdienerin und ...« Mit meinem katholischen Werdegang kann man uns doch keine Trauung in der Kirche verwehren, denke ich mir. »... bin auch jeden Sommer begeistert mit der katholischen Jugend ins Ferienlager gefahren und habe als Erwachsene auch einmal längere Zeit in einem Kloster mit Franziskanerinnen verbracht.« Ich hole tief Luft. »Und jetzt – möchte ich mich trauen.« Ich nehme Shauls Hand in meine. »Und das ist mein zukünftiger Bräutigam.«

Pfarrer Manske nickt ganz begeistert. »Na, dit is doch janz wunderbar – herzlichen Glückwunsch!«

Shaul rückt sich auf dem unbequemen Stuhl zurecht. Nun ist er dran. Er fängt an, von sich zu erzählen.

Der Pfarrer faltet andächtig die Hände. Er lehnt sich nach vorn in Shauls Richtung. »Versteh ick dit richtig? Se sind ...« Er getraut sich kaum das Wort auszusprechen. »Ju-ju-jud...«

Shaul beugt sich dem Pfarrer entgegen und hilft ihm freundlich auf die Sprünge: »Ju-de. Ja, ich bin Jude.«

Der Blick des Pfarrers schweift über unsere Köpfe hinweg und verharrt irgendwo hinter uns an der Wand. Wir schauen langsam über unsere Schulter. Da hängt er: Der riesengroße Jesus mit blutenden Wunden und geschlossenen Augen. Ganz langsam drehen wir uns wieder zu Pfarrer Manske zurück. Der schaut weiterhin nur auf den Jesus und sagt kein Wort. Unruhig rutsche ich auf dem Stuhl hin und her.

»Äh, ja, also ...« Pfarrer Manske ringt nach Worten. »Jesus Christus war ja och een Jude. Wie sacht man doch so schön – masel tov?« Shaul und ich grinsen uns an. »Eegentlich brauchen Se mich jar nicht – und och keenen anderen Pfarrer«, fährt unser Gegenüber fort. »Ihre Ehe ist schon jesechnet. Denn Se ham sich entschieden. Füreinander.« Mit Pfarrer Manske haben wir unseren Pfarrer gefunden. Das spüren Shaul und ich in diesem Moment beide, ohne es zueinander zu sagen.

Die Einladung des Pfarrers auf eine weitere Tasse Tee nehmen wir dankend an und reden weiter mit ihm darüber, wie eine Trauung durch ihn in der Kirche ablaufen könnte. Als wir sämtliche Möglichkeiten durchgesprochen haben, streicht Pfarrer Manske sich zaghaft über seine Kleidung und sagt ganz leise: »Herr Shaul, wenn Se möchten, kann ick Ihnen och die Kommunion jeben.«

Shaul verzieht fragend das Gesicht. »Kommunion?«

»Brot und Wein«, flüstere ich ihm zu.

Sein Gesicht leuchtet auf. »Ach so, Brot und Wein. Kenne ich. Kein Problem. Das gibt es auch im Judentum.«

Ich muss schmunzeln. »Shauli, es ist kein gewöhnliches Brot. Es ist der Leib Christi.«

Schlagartig dreht er sich zu mir um und zwinkert mir zu. »Wie? In dem Brot ist Jesus drin?« Dann verschränkt er die Arme und überlegt laut vor sich hin: »Also, ja, einmal den Jesus essen, das kann ich schon! Ja. Aber das mit dem Kreuz machen ...« Er fasst sich in wirrer Reihenfolge an den Kopf, die Brust und die Schultern. »... das möchte ich nicht. Ich hoffe, das ist in Ordnung?« Shaul schaut den Pfarrer und mich mit großen Augen an.

Der Pfarrer sagt in meine Richtung: »Ick hoffe, ick bekomme keenen Ärger mit den Katholiken in Ihrer Familie.«

»Ich hoffe, Sie bekommen keinen Ärger mit Ihrem Chef«, antworte ich ihm.

Pfarrer Manske faltet wieder die Hände und lächelt sanftmütig bis über beide Ohren. »Mit Ihrer Trauung jehe ick in Rente. Rausschmeißen kann man mich dann nit mehr!«

Ganz selig und glücklich über das Gespräch verabschieden wir uns von Pfarrer Manske. Auf dem Weg nach Hause holen wir uns ein paar Straßen weiter bei unserem Lieblingsimbiss noch ein Falafel- und ein Halloumi-Sandwich. Wir setzen uns auf die Klappstühle vor dem kleinen Laden. Das Treiben der Menschen und der Lärm des Straßenverkehrs ziehen an uns vorbei. Wie wird das alles wohl für Shauls israelische Familie und seine Freunde sein?, schießt es mir durch den Kopf. Werden sie Probleme damit haben, in eine katholische Kirche zu gehen? Shaul beißt in sein Sandwich und versucht mit vollem Mund den Autolärm zu übertönen: »Es wird schon schiefgehen!«

»Bitte?!« Ron ist entrüstet. »Wie kannst du als Jude in einer katholischen Kirche heiraten?«

Mit seiner Empörung ist er nicht allein: Auch Anat, die Frau von Shauls Vater, ist so gar nicht von dem Gedanken angetan. »Schaut, als gläubige Jüdin ist es für mich mehr als befremdlich, in einer katholischen Kirche zu sitzen! Schließlich haben sie jahrhundertelang gegen uns Juden gehetzt. Ich habe wirklich ein Problem damit, zu eurer Trauung in die Kirche zu gehen.« Doch nach einer kurzen Pause fügt sie hinzu: »Beseder – in Ordnung. Lasst mein Problem mein Problem sein. Irgendwie werde ich schon damit fertig werden.«

»Sie müssen sich alle erst einmal an den Gedanken gewöhnen«, tröstet mich Shaul. Nur seine Schwester Merav ist Feuer und Flamme. Ich frage sie, ob sie eine meiner Trauzeuginnen sein möchte. Merav klatscht aufgeregt in die Hände und strahlt in die Kamera ihres PCs. »Im Judentum gibt es so was wie Trauzeuginnen nicht. Durch eure Hochzeit habe ich die Chance, einmal im Leben Trauzeugin zu sein. Like in the movies. Genial!«

Shaul und ich werden nicht nur in der katholischen Kirche heiraten. Wir planen auch eine jüdische Hochzeit. Auf dem Balkon sitzen wir beide vor unseren Laptops, überlegen und sammeln Ideen. Ich reibe mir den Kopf, es gibt viel nachzudenken und zu entscheiden.

»Wie machen wir das mit dem Essen?«, frage ich Shaul. »Koscher, nicht koscher?«

Shaul schaut von seinem Laptop auf. »Darüber zerbrichst du dir den Kopf? Das ist das kleinste Problem.« Er lacht. »Claudia, ich heirate eine Schickse in einer katholischen Kirche in Deutschland. Glaubst du, da denkt noch irgendjemand an koscheres Essen?«

Ich muss auch anfangen zu lachen. Doch ich habe noch eine weitere Sorge. Wird uns ein Rabbiner trauen, obwohl ich nicht jüdisch bin?

Shaul schiebt seinen Laptop zur Seite. »Im Judentum braucht man eigentlich keinen Rabbiner. Eine Person aus der Gemeinde kann die Trauung leiten. Ich werde meinen Onkel Schlomo fragen – das ist nun wirklich das kleinste Problem.«

»Was ist denn dann ein Problem?«, hake ich nach.

Shaul klappt seinen Laptop zu und lehnt sich zurück. Mit der Hand fährt er sich über das Gesicht. Er sieht müde aus. »Das Problem ist, dass normalerweise bei einer jüdischen Trauung das Brautpaar mit den Eltern und den engsten Familienmitgliedern unter der Chuppa, dem Traubaldachin, steht. Meine Mutter lebt zwar nicht mehr, doch ich möchte nicht, dass Anat an ihrer Stelle mit unter der Chuppa ist. Mein Vater wird damit jedoch höchstwahrscheinlich nicht einverstanden sein.«

Ich klappe nun auch meinen Laptop zu und schiebe ihn zur Seite. »Aber es ist dein Wunsch und deine Hochzeit, das wird dein Vater doch sicherlich verstehen.«

Shaul schüttelt den Kopf. »Da bin ich mir nicht so sicher.«

Und er behält leider recht. Als Shaul mit seinem Vater per Skype darüber spricht, beenden beide das Gespräch im Streit. Am nächsten Abend nehmen sie einen neuen Anlauf. Doch es kommt zu keiner Annäherung, stattdessen folgen harte Worte. Wütend und traurig sitzt Shaul im Dunkeln auf dem Balkon.

Ich setze mich neben ihn und nehme ihn wortlos in den Arm. Shaul löst sich aus der Umarmung. »Mein Vater will mich einfach nicht verstehen. Und wenn das so ist, dann stehen wir eben allein unter der Chuppa – ganz ohne unsere Familien!« Wir schauen hinauf in den Himmel, zu den wenigen Sternen, die über Berlin zu sehen sind. Eine lange Zeit sagen wir nichts. Mit einer Hochzeit kommt so manche alte Wunde wieder zum Vorschein. Ich halte Shaul fest im Arm. Es ist kalt geworden. Ich stehe als Erste auf, öffne die Balkontür und gehe ins Wohnzimmer. Ich will Shaul helfen, denke ich. Er bleibt noch eine ganze Weile in der Kälte sitzen.

Am Wochenende ist Shaul länger aus dem Haus und das ist für mich die Gelegenheit, in Ruhe mit seinem Vater zu sprechen. Der Schabbat ist vorbei und ich skype Eatan an. »Schalom, Claudia«, ruft er erstaunt in die Kamera. Dass ich ihn ohne Shaul anrufe, damit hat er nicht gerechnet. Zügig komme ich auf den Grund meines Anrufs zu sprechen. Eatan ist überrascht, dass ich so schnell mit der Tür ins Haus falle. Er muss schmunzeln: »Was ist mit der höflichen Deutschen in dir passiert? Du bist ganz schön direkt geworden!« Ich muss auch lächeln. Es stimmt – das Üben an Shaul hat sich über die letzten Monate ausgezahlt. Ich bin viel direkter geworden. Und ja, es ist, wie Shaul gesagt hat: Es lebt sich damit tatsächlich viel leichter.

Eatan schaut ernst in die Kamera. »Ich verstehe Shaul nicht.« Er zuckt mit den Schultern. »Ich verstehe ihn einfach nicht. Anat ist meine Frau und ...« Ich höre ihm erst einmal zu und sage eine ganze Zeit lang nichts. Ich verstehe ihn. Und ich verstehe auch Shaul.

»Eatan«, sage ich schließlich, »Shaul liebt dich und will dich und Anat nicht verletzen.« Shauls Vater runzelt die Stirn. Ich versuche zu erklären: »Er vermisst seine Mutter so sehr. Die ganzen 17 Jahre seit ihrem Tod. Sie fehlt ihm.« Eatan hört mir aufmerksam zu. »Am Tag seiner Hochzeit«, fahre ich fort, »und in diesem Moment unter der Chuppa möchte er seiner Mutter ganz besonders nahe sein.« Dann schweige ich. Ich habe das Gefühl, es ist alles gesagt. Auch für Shauls Vater. Er verabschiedet sich schnell.

Ob am Ende Anat nun mit unter der Chuppa sein wird oder nicht, kann ich in dem Moment noch nicht sagen. Von dem Gespräch mit seinem Vater will ich Shaul möglichst nichts erzählen. Von Eatan wird er es nicht erfahren. Es herrscht noch Funkstille zwischen Vater und Sohn. Dass es bei einer Hochzeit nicht nur um die Beziehung zwischen Braut und Bräutigam geht, sondern auch um die zu Verwandten und Freunden, wird uns bald noch deutlicher vor Augen geführt.

Als Nächstes drucken wir die Einladungskarten – auf Deutsch und Hebräisch. Für die Rückseite haben wir einen Text aus dem Alten Testament, aus dem Buch Ruth, ausgewählt: »Denn wo du hingehst, da will auch ich hingehen, und wo du bleibst, da will ich auch bleiben; dein Volk ist mein Volk und dein Gott ist mein Gott.« Wir verschicken 120 Einladungskarten in fünf Länder. Von meiner Familie trudeln schnell die ersten Zusagen ein, doch damit auch noch so manch offene Frage. Meine Tante Brigitte aus Schwäbisch Gmünd ruft mich ganz aufgebracht an: »O je, Mädle, wirscht du dann jetzt au jüdisch?« Und: »Muscht du dann jetz net au so a Perück und a lange schwarze Rock aziehe?«

Ich versuche, nicht die Nerven zu verlieren.

Die Wochen und Monate ziehen schnell ins Land und die Planung unserer Hochzeit nimmt immer mehr Form an. Der Sommer hat erst eine heftige Hitzewelle mitgebracht, die bald von langanhaltenden Regengüssen abgelöst wird. Ein grauer Schleier legt sich über Berlin. Im Juli wird Deutschland Fußballweltmeister. Wir jubeln. Und es beginnt der Gaza-Krieg. Wir sind bestürzt. In ganz Europa kommt es zu Ausschreitungen, Juden werden beleidigt und angegriffen. Geschockt beobachten wir, wie in der Nähe des Kurfürstendammes in Berlin bei einer pro-palästinensischen Demonstration ein Mob skandiert: »Jude, Jude, feiges Schwein – komm heraus und kämpf allein!«

Unser Kiez verwandelt sich in ein Meer aus Palästina-Flaggen. Pro-palästinensische und anti-israelische Parolen werden auf Hauswände und Bushäuschen gesprüht.

Ich bekomme Angst: »Vielleicht ist jetzt nicht der richtige Moment, eine Hochzeit hier im Wedding zu feiern?«

Shaul schüttelt den Kopf und sagt entschlossen: »Jetzt erst recht. So eine Hochzeit wie die unsere ist der einzige Weg!«

Machmud, ein Palästinenser, dessen Familie in den Libanon geflohen ist, kann am besten mit Shauls Lockenmähne umgehen. Auch jetzt geht Shaul zu ihm, um sich die Haare schneiden zu lassen. Der mit arabischen und türkischen Kunden belebte Friseursalon liegt direkt neben unserem Haus. Als Shaul den Laden betritt, reicht er Machmud die Hand und sagt: »Es ist schlimm, was gerade wieder in unserer Heimat passiert.«

Machmud reicht ihm einen Tee und deutet an, dass Shaul sich setzen soll. »Ja, es ist schlimm, was sie machen. Was beide Seiten machen.«

Erst hier in Berlin ist es für diese beiden Männer möglich, sich direkt zu begegnen und miteinander darüber zu sprechen, was in ihren Heimatländern passiert.

Drei Wochen vor unserer Hochzeit ist die Lage immer noch angespannt und der Krieg tobt mit aller Härte. Es gibt

Tausende von Toten. Die Nachrichten aus Israel und Gaza hängen wie eine große Wolke über unseren Köpfen. Dann kommt Merav aus Israel angeflogen, um uns bei den letzten Hochzeitsvorbereitungen zu helfen. Doch mit ihr kommen auch schlechte Nachrichten: Sabba Perez liegt mit einem schweren Herzinfarkt im Krankenhaus und bei Safta Sara hat die Demenz neue Dimensionen angenommen. Bei ihrem letzten Friseurbesuch ist sie in der Stadt verloren gegangen. Eine Reise nach Berlin sei jetzt absolut unmöglich, entscheidet Tante Ariela. Sie nimmt es in die Hand, die Flüge und Hotelbuchungen zu stornieren.

Doch auch von weiteren Gästen aus Israel wissen wir noch nicht genau, ob sie nun kommen oder nicht.

»Drei Wochen vor der Hochzeit sollten wir das jetzt aber mal langsam wissen, Shaul! Ich muss schließlich noch dem Catering Bescheid geben«, fauche ich genervt. »Du musst jetzt deine Familie zu Antworten bewegen!«

Shaul hebt beschwichtigend die Arme. »Claudia, das kann ich nicht. Das ist Israel. Wir leben nur im Jetzt, wir denken über die Zukunft nicht nach. In Israel plant man einfach nichts im Voraus. Und mit der jetzigen Kriegssituation schon gar nicht – wenn man nicht weiß, was morgen kommt.«

Das verstehe ich, dennoch verziehe ich das Gesicht und verschränke meine Arme.

Da platzt auch Shaul der Kragen: »Kümmere du dich lieber um deine irischen Freunde! Kommen jetzt Conor, Roddy und Liz oder nicht?«

Mit Conor, Roddy und Liz bin ich damals in Dublin auf Demos marschiert, wir haben gemeinsam Flugblätter verteilt, bis fünf Uhr morgens am Küchentisch gesessen und wild diskutiert – besonders viel über Israel und Palästina. Israel kam bei ihnen immer schlecht weg. Auch heute sind die drei politisch noch sehr aktiv, ganz besonders in diesem Sommer. Mir ist bewusst, dass sie durch ihre extreme pro-palästinensische Haltung und den jetzigen Krieg vielleicht nicht sonderlich begeistert davon sind, mit Israelis eine Hochzeit zu feiern. Doch Shaul ist mein Bräutigam und sie sind schließlich meine Freunde. Oder?

Als die drei mir endlich eine Antwort auf unsere Einladung geben, zerbricht es mir fast das Herz. Conor meint: »Excuse me, love, aber ich kann nicht mit Israelis feiern, während zur gleichen Zeit in Gaza die Bomben fallen.«

Und Roddy sagt: »Darling, du kannst nicht von mir erwarten, dass ich mit Shauls Onkel, diesem Armeeoffizier, in einem Raum sitze!«

Liz schnaubt wutentbrannt ins Handy: »Ich würde natürlich alle Israelis, die auf der Hochzeit sind, auf den Krieg ansprechen, ob es ihnen passt oder nicht! Ich lasse mir doch nicht den Mund verbieten!«

Ich appelliere an ihren Verstand und an unsere Freundschaft: Was hat dieser Krieg mit Shaul und mir zu tun? Was hat er mit dem Versprechen zu tun, dass wir einander geben wollen?

Doch leider ist alles vergebens. Von dieser Meinungsverschiedenheit erholen Conor, Roddy, Liz und ich uns nicht mehr. Die zehnjährige Freundschaft zu allen dreien geht in die Brüche.

Heulend sitze ich auf unserem Sofa. Ich bin so erschöpft von all dem, was um uns herum passiert. Merav und Shaul sitzen links und rechts von mir und versuchen mich zu trösten. Merav streicht mir über den Rücken. »Weißt du, Claudia, eine Hochzeit ist etwas Heiliges. Und kurz davor kommen noch mal

Kräfte, die daran rütteln. Die alles testen – vor allem dich. Du musst weiter standhaft bleiben.«

Ich nicke zaghaft.

Shaul stellt sich vor mich hin, beugt sich zu mir herunter und schaut mir fest in die Augen. »Hakol je beseder. Kannst du dich erinnern?«

24 Stunden vor der Hochzeit: Unsere Gäste sind in Berlin eingetroffen und die letzten Vorbereitungen laufen auf Hochtouren. Der Tag beginnt früh, schon um neun Uhr. Treffpunkt ist vor der Kirche. Mit allen Trauzeugen, meiner Mutter und Pfarrer Manske wollen wir noch einmal den Ablauf proben. Inzwischen ist es schon neun Uhr dreißig und Shauls Kumpel Avi, Dror, Gideon, Chen und Ron sind immer noch nicht da. Empört klingelt Shaul sie aus dem Bett.

Pfarrer Manske scheint das Warten nichts auszumachen. Angeregt unterhält er sich mit Merav und schaut immer wieder fasziniert in ihren Ausschnitt. Meine Mutter schüttelt darüber nur entrüstet den Kopf. Doch als die Jungs aus Israel auftauchen, hellt sich auch ihre Miene deutlich auf. Die fünf Freunde nehmen sie als Brautmutter gleich in ihre Mitte. Ganz besonders der bärtige Avi mit seinem wilden Haar hat es meiner Mutter angetan. Die beiden versuchen, sich mit Händen und Füßen und ein paar Brocken Englisch zu verständigen.

»Der lebt ja in einem Kibbuz«, erzählt sie mir später ganz begeistert. »Und wenn ich jünger wäre«, flüstert sie kichernd, »würde der mir auch gefallen!«

»Mama, bitte!«, erwidere ich gespielt streng.

Von der Kirche im Prenzlauer Berg machen wir uns dann auf den Weg zum Ballsaal im Wedding. Er liegt ungefähr zwanzig Minuten zu Fuß entfernt. Wir gehen die gleiche Strecke, die wir auch morgen laufen werden. Auf einer Hauswand leuchtet in knalliger Farbe: »Fuck Israel«. Auch an der nächsten Ecke sehen wir ein großes Graffiti: »Free Gaza«.

Wir feiern in einem alten Berliner Ballsaal aus den 1930-er-Jahren. Der Raum hat unglaublich viel Charakter. Der Dielenboden ist dunkelbraun, die Säulen weiß und an der Decke hängt ein glitzernder Kronleuchter – ein perfekter Kontrast zu den rohen, grünlichen Wänden. Der Garten wirkt wie verwunschen. Dort werden wir morgen die jüdische Trauung abhalten. Stundenlang bereiten wir mithilfe unserer Freunde und Familie im Ballsaal alles vor. Erst am späten Nachmittag ist allmählich ein Ende in Sicht. Doch wir müssen auch noch in unserer Wohnung den Jungs aus Israel bei der Vorbereitung der israelischen Snacks für morgen helfen. Einer von uns muss allerdings noch im Ballsaal auf die Blumenlieferung warten. Shaul sagt: »Geht schon mal vor, ich komme dann gleich nach. Mit meinem Fahrrad bin ich im Nullkommanichts zu Hause.«

Ich erkenne unsere Wohnung kaum wieder. Überall liegen Taschen, Schuhe, Töpfe und Berge von Gemüse. Für den Empfang morgen bereiten Avi und Dror mithilfe der anderen die israelischen Snacks vor: Datteln gefüllt mit Ziegenkäse, Hummus mit Pitabrot, Taboulehsalat auf Paprikascheiben, Burekas gefüllt mit Käse und Kartoffeln und Falafel umhüllt mit Aubergine. Die Küche sieht aus, als hätte eine Bombe eingeschlagen. Ein leckerer, aber sehr starker Essensgeruch verteilt sich in der ganzen Wohnung. Schnell rette ich Shauls Hochzeitsanzug auf den Balkon. »Was brauchst du noch?«, fragt mich Sharon. Merav und sie helfen mir beim Packen meiner Tasche. In der Nacht vor der Hochzeit übernachte ich bei meiner Mutter in einer Mietwohnung im Prenzlauer Berg. Meine Sachen sind schnell gepackt. Doch wo ist Shaul? Er hätte schon längst zu Hause sein sollen.

Plötzlich ertönt lautes Geschrei auf der Straße. Der Besitzer des Spätkaufs rechts von unserem Haus brüllt wie von Sinnen: »Haltet ihn! Haltet ihn!« Ich schaue aus dem Fenster. Was ist denn nur los? Der Späti-Mann fuchtelt wild mit den Armen, er spuckt auf den Boden und ruft noch etwas auf Türkisch. Die Gäste sämtlicher Cafés und Restaurants in Sichtweite sind auf die Straße gelaufen und zeigen gestikulierend in eine Richtung. Wie gebannt stehen sie auf dem Gehweg.

Angst steigt in mir hoch. Wo ist nur Shaul? Doch bevor ich weiter darüber nachdenken kann, ruft Sharon: »Claudia, wie ist die Handynummer deiner Mutter?« Avi kommt mit schnellen Schritten ins Wohnzimmer, fasst mich an der Hand und zieht mich weg von Sharon in die Küche. »Komm, probier den besten Hummus, den du je gegessen hast!« Avi stimmt ein bekanntes israelisches Lied an und die Jungs singen und klatschen in die Hände. Gideon stellt lachend einen Teller Hummus vor mir ab. Die Jungs schauen mich gespannt an. Da fällt mir auf: Ron ist nicht da. Wann ist er gegangen? Und vor allem wohin?

In der Haustür dreht sich hörbar der Schlüssel um. Ich rufe laut: »Shaul?« Doch statt einer Antwort höre ich nur ein lautes Keuchen. Schnell schiebe ich den Stuhl zurück und stürze hinaus in den Flur. Als ich Shaul sehe, bekomme ich einen Schreck. Er ist von oben bis unten nassgeschwitzt und hält sich am Türrahmen fest. Lautstark hechelt er nach Luft. Sein Kopf sieht aus, als ob er gleich platzen würde. Was ist nur passiert?

Shaul hebt schlapp die Arme und erzählt: »Claudia, du wirst es nicht glauben, aber als ich vom Ballsaal nach Hause kam, sah ich, wie einer vor der Pizzeria auf ein Fahrrad sprang und davondüste. Die Leute im Restaurant und der Späti-Mann riefen: ›Haltet ihn! Haltet ihn!‹ Erst dachte ich, dass dieser Typ ein Fahrrad gestohlen hat. Also trat ich in die Pedale und radelte ihm schnell hinterher.«

Ich werfe entsetzt ein: »Du hast was gemacht?«

Doch Shaul erzählt ganz ruhig weiter, wie der Dieb am Ende der Straße nach rechts abgebogen ist – auf die Badstraße. Ich erschrecke: Die ist zweispurig und immer vielbefahren! »Der Typ flitzte dort nur so zwischen den Autos hin und her. Die Fahrer fingen wild an zu hupen. Er versuchte, mich abzuhängen. Ich ließ mich aber nicht abschütteln und schrie ihm immerzu hinterher: ›Halt! Halt!‹ Ich weiß nicht, wann genau, aber vielleicht nach ungefähr fünfhundert Metern bemerkte der Typ, dass ich ihm immer noch auf den Fersen bin und dass ich nicht aufgebe. Vielleicht ging ihm auch mein Geschrei auf die Nerven? Jedenfalls schmiss er irgendwas auf die Fahrbahn.« Ich kann nicht fassen, dass Shaul diesen Typen wirklich verfolgt hat. Seine Geschichte macht mir richtige Angst. Er fährt fort: »Das war ein Geldbeutel, den er da hinwarf. Da verstand ich, dass er kein Fahrrad, sondern einen Gelbeutel gestohlen hatte. Ich machte eine Vollbremsung. Die Börse lag mitten auf der Fahrbahn. Mit den Händen gab ich den Autos Zeichen, dass sie anhalten sollten. So brachte ich den Verkehr zum Stehen und rettete den Geldbeutel und den Inhalt, der auf die Straße herausgeflogen war. Da ich so außer Puste war, schob ich das Rad neben mir zurück nach Hause. Als ich in unsere Straße einbog, riefen mir die Leute vom Restaurant entgegen: ›Und, hast du ihn gefasst?‹ Ich hatte noch keine Luft zum Sprechen und hob einfach nur den Geldbeutel hoch in die Luft. Da fingen alle an zu jubeln und zu klatschen. Sogar Machmud kam aus seinem Friseursalon heraus und klopfte mir noch mit der Schere in der Hand auf die Schulter: ›Du bist mein Held!‹ Der Geldbeutel gehörte einer älteren Dame. Der Dieb hatte ihn ihr aus der Handtasche gestohlen. Sie schüttelte mir kräftig die Hand und bedankte sich immer wieder und fragte, ob sie mich auf ein Glas Wein einladen könne.« Mein Zukünftiger schaut mir tief in die Augen und erklärt: »Ich habe aber nur den Kopf geschüttelt und gesagt, dass ich morgen heirate und nach Hause zu meiner Braut muss – und jetzt bin ich ja wieder da.« Er wischt sich den Schweiß von der Stirn und wedelt sich mit den Händen Luft zu.

»Das war alles sehr gefährlich und hätte gewaltig ins Auge gehen können«, rüge ich ihn.

Shaul schaut mich entgeistert an. »Aber Claudia, das war ein Test! Das Universum fordert dich eben manchmal heraus, aber natürlich nur dann, wenn man es nicht erwartet! Wie an dem Abend vor deiner Hochzeit – um zu prüfen, ob du auch nach anderen Menschen schaust oder nur nach dir selbst.« Ganz bewegt nehme ich Shaul in meine Arme.

Sharon und Merav stehen hinter uns und Avi, Dror, Gideon und Chen strecken ihre Köpfe aus der Küche raus. »Shauli, wo warst du? Was ist passiert?« Shaul geht ganz erschöpft zu ihnen in die Küche und erzählt die ganze Geschichte noch einmal auf Hebräisch. Avi klatscht die Hände zusammen. »Gut gemacht, Shauli! Wir müssen feiern! Nach dieser Geschichte brauchen wir eine Runde Bier. Ich gehe runter zum Kiosk!« Er springt in seine Sandalen und ist zur Tür hinaus. In dem Moment klingelt Shauls Handy. Er schaut auf das Display. »Das ist Ron! Ich habe mich schon gewundert, warum er nicht hier ist«, sagt Shaul überrascht zu mir und nimmt ab. Schon nach den ersten Sätzen verdunkelt sich seine Miene. Er spricht auf Hebräisch. Shaul fängt an laut zu werden. Die anderen schauen betreten auf den Boden. Stimmt etwas nicht? Shaul verlässt die Küche und geht in sein Büro. Durch die geschlossene Tür hindurch höre ich seine Stimme. Es scheint, als ob Ron und er sich streiten.

Nach einer gefühlten Ewigkeit kommt Shaul wieder in die Küche, knallt sein Handy auf den Tisch und verschränkt die Arme. »Ron kommt morgen wahrscheinlich nicht zu unserer Hochzeit.«

Ich lege erschrocken das Blech mit den Burekas auf den Herd. »Warum? Was ist passiert?«

Shaul dreht sich um und geht ins Schlafzimmer. Ich folge ihm.

»Nun sag schon, was ist denn passiert?«

Er verzieht das Gesicht. »Er hat mich beschimpft!«

Ich glaube, nicht richtig gehört zu haben. »Was hat er?«

»Ja, er hat angerufen, um mich zu beschimpfen.« Shaul holt tief Luft. »Er sagt, dass ich nur an mich selbst denke, ich ein totaler Egoist sei, dass diese Hochzeit ein großer Fehler sei und ich an meine ungeborenen Kinder denken solle, die nicht jüdisch sein werden. Dass ich noch Zeit habe zu überlegen, ob ich eine Goja heiraten möchte, und dass ich angeblich zu allen sage, was sie machen sollen, dass alle wie Sklaven für unsere Hochzeit schuften und ich zwar Shaul heiße, aber hier nicht der König sei!« Shaul setzt sich aufs Bett. »Und ich habe zu ihm gesagt, dass er morgen nicht zu kommen braucht.«

Das Lachen der Jungs dringt zu uns ins Schlafzimmer. Sharon und Merav unterhalten sich leise vor unserer Tür. Es fühlt sich an, als hätte mir jemand in den Magen geschlagen. Was Ron zu Shaul gesagt hat, ist so verdammt ungerecht. Ich versuche, mich zusammenzureißen. »Warte ein paar Stunden und dann ruf ihn noch mal an. Rede mit ihm, schließlich seid ihr Freunde.«

Shaul zieht niedergeschlagen die Schultern hoch. »Da bin ich mir nicht mehr so sicher.«

In dem Moment geht die Haustür auf. Mehrere Stimmen sind im Flur zu hören. Dann klopft es an die Schlafzimmertür. Im Flur steht Avi mit dem türkischen Späti-Mann im Schlepptau. Avi schüttelt seine wilde Lockenmähne und sagt schnell: »Er wollte mit mir hochkommen. Ich weiß nicht, was er will!« Er zieht die Schultern hoch. »Ich durfte auch nicht für das Bier bezahlen.«

Der Späti-Mann grinst über beide Ohren, geht auf Shaul zu und schließt ihn fest in seine Arme. »Du bist der Engel unseres Kiezes.« Er schiebt Shaul von sich und drückt ihm eine Flasche mit einem rosafarbenen Likör in die Hand. »Unten auf der Straße reden noch alle über dich!« Der Späti-Mann fasst Shaul an die Schulter. »Du bist Israeli, oder? Ich mag Israelis. Ihr seid quasi wie wir!« Mit breitbeinigen Schritten und zufrieden mit sich selbst geht er zur Tür. »Danke noch mal im Namen des ganzen Kiezes. Diese Verfolgungsjagd werden wir hier nicht so schnell vergessen!«

Und wir definitiv auch nicht. Merav und Sharon warten mit meiner gepackten Tasche auf mich. Ich ziehe Shaul zum Abschied nah an mich heran. »So, du Held – gute Nacht! Bis morgen vorm Traualtar.«

Masel tov!

Als Shaul und ich frisch vermählt als Mann und Frau durch die Kirchentür hinausschreiten, läuten die Glocken Sturm und ein Regen aus bunten Rosenblättern ergießt sich über uns. Unsere Familien und Freunde jubeln und applaudieren. Shaul winkt ihnen zu. »Auf zum Ballsaal! Alle uns nach!« Der gesamte Tross mit neunzig Personen setzt sich in Gang. Wir passieren eine Brücke, eine Baustelle, ein Casino und eine Tankstelle, bis wir zu einer großen Kreuzung gelangen. Wir warten darauf, dass die Ampel auf Grün wechselt. Neunzig Menschen, sehr festlich zurechtgemacht – das fällt auf, auch in Berlin. Autos donnern in hohem Tempo an uns vorbei und hupen, was das Zeug hält. Lachend winken wir ihnen zu. Auf der gegenüberliegenden Straßenseite wartet eine Gruppe von Radfahrern ebenfalls auf grünes Licht und sie feiern uns mit einem gewaltigen Klingelkonzert. Überwältigt von so viel Freude, schwinge ich meinen Blumenstrauß im Takt und bekomme vor Lachen kaum Luft.

Auf einmal drückt Shaul meine Hand und sieht mich ernst an. Er will mit mir darüber sprechen, was bei den Fürbitten in der Kirche passiert ist. »Ich hatte im Vorfeld gedacht, dass ich bei der jüdischen Trauung unter der Chuppa vielleicht emotional werden könnte. Doch dass es tatsächlich in der Kirche dazu kam – an einem Ort, der mir total fremd ist –, hat mich überrascht.« Er hält kurz inne und sagt dann: »Weißt du, die Kraft der Menschen, die wir lieben, ist überall – egal wo, ob unter der Chuppa oder in der Kirche.«

Die Ampel wechselt von Rot auf Grün und wir gehen zügig über die Straße. Ich versuche wie immer, mit Shaul Schritt zu halten. »Ich hatte Sorge, dass du umfällst«, gestehe ich ihm.

Shaul nickt. »Ich weiß auch nicht, was da passiert ist. Es war, als ob in dem Moment all die ungeweinten Tränen über den Verlust meiner Mutter aus mir herausgebrochen sind. Vielleicht musste ich erst Ehemann werden, um diesen Tränen freien Lauf lassen zu können? Ich hatte das Gefühl, als wollte meine Mutter mir sagen ...« Mitten im Satz bricht Shaul ab und wird plötzlich still. Eine Gruppe von sieben arabischen Jugendlichen läuft neben uns her und versucht uns einzuholen. Shauls Bruder Benny, der hinter uns geht, ist das auch aufgefallen und er ruft Shaul etwas auf Hebräisch zu. Mit schnellen Schritten überholen uns die Jugendlichen und stellen sich uns direkt in den Weg. Einer von ihnen trägt ein T-Shirt mit der Aufschrift »Free Palestine«. Ein anderer Junge hat den Kufija, das schwarz-weiße Palästinensertuch, um den Hals. Er steht zwei Schritte von uns entfernt und fixiert uns mit seinem Blick. Die anderen Jungs rufen ihm zu: »Komm, Samir! Mach schon!« Samir beißt sich auf die Lippen und kommt noch einen Schritt auf uns zu. Mein Herz schlägt mir jetzt bis zum Hals. Benny stellt sich beschützend neben mich. Die Jungs stacheln Samir weiter an: »Jalla, Samir!«

Mit einer schnellen Bewegung zieht er schließlich die Hand aus seiner Hosentasche. Ich kneife die Augen zusammen. Da höre ich Shaul auflachen und öffne meine Augen schnell wieder. Samir hält uns sein Handy vors Gesicht. »Eh! Ihr seid voll krass! Dürfen wir ein Foto mit euch machen?« Genau aus diesem Grund lieben und leben wir in Berlin. Hier ist so vieles nicht, wie es auf den ersten Blick scheint.

Nach dieser unvorhergesehenen Fotosession auf der Straße laufen wir weiter und kommen bald im Garten des Ballsaals an. Der gekühlte Sekt blubbert bereits in den Gläsern, die Datteln mit Ziegenkäse sind auf silbernen Platten angerichtet und im Hintergrund läuft israelischer Swing. Dazu eine perfekte Kulisse: Die warme Nachmittagssonne und der blaue Himmel lassen den Garten in ganz besonderen Farben leuchten. Mit dem Sektglas in der Hand ziehen Shaul und ich durch den Garten, um nun endlich unsere Familien und Freunde zu begrüßen und zu umarmen.

Doch noch bevor ich als Erstes meinen Schwiegervater in die Arme schließen kann, kommt Pfarrer Manske auf mich zugestürzt. »Frau Schwartz! Frau Schwartz!« Ich drehe mich zu ihm um. »Wie jeht es Ihnen?«, fragt er mich bedeutungsschwer.

Ich versuche diplomatisch und doch ehrlich zu sein: »Jetzt bin ich erleichtert und glücklich.«

Er fasst mich am Oberarm und zieht mich beiseite. Ganz nah kommt er an mein Gesicht heran. »Ick och. Ick muss sagen, ick war och etwas uffjeregt – dit hat mich janz überrascht.«

Mich hat das auch überrascht. Aber das verrate ich ihm nicht. Warum sollte ich auch? Schließlich haben wir beide genug Blut und Wasser geschwitzt und am Ende ist ja doch alles gut gegangen. Das Einzige, was jetzt zählt: Shaul und ich sind Mann und Frau.

Pfarrer Manske will ein längeres Gespräch mit mir über das größte Geschenk der Religionen anfangen: die Toleranz. Doch mein Blick und meine Gedanken schweifen ab. Sehe ich richtig? Da vorn beim Eingang zum Wintergarten, kann das sein? Ich recke meinen Hals. Tatsache: Es ist wirklich Ron, der genüsslich in eine Bureka beißt.

»Entschuldigen Sie bitte«, murmele ich dem Pfarrer entgegen. Ich drehe ihm den Rücken zu und schaue suchend durch den Garten. Wo ist denn mein Bräutigam? Hat er schon mitbekommen, dass Ron doch da ist? Ron steht jetzt bei den anderen Trauzeugen und trinkt ein Glas Sekt. Er hat nun auch bemerkt, dass ich ihn gesehen habe, und schaut direkt in meine Richtung. Ich winke ihm zu. Er winkt zurück.

Im Garten laufen bereits die Vorbereitungen für die jüdische Trauung: Avi und Tom reichen den männlichen Hochzeitsgästen die weißen Kippot, mit denen sie sich die Köpfe bedecken können. Julia teilt die Heftchen aus, die die Trauung auf Deutsch und Englisch erläutern, und Sharon spannt mit meinem Cousin Max zusammen den Traubaldachin – die Chuppa. Sie ist an vier langen Stöcken befestigt und steht dafür, dass durch die Eheschließung ein Haus gegründet wird. In vier Richtungen geöffnet, soll die Chuppa auch ein Symbol für das Brautpaar sein, ihr Haus immer für Gäste offen zu halten – so wie es das Zelt von Abraham und Sara war.

Die Musik im Hintergrund wird langsam leiser, bis sie ganz verklingt. Unsere Trauzeugen halten die Chuppa an den Stöcken fest und die Familie kommt allmählich darunter zusammen.

Meine Mutter und mein Vater stellen sich links von mir auf. Eatan steht schon neben Shaul. Merav und Benny gesellen sich mit Bennys Söhnen Assaf und Yogev dazu. Aber wo ist Anat? Unter den Hochzeitsgästen schräg rechts von uns entdecke ich sie: Anat steht mit ihren Töchtern zusammen und lächelt mich an. Ich drehe mich zur Seite und suche Eatans Augen. Unsere Blicke finden sich. Er zwinkert mir zu. Jetzt ist es genauso, wie Shaul es sich gewünscht hat: Er kann nur mit seinem Vater und seinen Geschwistern unter der Chuppa sein. Überglücklich werfe ich meinem Schwiegervater eine Kusshand zu.

Die Trauung beginnt. Ganz zart und gefühlvoll spielen Freunde von uns auf zwei Geigen. Dann ergreift Onkel Schlomo als Zeremonienmeister das Wort: »Liebe Gäste, ohne Zweifel sind Claudia und Shaul ein besonderes und charmantes Paar – sie sind eine Brücke zwischen Nationen, Kulturen und Religionen. Sie lieben einander aus tiefstem Herzen. Sie lieben uns. Und wir alle lieben sie zurück.«

Ein »Ahhh!« ist von unseren Gästen zu hören. Shaul und ich fangen vor Rührung an zu lachen. Die Stimmung im Garten ist unglaublich locker, die ganze Anspannung aus der Kirche ist nun endgültig verflogen. Onkel Schlomo hält einen Kelch Wein in der Hand und singt den ersten Segensspruch. Es ist wunderschön. Dann trinken Shaul und ich aus dem Glas – als Sinnbild dafür, dass die Ehe alles Leid halbiert und alles Glück verdoppelt. Schlomo reicht Shaul die Ringe. Ein zweites Mal stecken wir uns gegenseitig die Ringe an und sprechen die alte Hochzeitsformel auf Deutsch und Hebräisch: »Mit diesem Ring bist du mir angelobt, nach den Gesetzen von Moses und Israel.«

Benny räuspert sich und tritt nach vorn. Als großer Bruder hat er etwas Wichtiges zu sagen: »Liebe Claudia und lieber

Shaul, heute ist ein Festtag für uns alle, Familie wie Freunde. Aber für euch, Claudia und Shaul, hoffe ich, dass der heutige Tag einfach nur eine große Party ist, und zwar eine von vielen, wie ihr sie in der Vergangenheit gefeiert habt und in Zukunft noch feiern werdet. Denn heute ist nicht der Anfang eurer märchenhaften Beziehung, sondern nur der Tag, an dem ihr vor aller Welt verkündet, was eure Herzen schon seit geraumer Zeit wissen: dass ihr zusammengehört. Zueinander.«

Shaul und ich halten uns fest im Arm, wir sind schon jetzt ganz bewegt. Benny grinst uns zu.

»Ich bin so stolz, wenn ich euch heute sehe. Ich bin stolz, weil mein kleiner Bruder es nicht nur geschafft hat, die Sache nicht zu verbocken, sondern weil er sogar den Hauptgewinn gezogen hat. Es kommt mir vor, als wäre es erst gestern gewesen, dass wir zusammen Lego gespielt haben und Shaul unsere Konstruktion geschrottet hat. Ähhh, Entschuldigung, ich meinte natürlich, etwas ganz Tolles und Kompliziertes gebaut hat!«

Wir alle müssen laut loslachen. Shaul nickt mit erhobenen Augenbrauen seinem Bruder zu. Da wird Benny auf einmal ernst.

»Aber Scherz beiseite. Wir feiern heute mit einem lachenden und mit einem weinenden Auge, denn an einem so wundervollen Tag fällt es schwer, ausgelassen zu sein, ohne zugleich daran zu denken, dass ein sehr wichtiger Mensch fehlt – unsere geliebte Mutter, die nach acht Jahren langen, harten Kampfes starb, als Shaul erst 14 war. Doch selbst aus diesem tragischen Ereignis ist irgendwann etwas Hoffnungsvolles erwachsen – wie es in der Bibel heißt: ›Aus bitter wird süß.‹ Kurz nach dem Tod unserer Mutter fing Shaul an, seine Trauer und seine Leidenschaft in die Musik fließen zu lassen, und wurde zu einem der inspirierendsten Musiker, die Israel je gesehen hat. Shauls Begabung entfaltete sich immer mehr und wuchs im Laufe der Zeit von Musiker über Orchesterleiter zu Komponist.«

Aus meinen Augenwinkeln betrachte ich Shaul. Er hört seinem Bruder ganz aufmerksam zu. Mit solch einer emotionalen Ansprache von Benny hat keiner von uns gerechnet.

»Vor drei Jahren beschloss Shaul dann, zu neuen Abenteuern in ein fernes Land aufzubrechen, und zog nach Berlin. Ohne sich von der fremden Sprache, Kultur und Landschaft abschrecken zu lassen, stürzte er sich kopfüber und voller Elan in diese neue Erfahrung. Er fand Freunde und später sogar eine Familie. Denn, liebe Freunde und Verwandte, ihr alle wisst ja, dass Shaul hier Claudia kennengelernt hat. Ist es eine Liebesgeschichte wie aus dem Märchen? Na ja, liebe Gäste, denken wir einfach an ihren ersten gemeinsamen Besuch in Israel, an den ich noch sehr lebhafte Erinnerungen habe. Das Knutschen in der Öffentlichkeit war ebenso herzerwärmend wie schauderhaft anzusehen.«

Alle Gäste lachen laut los. Bei dem Gedanken an unseren ersten gemeinsamen Besuch in Israel kommen auch andere witzige Erinnerungen in mir hoch – wie die an den Reisebus, der sich an meinem nackten Po erfreuen durfte. Ich muss kichern.

Benny spricht weiter: »Aber Shaul ist nicht der Einzige, der sich Hals über Kopf in Claudia verliebt hat. Unsere Familie – meine Frau, meine Kinder und ich selbst – war sofort hin und weg von ihr. Jede Skype-Sitzung begann damit, dass die Kinder dich unbedingt sehen und mit dir reden wollten, Claudia. Du warst aus unserer Familie schon nicht mehr wegzudenken, lange bevor ihr den offiziellen Bund geschlossen habt, den wir heute feiern.«

Benny holt kurz Luft. Ich bin von seinen Worten ganz ergriffen. Er lächelt den Hochzeitsgästen und uns zu.

»Im Namen aller, die heute hier sind, und im Namen derer, die gern hier gewesen wären, aber nicht dabei sein konnten, möchte ich euch von Herzen dazu gratulieren, dass ihr für uns heute eine Party schmeißt ... Und ich wünsche euch beiden, dass ihr nie aufhört, eure Liebe, eure Erfolge – eigene wie gemeinsame – und eure Freundschaft zu feiern.«

Nach dem letzten Satz ist tosender Beifall zu hören. Shaul und ich nehmen Benny ganz gerührt in unsere Mitte und umarmen ihn fest.

Dann reicht Onkel Schlomo Shaul den Tallit, den Gebetsschal. Shaul umhüllt uns mit dem Schal und wir sprechen gemeinsam das Dankesgebet auf Hebräisch: »Selig bist du, Herr, König der Welt, der uns am Leben erhalten hat, uns gestärkt hat und uns zu diesem Moment in unserem Leben gebracht hat. Amen.«

Daraufhin sprechen unsere Familie und Freunde die »Scheva Brachot« – die Sieben Segen. Zwischendurch stimmt Avi immer mal wieder eine bekannte jüdische Melodie an und alle singen und klatschen mit. Es ist einfach nur wunderschön. Wir alle genießen die Trauung, das ist offensichtlich. Auch Pfarrer Manske. Ganz leger im schwarzen Priesterhemd und mit weißer Kippa auf dem Kopf verfolgt er alles ganz genau und lächelt interessiert. Und dann ist auch schon der Moment gekommen, auf den wir alle gewartet haben: Der kleine Yogev legt ein Glas, das in ein weißes Tuch eingewickelt ist, vor Shaul auf den Boden. Shaul spricht auf Hebräisch: »Wenn ich dich je vergesse, Jerusalem, dann soll mir ...« Mit dem letzten Satz hebt er den Fuß – und tritt mit aller Kraft auf das Glas. Klirr!

Bei diesem lauten, knirschenden Geräusch ruft die Menge: »Masel tov!« Ein ohrenbetäubender Jubel bricht los. Gleichzeitig setzt schon die Musik ein. Unsere Freunde und Familien stürmen auf uns zu, um uns zu beglückwünschen und zu umarmen. Die Musik reißt alle mit. Shaul und ich ganz vorn, ziehen wir alle tanzend in den Ballsaal ein. Dort bilden wir einen Kreis, fassen uns an den Händen und tanzen zu den schnellen Rhythmen von »Na-na-na-nei-nei-nei ...« – das bekannte Klezmer-Hochzeitslied. Avi schnappt sich Pfarrer Manske und beide hopsen zu der Melodie durch den Ballsaal. Shauls Freunde stellen einen weißen Stuhl hinter mich. Ich ahne, was gleich kommen wird. Dror nimmt Shaul auf seine Schultern und im selben Moment werde auch ich in die Luft gehoben. Hoch und runter, hoch und runter geht es auf dem Stuhl. Ich schreie wie am Spieß und bekomme gleichzeitig vor Lachen kaum noch Luft.

Einige Lieder später haben wir unsere Beine weggetanzt und es ist Zeit, sich an die lange Tafel zu setzen. Das Personal schenkt die Getränke aus. Als die Musik im Hintergrund langsam verebbt, klirrt ein Messer gegen ein Weinglas. Meine Mutter. Auch sie möchte nun ein paar Worte sagen.

»Liebe Claudia, lieber Shaul, liebe Hochzeitsgäste, wenn ich mich gerade hier so umsehe, dann sehe ich in viele Gesichter, die die Eindrücke der bewegenden Zeremonien, die wir heute gemeinsam erleben durften, noch widerspiegeln: Ich sehe Freude, Rührung, vielleicht auch noch ein wenig Aufregung? Wir alle sind berührt – und uns auf unsere jeweils ganz eigene Weise der Bedeutung dieses Augenblicks bewusst, der seit Jahrtausenden in den verschiedensten Kulturen den Neubeginn im Leben zweier Brautleute markiert.

Hier entstanden und entstehen Brücken. Brücken des gegenseitigen Verständnisses, die vielleicht allein den Weg bereiten können für ein friedvolles Miteinander in dieser Welt. Brücken zwischen Ländern, zwischen Kulturen, zwischen Menschen und heute – durch diese Hochzeit – auch zwischen unseren Familien. Darüber bin ich sehr glücklich! Euch beiden bedeutet die Bühne das Leben. Und für euch beide beginnt heute ein neuer, gemeinsamer Abschnitt auf der Bühne des Lebens – für Claudia, die Schauspielerin und Theatermacherin, und für Shaul, den Musiker und Komponisten. Da überrascht es nicht, dass ihr euch bei Proben für ein Theaterstück zum ersten Mal begegnet seid. Du, Claudia, hast es geschrieben und darin gespielt, Shaul komponierte die Musik und über die gemeinsame Arbeit und die Hingabe an eure Kunst entdecktet ihr eure Liebe füreinander. In dem Stück geht es um eine junge Frau, die plant, auf ihrem Geburtstagsfest während des Singens eines Liedes, in einem Moment der höchsten Vollkommenheit, zu sterben. Doch ihr Vorhaben gelingt nicht. Stattdessen gibt es für die Protagonistin Ariana einen Neubeginn – ein neues Leben. Diese Geschichte kam mir sofort in den Sinn, als Claudia mir das erste Mal von dir, Shaul, erzählte und ich spürte, dass nun auch für Claudia, für euch beide, ein neues Leben beginnen würde. Heute darf ich mich mit euch freuen, dass ihr euch füreinander und für ein gemeinsames Leben entschieden habt. Ihr habt euch ›getraut‹, vor uns, euren Familien und euren Freunden, ein feierliches Bekenntnis füreinander abzulegen – voller Vertrauen, Zuversicht und Hoffnung für eine glückliche gemeinsame Zukunft. Ich habe das sichere Gefühl, dass es für euch beide die richtige Entscheidung ist, und hoffe, dass euch gelingt, was ihr euch vorgenommen habt! Ich bin glücklich, dass unsere Familie größer geworden ist und nun ein weiteres Mitglied willkommen heißen darf: meinen Schwiegersohn Shaul. Dafür danke ich Gott. Durch die heutige Trauung und die Chuppa haben Shaul und Claudia Gottes Segen erbeten und erhalten. Möge er sie und uns alle, Angehörige und Freunde, stets begleiten und beschützen.«

Wir nehmen meine Mutter fest in unsere Arme. Ich wische mir einige Tränen aus den Augen. Ihre Worte und wie sehr sie an uns glaubt – das bedeutet mir so viel und macht mich sehr glücklich.

Der Abend nimmt seinen Lauf. Unsere Gäste sind bunt gemischt an den Tischen verteilt und unterhalten sich angeregt. Tante Brigitte und Onkel Schlomo scheinen sich besonders gut zu verstehen, denn sie haben irgendwie verpasst, dass das Büfett eröffnet wurde. Wir essen, trinken, tanzen, singen, lachen und musizieren. Stundenlang. Die Liebe und Freude unserer Familie und Freunde, die wir hier spüren dürfen, sind einfach überwältigend. Es ist ein unvergesslich glücklicher Tag.

Kurz nach Mitternacht nehme ich mir einen Moment für mich und setze mich auf ein Sofa, das in der Ecke des Saales steht. Von dort schaue ich auf meine tanzende und feiernde Familie und meine Freunde. Ich spüre, wie auch mich jemand beobachtet. Vom anderen Ende des Raumes läuft Ron auf mich zu. Nach der kurzen Begrüßung im Garten schien er seit dem Nachmittag alles getan zu haben, um mir aus dem Weg zu gehen. Jetzt steht er vor mir mit einem Glas Whiskey in der Hand. »Claudia, kann ich mit dir reden?« Ich versuche, mich in meinem Hochzeitskleid auf dem Sofa zurechtzurücken, und mache ihm Platz.

Ron setzt sich mit zusammengesunkenen Schultern neben mich. Er schaut auf das Whiskeyglas in seinen Händen. Von der Tanzfläche ist ein begeistertes Johlen zu hören. Der DJ hat gerade Aretha Franklin aufgelegt und heizt damit den Gästen richtig ein. Mit Blick auf die Tanzenden sucht Ron nach Worten: »Claudia, ich möchte mich bei dir entschuldigen. Ich habe mich nicht richtig verhalten. Und dass ich nicht in der Kirche war, war auch falsch.« Während Ron spricht, fängt mein Herz schnell an zu schlagen. Sein Verhalten hat mich wirklich tief verletzt. Ich sage aber nichts, sondern höre ihm erst einmal nur zu. »Gestern Nacht bin ich einfach explodiert und habe Shaul viele schlimme Dinge an den Kopf geworfen. Ich verstehe total, dass er mich deswegen ausgeladen hat. Ich hätte dasselbe getan. Ich wäre auch nicht gekommen, hätte Avi mich nicht nach der Kirche angerufen und gebeten zu kommen. Um unsere Freundschaft zu retten.« Ron holt Luft und schaut mir direkt in die Augen. »Und ich hoffe, dass es dafür nicht zu spät ist.« Er erwartet keine Antwort von mir, sondern spricht direkt weiter: »Shaul und du, ihr seid ein wunderbares Paar. Und das ist die wunderbarste Hochzeit, die ich je erlebt habe. Hier ist so viel Liebe im Raum. Heute mit eurer Hochzeit habe ich etwas verstanden. Ihr seid ein lebender Beweis für ein multikulturelles Zusammenleben. Es tut mir leid, dass ich nicht an euch geglaubt habe.« Er schaut auf das Glas in seinen Händen. »Ich möchte dich bitten, auch Shaul davon zu erzählen, was ich dir jetzt gesagt habe. Ich schäme mich so sehr, dass ich heute nicht die Kraft habe, ihm in die Augen zu schauen. Es tut mir leid, dass ich euch verletzt habe, Claudia.«

Die eigene Gang

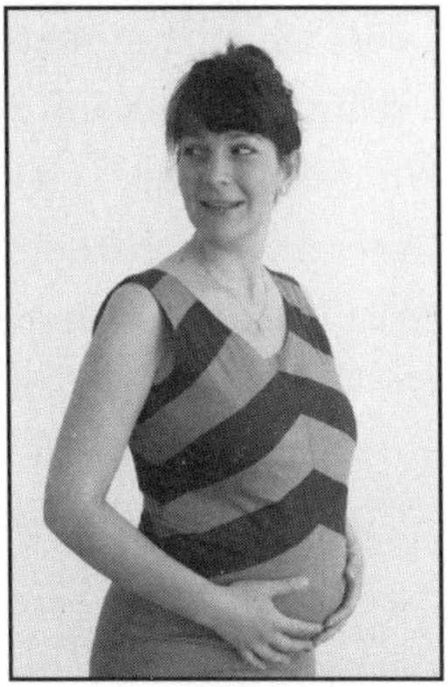

Es ist schon nach Mitternacht, als die Tür plötzlich aufgerissen wird. Die Oberärztin kommt mit schnellen Schritten herein und eilt auf uns zu, gefolgt von der Stationsärztin, dem Anästhesisten und zwei Hebammen. Sie alle tragen grüne OP-Kleidung und einen weißen Mundschutz übers Kinn gestülpt. Sofort springt Shaul vom Bett auf. Er hat sich an meinen Rücken gekuschelt, um mir ganz nah zu sein. Seit zwölf Stunden sind wir schon in diesem Zimmer. Und seit zwölf Stunden öffnet sich trotz heftigster Wehen mein Muttermund keinen Millimeter.

»Frau Schwartz ...« Die Oberärztin tritt nah an das Bett heran und schaut zu mir herunter. »Wir müssen Ihr Baby holen. Die Herztöne werden schwächer.« Die Augen der Oberärztin wandern von mir zu Shaul und wieder zurück. »Ihr Baby wird die Geburt nicht schaffen. Wir machen jetzt einen Kaiserschnitt.«

Die Hände der Hebammen sind schon an meinem Körper. Sie wollen mir helfen, mich rasch auszuziehen. »K-k-kann ich noch mal aufs Klo?«, höre ich mich stotternd fragen.

Hebamme Clara schüttelt den Kopf. Sie ist dabei, mir den Katheter zu legen. »Wir dürfen keine Zeit verlieren.«

Ihre Kollegin Bianca streift mir den OP-Kittel über den Kopf und der Anästhesist hält die Einverständniserklärung und einen Kuli vor mein Gesicht. »Bitte hier unterschreiben!«

Es geht alles so schnell, ich komme gar nicht hinterher. Unleserlich kritzele ich meinen Namen auf das Blatt Papier. Da greifen mir auch schon die beiden Hebammen unter die Arme und hieven mich mit einem Ruck aus dem Bett.

So schnell, wie es nur geht, laufen sie mit mir über den Flur. »Frau Schwartz, hier entlang, bitte schnell!« Die Hebammen ziehen mich weiter geradeaus auf eine große Tür zu. Auf dem Schild steht: »Zutritt für Unbefugte verboten – Operationssaal«.

Ich drehe suchend meinen Kopf nach hinten. »Shaul. Wo ist Shaul?«

Die Hebammen halten mich an den Armen fest. »Ihr Mann kommt gleich. Er muss noch kurz warten.«

Mit einem surrenden Ton öffnet sich die Tür des OP- Saals und wir gehen hinein. Das Licht ist gleißend hell, die Kacheln unangenehm grün. Die Überwachungselektronik blinkt. Alles ist steril. Inmitten des Raumes steht der große OP-Tisch. Ich bekomme Angst. Ich habe einfach nur große Angst. Um mein Baby.

Dabei hat dieser Tag – genau zwei Wochen vor dem errechneten Geburtstermin – ganz entspannt begonnen. Wir sollten nur zu einer regulären Ultraschalluntersuchung ins Krankenhaus. Meine Frauenärztin hatte zuvor festgestellt, dass unser

Baby recht zart war. Daher wollten die Ärzte ein Auge auf das Wachstum haben.

Unser Termin war um elf Uhr. Zwei Stunden später saßen wir immer noch wartend auf denselben Stühlen im Flur der Geburtshilfe. Denn in der Abteilung war die Hölle los. Eine hochschwangere Frau ging schwer stöhnend und gestützt von ihrem Mann an uns vorbei und hielt sich den Bauch. Am anderen Ende des Flurs fuhren Hebammen eine Liege mit einer vor Schmerzen schreienden Frau von einem Zimmer ins andere. Aus dem ersten Kreißsaal drang das tiefe Grölen einer Gebärenden. Shaul drehte sich erschrocken zu mir um. Ich tätschelte beruhigend seine Hand. »Wie gut, dass wir bald wieder zu Hause sind. Wir gehen dann gleich im Anschluss in Mitte bei Tante Mo lecker Asiatisch essen, ja?« Die Geburt war für mich nicht nur ganz weit weg, sondern ich dachte auch nur von einem Punkt zum nächsten. Und der nächste Punkt hier war eindeutig Nahrungsaufnahme.

Eine große Frau in einem weißen Kittel kam auf uns zu. Sie ging so entschlossen und zügig, dass ihre kurzen blonden Locken hin- und herwippten. Das musste die Oberärztin sein.

»Familie Schwartz-Bustan?«

Ich sprang von meinem Stuhl auf und dachte nur: Ich will hier so schnell wie möglich drankommen und dann so schnell wie möglich wieder verschwinden. In meinen Gedanken sah ich schon das Mango-Tofu-Reisgericht vor mir. Mein Magen gab ein lautes, knurrendes Geräusch von sich.

»Guten Tag, wir kennen uns noch gar nicht.« Die Ärztin schüttelte uns nacheinander die Hand. »Ich bin Frau Goebbels, die leitende Oberärztin.«

Bitte? Meine Kinnlade klappte nach unten. Shaul sah aus, als hätte ihn soeben ein Blitz getroffen. Hatten wir richtig gehört? Frau Goebbels? Wie – die Sippe hatte doch irgendwie überlebt? Unbewusst trat ich einen Schritt zurück und scannte die Oberärztin vorsichtig von oben bis unten. Sie trug kein Namensschild und eine äußerliche Ähnlichkeit zu Joseph Goebbels konnte ich auf den ersten Blick auch nicht feststellen. Sie war zu groß und zu blond. Frau Goebbels schaute mich ebenso direkt an und hob fragend die Augenbrauen.

Shaul und ich guckten uns nur betreten von der Seite an und gingen dann beide schweigend hinter Frau Goebbels her. Sie konnte ja schließlich nichts dafür, dass der Joseph vielleicht ihr Großonkel oder Cousin zweiten Grades war? Sie gleich in Sippenhaft zu nehmen, wäre auch nicht gerade fair. Und doch war es ein beklemmendes Gefühl. Frau Goebbels. Eine Goebbels. O Gott.

Auf dem Weg zum Untersuchungszimmer drehte sie sich noch einmal freundlich lächelnd zu uns um. Wir tappten ihr weiter schweigend hinterher. Sicherlich war sie es schon gewohnt, dass Mitmenschen auf ihren Nachnamen irritiert reagierten. Mit so einem Nachnamen und so einer Verwandtschaft war man ja echt gestraft.

Während des Ultraschalls sprach die Oberärztin kein Wort. Ihr Mund zog sich spitz zusammen und ihre Stirn kräuselte sich. Warum sagte sie nichts? Ihr Schweigen beunruhigte mich. Stimmte mit unserem Baby etwas nicht? Oder hatte unsere nonverbale Irritation auf ihren Nachnamen sie verletzt?

Sie reichte mir ein Tuch. »Damit können Sie sich abwischen.« Dann zeigte sie auf die beiden Stühle vor ihrem Schreibtisch. »Setzen Sie sich doch bitte neben Ihren Mann.«

Schwerfällig bewegte ich mich mit meinem Kugelbauch von der Liege herunter und nahm langsam neben Shaul Platz.

»Frau Schwartz, Ihr Baby ist nicht mehr gewachsen. Es wird nicht mehr genügend von der Plazenta versorgt. Daher möchte ich die Geburt einleiten. Ihr Baby ist jetzt auf der Welt besser aufgehoben als im Bauch.«

Ich musste schwer schlucken. Was hatte das konkret zu bedeuten? Die Geburt einleiten? Das Baby wird nicht mehr genügend versorgt?

Shaul war ebenso hilflos wie ich. Er nickte mit gesenktem Kopf. »Gut, Frau G-g-g...« Doch den Namen brachte er nicht über die Lippen. »G-g... Frau Oberärztin. Sollen wir dann morgen oder am Wochenende wiederkommen?«

Frau Goebbels faltete die Hände auf ihrem Schoß zusammen und sagte ganz ruhig: »Sie brauchen gar nicht wiederzukommen. Wir beginnen nämlich mit der Einleitung – jetzt sofort.«

Zwölf Stunden später sind die Ärzte wegen der immer schwächer werdenden Herztöne meines Babys besorgt. Im OP-Saal bereiten die Stationsärztin und Hebamme Bianca alles eilig für den Kaiserschnitt vor. Im Nebenraum zieht sich Shaul die sterile Kleidung an. Hebamme Clara hilft ihm dabei. Ich sitze vornüber gekrümmt auf dem OP-Tisch, der Anästhesist ist hinter mir und ich spüre seine Hände an meinem Rücken. »Frau Schwartz, ich lege Ihnen jetzt die PDA.«

Zuerst sind es meine Beine, die vor Angst anfangen zu zittern, dann der Rest meines Körpers.

Frau Goebbels fasst mich an beiden Händen und schaut mir tief in die Augen. »Wenn die Angst kommt, dann drücken Sie fest meine Hände. In Ordnung?«

Ich nicke und halte ihre Hände ganz, ganz fest gedrückt. Tränen laufen in Bächen über mein Gesicht.

Ich werde flach auf den OP-Tisch gelegt. Mein ganzer Körper zittert wie Espenlaub. Shaul ist jetzt bei mir, er steht am Kopfende und versucht mich zu beruhigen. Das grelle OP-Licht verschwimmt vor meinen Augen und wird zu runden Punkten. Es ist ziemlich still im Raum – nur ein klapperndes Geräusch ist zu hören. Meine Zähne. Sie schlagen unkontrolliert aufeinander.

Ein Tuch ist wie ein Zelt vor mir gespannt. Shaul und ich können zwar nur die Umrisse der Ärztinnen erkennen, doch wir können alles, was passiert, genau hören.

»Möchtest du oder soll ich?«, fragt Frau Goebbels die Stationsärztin. In meinem Kopf schreie ich lauthals los. Frau Goebbels! Wenn jemand an mir herumschneidet, dann bitte sie – Oberärztin Goebbels! Bitte! Frau Goebbels soll mein halb-jüdisches Kind aus meinem Bauch holen.

*

Shaul und ich hatten uns so sehr ein Kind gewünscht. Ein paar Monate nach unserer Hochzeit, Shaul war gerade für eine Woche zu einem Projekt nach Afrika gereist, hatte ich plötzlich ein unbeschreibliches Gefühl: schwanger! Ich bin sicher schwanger, war ich überzeugt. Als ich Shaul am Flughafen Tegel abholte, eröffnete ich ihm noch in der Ankunftshalle: »Lass uns auf dem Weg nach Hause bei der Apotheke einen Schwangerschaftstest kaufen!« Kurze Zeit später hatten wir Gewissheit: zwei rote Streifen! Wir fielen uns überglücklich und mit Tränen in den Augen in die Arme. Wir bekommen ein Kind! Wir werden Eltern. Wir werden eine kleine Familie. Jetzt kommt etwas ganz Neues, jetzt ist alles möglich. Eine neue Geschichte wird geschrieben. Unsere eigene Gang!

Doch mit dem immer größer werdenden Bauch kamen auch noch nie dagewesene Fragen auf: Wie soll unser Kind heißen? Wollen wir es taufen lassen? Und falls es ein Junge ist – werden wir ihn beschneiden lassen? Im Juden- wie im Christentum kommt der Glaube nach der Mutter, also wäre unser Kind nicht jüdisch – und dennoch kamen aus unserem Familienkreis ganz klare Ansagen.

Shauls Familie sagte: »Auf jeden Fall beschneiden lassen!«

Meine Familie sagte: »Auf keinen Fall beschneiden lassen!«

Und Shaul und ich? Wir hofften auf ein Mädchen.

Doch mein Bauchgefühl sagte mir eindeutig, dass da drin sicher ein Junge war!

Im sechsten Monat wurde uns dann beim Ultraschall mitgeteilt, dass die Mama Verstärkung bekommt: Also doch ein Mädchen. Ich fiel aus allen Wolken. Ich hatte mich doch bisher immer auf mein Gefühl verlassen können.

Da uns jetzt das Geschlecht mitgeteilt worden war, begaben Shaul und ich uns auf Namenssuche. Doch das war schwieriger als gedacht. Die Namen, die mir gefielen, trafen bei Shaul auf Widerstand.

»Shauli, ich weiß wirklich nicht, was du hast. Sarah oder Hanna, das sind wunderschöne Namen!«

Shaul strich sich übers Gesicht. »Claudia, das sind Holocaustnamen.«

»Bitte was?«

»In Israel kenne ich nur Holocaustüberlebende mit diesen Namen. Wenn ich Sarah oder Hanna höre, dann muss ich sofort an Gaskammern denken. Tut mir leid.«

Ich musste sofort an etwas anderes denken, nämlich: Wie wird das überhaupt für unser Kind sein, wenn es später mit der deutsch-israelischen Vergangenheit konfrontiert wird? Wenn es erfährt, dass das Volk des einen Uropas die Mörder des Volkes des anderen Uropas waren? Ich atmete tief durch und verabschiedete mich innerlich von meinem Lieblingsnamen aller Zeiten: Hanna. Und damit war die Namenssuche erst einmal für Wochen auf Eis gelegt.

Im achten Monat konnten wir uns dann endlich auf einen Namen einigen. Am Abend vor dem nächsten Ultraschall stand er fest. Shaul hielt mir zufrieden seine Hand entgegen. »Wie schön, wir haben einen Namen! Gib mir High Five!« Zögernd klatschte ich ihn ab.

Am nächsten Tag lag ich auf der Liege in der Praxis meiner Frauenärztin. Diese war jedoch im Urlaub und so machte ihre Vertretung den Ultraschall.

»Soll ich Ihnen verraten, was es wird?«, fragte sie uns freundlich.

Shaul antwortete ganz lässig: »Ach, das wissen wir schon.« Erleichtert flüsterte er mir ins Ohr: »Gott sei Dank ein Mädchen!« Und lauter zur Ärztin: »Wir haben jetzt auch endlich einen Namen. Einen wunderschönen Namen. Das war aber nicht einfach, das kann ich Ihnen sagen!«

Ich zupfte Shaul am Ärmel. Die Frauenärztin hörte ihm gar nicht mehr zu, sondern schaute hochkonzentriert auf den Bildschirm vor sich.

»Alles in Ordnung?«, fragte ich sie besorgt.

Sie schaute auf und lächelte mir zu. »Ja, keine Sorge! Ich komme nur nicht an das Herzchen ran. Ihr Baby mag zu sehr zeigen, was es hat!«

»Was es hat?«

Die Frauenärztin zeigte auf den Bildschirm. »Ja, schauen Sie mal, es dreht sich immer so, dass sein Pimmelmann zu sehen ist.«

Shaul schaute mich ungläubig an. »Was für ein Mann? Pim-mel-mann? Was ist ein Pimmelmann?«

Ich konnte mich nicht mehr halten vor Lachen, wälzte mich auf der Liege hin und her und hielt mir dabei den großen Bauch. Netterweise übernahm die Frauenärztin und klärte Shaul darüber auf, was das Wort »Pimmelmann« bedeutet. Da prustete auch er laut los. Wir hielten uns an den Händen und gackerten um die Wette. Die Frauenärztin guckte uns nur baff von der Seite an. »Sie sind ja ein lustiges Pärchen«, meinte sie noch.

*

Doch vom Lustigsein sind wir im OP-Saal ganz weit entfernt. Mit einem surrenden Apparat rasiert Hebamme Bianca meinen Intimbereich.

»Ich beginne jetzt«, sagt die Oberärztin. Mit dem Skalpell schneidet sie in die Haut. Ich spüre nichts, nur ein leichtes Kitzeln auf meiner Haut.

Der Anästhesist versucht mich abzulenken: »Frau Schwartz, wissen Sie schon, was es wird?«

»Ein Junge«, stoße ich hervor.

»Ein Mädchen?«, fragt er nach.

Ich schreie fast durch meine aufeinanderschlagenden Zähne: »Nein, ein J-j-junge!«

Der Anästhesist nickt Shaul beruhigend zu. »Sie brauchen sich keine Sorgen zu machen, das ist ganz normal.« Damit meint er höchstwahrscheinlich mein Zittern.

»Ich sehe schon das Köpfchen«, ruft Frau Goebbels.

Der Anästhesist erklärt mir: »Frau Schwartz, wenn ich gleich ›Jetzt!‹ zu Ihnen sage, dann nehmen Sie bitte Ihr Kinn auf die Brust und pressen einmal ganz kräftig in den Unterleib.«

Es ist auf einmal ganz still im OP-Saal. Nur das Summen der Maschinen ist zu hören.

»Jetzt!«

Einige Momente später läuft Hebamme Clara mit einem Bündel in den Armen an uns vorbei. Dann hören wir es: zuerst ein Gurgeln, dann einen kleinen, zarten Schrei. Den Schrei des Lebens. Unser Sohn ist auf der Welt.

»Du hast mir das größte Geschenk gemacht«, stößt Shaul noch hervor, dann bricht er in Tränen aus. Der Anästhesist klopft ihm tröstend auf die Schulter. Hebamme Clara legt mir unser Baby auf die Brust. Ich höre auf zu zittern. Für einen Moment macht unser Sohn die Augen auf. Alles um uns herum steht still.

Ich sehe meinem Kind zum ersten Mal in die Augen. Alles, was ich in meinem Leben bisher erlebt habe, ist nichts im Vergleich zu diesem Moment. Was kann es noch Schöneres auf dieser Welt geben? Unser Sohn betrachtet uns und wir ihn. Ihr seid das also, meine Mama und mein Papa. Und du bist unser Kind. Shaul und ich sind überwältigt von dieser ersten Begegnung und voller Liebe für dieses wunderbare Wesen.

Als ich ein paar Minuten später auf der Liege mit unserem Baby im Arm aus dem OP-Saal geschoben werde, kommt Frau Goebbels lächelnd auf uns zu. Sie schüttelt zuerst mir, dann Shaul die Hand. »Ich gratuliere Ihnen beiden, herzlichen Glückwunsch!«

Ich lächele sie dankbar an. »Vielen Dank, Frau Goebbels!«

Auch Shaul klinkt sich ein: »Ja, vielen, vielen Dank, Frau Goebbels. Für alles!«

Die Oberärztin runzelt erst die Stirn, dann fängt sie an zu glucksen. »Entschuldigung, aber mein Name ist Köbbels. Köbbels – mit K!«

Shaul und ich schauen uns betreten an.

Ups.

Was noch zu sagen ist

Je länger wir zusammen waren, desto mehr wollten Shaul und ich von der jeweils anderen Seite der Familie wissen. Dadurch haben wir viel übereinander und voneinander gelernt – aber vor allem über uns selbst. Für uns gibt es heute nicht mehr »deine« oder »meine« Familie: Wir sind eine Familie. Eine Familie, in der es eben Holocaustüberlebende und ehemalige Wehrmachtssoldaten gibt.

Wenn heute so eine deutsch-israelische Beziehung möglich ist, was ist dann noch möglich? Welche Hoffnung gibt uns das für andere Konflikte und hasserfüllte Situationen in der Welt?

*

Im Januar 2017 sind wir wieder in Israel. Ein paar Tage vor unserer Ankunft kommt es zu einem Attentat in Jerusalem. Ein Palästinenser fährt mit einem Lastwagen absichtlich in eine Menschengruppe. Vier Menschen sterben, 13 weitere werden verletzt, zwei von ihnen schwer. Wir sind verängstigt. Sollen wir es tatsächlich wagen, mit unserem erst 14 Monate alten Sohn nach Jerusalem zu fahren?

Die Angst ist da, aber unsere Sehnsucht nach der Stadt überwiegt. In Jerusalem angekommen, klappern wir unsere übliche kulinarische Route ab: erst Hummus am Damaskustor, dann im arabischen Viertel in der Altstadt Knafeh, eine warme Süßspeise aus Ziegenkäse, überbacken mit Grieß und einem Pistazien-Honig-Sirup.

Der Imbiss, in dem wir Knafeh essen, ist wie immer gut gefüllt: Der Laden ist bei Einheimischen wie auch bei Touristen sehr beliebt. Wir setzen uns an einen kleinen Tisch am Ende des Lokals. Der Boden ist aus demselben grau-weißen Marmorstein gemacht wie die Tische. Die Propeller der Klimaanlage surren über unseren Köpfen und das Licht ist so grell, dass unsere Augen sich erst daran gewöhnen müssen. Metergroße Spiegel zieren die Wände von einem Ende des Lokals zum anderen – dadurch hat man wirklich alles im Blick.

Wir essen einen großen Teller Knafeh und sind im Himmel. Unser Sohn Daniel auch. Denn am Nebentisch sitzen sechs jugendliche Mädchen, die ihm schöne Augen machen. Sechs Mädchen auf einmal – so viel Aufmerksamkeit findet er großartig! Die palästinensischen Jugendlichen lächeln und zwinkern Daniel zu, er quietscht vor Freude und windet sich in meinen Armen. Er will runter von meinem Schoß und hinüber zu den Mädchen.

Eine von ihnen steht auf, kommt auf uns zu und deutet an, dass sie ihn in den Arm nehmen möchte. Das findet Daniel natürlich klasse. Denn in ihren Armen ist er ein Stück näher an der Sache dran, die ihn am meisten interessiert: der rote Schal, der um den Kopf des palästinensischen Mädchens gebunden ist. Sein kleines Patschehändchen nähert sich zielsicher ihrem Kopf. O nein, bitte nicht! Daniel, bitte nicht – nicht das Kopftuch!

Doch zu spät. Daniel beginnt sehr begeistert, an dem Kopftuch der Palästinenserin zu zerren. Das Mädchen versucht, ihren Kopf nach hinten zu ziehen, und fängt dabei an zu lachen. Dadurch fühlt sich Daniel in seinem Handeln noch mehr bestätigt und reißt umso leidenschaftlicher an dem Kopftuch. Die anderen Mädchen kichern hinter vorgehaltener Hand und reden auf Arabisch laut durcheinander. Ich springe auf und eile der Palästinenserin schnell zur Hilfe. Daniel schaut fasziniert die Mädchen an und wandert begeistert von einem Schoß zum nächsten. Die Mädchen zücken ihre Handys und lassen sich einzeln mit Daniel fotografieren. Sie alle sind ganz verliebt in ihn und er in sie. Unser Sohn strahlt wie ein Filmstar auf dem roten Teppich und grinst mit seinen vier Bugs-Bunny-Zähnchen freudig in die Kamera.

Etwa eine Viertelstunde später müssen die Mädchen sich verabschieden. Schweren Herzens reichen sie mir Daniel wieder zurück. Die Palästinenserin mit dem schönen roten Kopftuch drückt ihm einen dicken Kuss auf die Wange, tritt nah an mich heran und fragt: »Arabie? Arabic?«

»Ana bachki misch quei'es Arabie – ich spreche nicht gut Arabisch«, antworte ich ihr.

Das Mädchen sagt: »Allah ...« – und eine Welle von sehr schnell gesprochenem Arabisch ergießt sich über uns.

Ich schüttele entschuldigend den Kopf. »I am sorry. I don't understand!«

Das Mädchen dreht sich zu ihren Freundinnen um und zuckt ratlos mit den Schultern. Es ist ihr offenbar sehr wichtig, uns etwas zu sagen, doch wie kann sie es nur mitteilen? Sie nimmt einen neuen Anlauf und versucht es diesmal mit Händen und Füßen. Das Mädchen zeigt mit der Hand zum Himmel, sagt »Allah« und gleitet dann langsam mit beiden Händen über Daniels Kopf, seine Schultern und den Rest seines Körpers hinab.

Ich drehe mich zu Shaul. »Was meinst du, was will sie uns damit sagen?«

Shaul schießen Tränen in die Augen. »Dass Allah dieses Kind gesegnet hat und es beschützen wird.«

Ich nicke meinem Mann zu. »So habe ich das auch verstanden.« Ebenfalls zu Tränen gerührt, drehe ich mich wieder zu dem palästinensischen Mädchen mit dem roten Kopftuch um und lege meine Hand aufs Herz: »Schukran!« – »Danke!«

Lächelnd und winkend ziehen die sechs Mädchen von dannen.

Bald machen auch wir uns auf den Weg durch die engen Gassen der Altstadt. Das Gemisch von Düften, Geräuschen und Farben umhüllt uns bis zum Damaskustor. Als wir die glatten Treppenstufen erklimmen, denke ich: Wie gut, dass wir am Ende doch nach Jerusalem gekommen sind! Sonst hätten wir nie diese besondere Begegnung mit den palästinensischen Mädchen erlebt. Was gibt es noch Stärkeres als die Begegnung von Mensch zu Mensch? Denn dort, wo es kein Dunkel und keine Angst gibt, können Liebe und Frieden wachsen.

Ohne Grenzen.

Als hätte Shaul meine Gedanken gehört, dreht er sich schnell zu mir um und schaut mir in die Augen.

Wir lächeln uns an.

Danke an ...

... Philipp, der immer an uns denkt und den Grundstein dafür gelegt hat, dass Svenja Monert von Eden Books an einem Mittwochmorgen im Frühstücksfernsehen auf uns aufmerksam werden konnte.

... Svenja Monert, die mich mit ihrer Begeisterungsfähigkeit für dieses Buch angesteckt hat und ohne die sich unsere Geschichte immer noch in meinem Kopf und nicht auf gedrucktem Papier befinden würde.

... Nina Schumacher und das gesamte Team von Eden Books für die gute Zusammenarbeit.

... Juliane Gringer, Lektorin der Extraklasse – ohne diese kluge und fleißige Frau hätte ich mit Sicherheit die Nerven verloren.

... Katja Harbi für den Blick auf die hebräischen Wörter.

... alle Freunde und Bekannten, die mich mit ihrem Staunen und ihrem Lachen beim Erzählen von Anekdoten zum Weitermachen angesporнt haben.

... meinen Vater, meinen Schwiegervater und besonders an meine Mutter.

... meinen Co-Autor, meinen Mann Shaul, der mich von der ersten bis zur letzten Seite angefeuert und mir »dahoim« den Rücken freigehalten hat und mir mit seiner Kreativität und Geduld eine stetige Inspirations- und Kraftquelle ist.

Es sind seine Ideen, die das Buch geformt haben.

Toda lecha, Shauli!
Ata haor scheli.

Impressum

Claudia S. C. Schwartz
Meschugge sind wir beide
Unsere deutsch-israelische Liebesgeschichte
ISBN: 978-3-95910-075-5

Eden Books
Ein Verlag der Edel Germany GmbH

www.edenbooks.de | www.facebook.com/EdenBooksBerlin | www.edel.com
1. Auflage 2017

Einige der Personen im Text sind aus Gründen des Persönlichkeitsschutzes anonymisiert.

Projektkoordination: Svenja Monert und Nina Schumacher
Lektorat: Juliane Gringer
Umschlaggestaltung: Fidel Bums und Nico Klein-Allermann
Umschlagfoto: © Chen Wagshall
Layout und Satz: Datagrafix GmbH, Berlin, | www.datagrafix.com
Druck und Bindung: optimal media GmbH, Glienholzweg 7, 17207 Röbel/Müritz

Bildnachweis:
S. 9, S. 159, S. 167, S. 199, S. 225, S. 253: © Chen Wagshall; S. 15: © Franz Brück; S. 31, S. 45, S. 57, S. 77, S. 85, S. 173, S. 237, S. 249: © privat

Das FSC®-zertifizierte Papier *Holmen Book Cream* für dieses Buch lieferte Holmen Paper, Hallstavik, Schweden.

Printed in Germany

Dieses Buch ist auch als E-Book erhältlich.